现代职业教育研究前沿论丛

丛书主编：王振洪　祝鸿平

全国高等职业教育教师发展研究系列

浙江省哲学社会科学重点研究基地
——浙江省现代职业教育研究中心资助

高职院校具有企业工作经历教师引进与发展研究

孙凤敏　瞿连贵　王斌 ◎著

华中科技大学出版社
http://press.hust.edu.cn
中国·武汉

内 容 简 介

本书以高职院校具有企业工作经历的教师为研究对象,以需求层次理论、职业生涯理论、角色理论等为理论支撑,综合运用政策分析法、访谈调查法、比较研究法等多元研究手段,客观呈现了当前高职院校具有企业工作经历教师引进与发展的现状、现实困境及影响因素,归纳总结了具有借鉴价值的国际经验,并据此提出了切实可行的对策建议,有助于高职院校进一步完善与具有企业工作经历教师引进与发展相关的政策制度,也为各地政府制定相关政策提供了决策依据。同时,对于那些具有企业工作经历、正考虑投身高职院校工作的人员,以及已进入高职院校、期望实现个人发展的具有企业工作经历的教师,本书也提供了相应参考。本书可作为职业教育研究人员、职业院校教师、职业院校管理者、职业教育专业学生、各级政府的教育行政管理人员等的参考用书。

图书在版编目(CIP)数据

高职院校具有企业工作经历教师引进与发展研究 / 孙凤敏,瞿连贵,王斌著. -- 武汉:华中科技大学出版社,2025. 5. -- ISBN 978-7-5772-1846-5

Ⅰ. G715

中国国家版本馆 CIP 数据核字第 2025DP0287 号

高职院校具有企业工作经历教师引进与发展研究　　　　　　　　孙凤敏
Gaozhi Yuanxiao Juyou Qiye Gongzuo Jingli Jiaoshi Yinjin yu Fazhan Yanjiu　瞿连贵　著
　　　　　　　　　　　　　　　　　　　　　　　　　　　　　　　　王　斌

策划编辑:张　毅
责任编辑:何家乐
封面设计:廖亚萍
责任校对:谢　源
责任监印:朱　玢
出版发行:华中科技大学出版社(中国·武汉)　　电话:(027)81321913
　　　　　武汉市东湖新技术开发区华工科技园　　邮编:430223
录　　排:华中科技大学惠友文印中心
印　　刷:武汉科源印刷设计有限公司
开　　本:710mm×1000mm　1/16
印　　张:15.25
字　　数:299 千字
版　　次:2025 年 5 月第 1 版第 1 次印刷
定　　价:89.00 元

总序

职业教育是国家教育体系中不可或缺的重要一翼。伴随着现代化建设进程的加快,职业教育不断壮大。时至今日,我国已经建成了世界上规模最大的职业教育体系,党的十八大报告中提出的"加快发展现代职业教育"更是将职业教育由"大"变"强"作为共同愿景上升到了国家战略的高度,表明了我国加强现代职业教育的决心和信心。职业教育不仅大有可为,更应当大有作为。作为职业教育重要的理论支持,职业教育研究也应当大有可为、大有作为。

一个领域的研究水平往往代表着这个领域的发展水平。作为教育学中的"后生",我国职业教育研究的历史并不算长,但研究热情之高、总体趋势之好、形式内容之丰富都是前所未有的。一大批职业教育人将职业教育研究作为追求的方向与目标,积极回应和破解职业教育改革发展中的现实问题、重点问题以及难点问题,积极探索中国特色职业教育的发展路径,取得了一批高水平、影响大、可借鉴的研究成果,推动了职业教育的发展。

但是,职业教育研究的总体成就与其他学科相比仍有差距,在国际舞台上的声音还不够响亮。职业教育尚有许多理论问题和实践问题需要通过深入的科学研究来进一步厘清和解决。在这样的时代需求中,"现代职业教育研究前沿论丛"的主编单位——浙江省现代职业教育研究中心(以下简称"中心")应时而谋、顺势而生。中心前身为金华职业技术学院高职教育研究所,其作为浙江省成立最早的高职教育研究所之一,多年来致力于专深的职教研究。为适应新常态、谋求新作为以及实现新发展,2012年5月,金华职业技术学院联合浙江省教育科学研究院成立了浙江省现代职业教育研究中心。2013年1月,中心获批成为浙江省哲学社会科学扶持型研究基地;2015年2月,中心正式成为浙江省哲学社会科学重点研究基地,是浙江省目前唯一依托高职院校的省级哲学社会科学重点研究基地。浙江省现代职业教育研究中心的成立虽然只有四年时间,但以金华职业技术学院高职教育研究所为起点,已有十余年的发展历史。在这十余年里,依托国家示范性高职院校建设项目,中心取得了丰硕的成果。作为职业教育的实践者、思考者和记录者,中心始终紧扣改革主题,专注现代职业教育研究,在职业教育研究领域中不断发挥先导作用,形成了一定的知名度和影响力。

现代职业教育的快速发展需要强有力的科学研究作支撑,而"现代"两字凸显了发展职业教育的时代性,赋予了职业教育新目标和新内涵,同时给职业教育研究提出了新命题和新要求。当前,职业教育进入一个全新的发展阶段,职业教育研究不仅要因势而动、积极求变,更要有的放矢、精准发力,围绕新常态下职业教育的新议题展开一系列的思考和探索,用职业教育理论来说明和阐释职业教育实践,用职业教育实践来丰富和发展职业教育理论,使两者互为补充、齐头并进。这既是现代职业教育发展的现实要求,又是广大职业教育人的责任担当。浙江省现代职业教育研究中心正是抱着这样的初衷出版"现代职业教育研究前沿论丛",作为中心的一员,我深感快慰。

丛书由浙江省现代职业教育研究中心主编,旨在通过优秀成果的集中展示反映当前职业教育的研究水平,可谓是职业教育研究者的一次集体思想行动。丛书的研究选题聚焦于目前职业教育中的一些热点、难点问题,基本代表了现阶段职业教育的理论前沿,将陆续呈现给读者。我们期待未来能有更多的职业教育研究者加入这一集体行动中来,将先进思想通过"现代职业教育研究前沿论丛"落地生根,为职业教育走向未来注入新理念、新智慧和新方法,使更多人认识职业教育、认可职业教育、推崇职业教育!

借此机会,我们把这套丛书推荐给广大职业教育的支持者、改革者和实践者,同时瞩望浙江省现代职业教育研究中心继往开来、砥砺奋进、乘势而上,取得新的更丰硕的研究成果!

是为序,更为盼。

亚洲职业教育学会(AASVET)原会长

中国职业技术教育学会原副会长兼学术委员会执行主任

华东师范大学职成教研究所原所长、教授、博士生导师

浙江省现代职业教育研究中心学术委员会主任

石伟平

2016 年 7 月于上海

目录

第一章 具有企业工作经历教师是高职院校教师队伍建设的生力军

  具有企业工作经历教师,顾名思义,是指具有一定企业相关工作经历的教师。在本研究中,具有企业工作经历教师是指具有企业相关工作经历、具备理论教学和实践教学能力、紧跟产业发展趋势和行业人才需求,并在高职院校专职从事教育教学工作的专业教师。他们是集理论与实践于一身、具有跨界工作经历的教师群体。2022年,教育部明确将"具有一定的企业相关工作经历"纳入《职业教育"双师型"教师基本标准(试行)》。长期以来,高职院校的"双师型"教师更多的是"双证型"教师,往往缺乏与专业对应的实践能力,尤其是企业相关工作经历,这已成为高职院校教师队伍建设中的结构性难题。尽管高职院校试图通过内部制度创新激励现有专业教师深入企业实践,以获得行业发展动向、新兴技术,以及企业生产工艺和操作流程等实践性知识,然而由于体制或机制不完善等多方面原因,效果并不理想。近年来,由于经济高质量发展对人才培养质量的新需求、高职院校外部竞争环境更加激烈、国家相关政策推动等原因,高职院校开始引进具有企业工作经历教师,但由于多种因素影响,依然面临"不想引""引不进""留不住""发展不好"等现实难题。

  在此背景下,研究高职院校具有企业工作经历教师的引进与发展具有重要的现实意义。如何确保具有企业工作经历教师"引得进、留得住、发展好",使其在高职院校中充分发挥作用,成为高职院校教师队伍建设的生力军,这不仅关系到能否打造富有类型教育特色的高质量"双师型"教师队伍,更关系到高职院校的高质量发展。

第一节 研究背景

  "具有企业工作经历教师"这一概念在政策和实践中的应用已有较长时间,近年来,教师群体越发受到关注与重视。高职院校引进具有企业工作经历教师,既有社会经济、政府政策方面的外部影响,也有学校提升人才培养质量、加强"双师型"师资队伍建设等寻求高质量发展方面的内在驱动力。

一、具有企业工作经历教师是高职院校适应经济高质量发展的客观需要

  高职院校引进具有企业工作经历教师是适应经济高质量发展的要求。职业教

育面向经济建设,服务产业发展,是与经济联系最为密切的教育类型。我国经济进入高质量发展新时代,以现代加工制造业和现代服务业为主导的现代产业体系加速构建,经济发展的质量和效益更加取决于科技、管理和人才等要素。高职院校面向产业发展,培养生产、管理、服务领域的高素质技术技能人才。经济高质量发展对高职院校的人才培养质量提出了更高的要求,高职院校要实现自身办学定位和人才培养目标,必然要强化师资队伍建设,以增强人才培养过程的针对性和实效性。从高职院校现有师资队伍实际和人才培养需求方面分析,具有企业工作经历的专业教师普遍短缺,致使人才培养中面向职业岗位的专业实践能力培养较为薄弱,难以适应和胜任工作岗位的需要。

为产业发展提供适销对路、可持续发展的人才支撑始终是高职院校办学质量的核心目标。然而,由于产业发展受技术、市场、需求、法律等因素影响,产业对人才的需求呈现出动态变化的特征;相较于产业发展,高职院校人才培养具有较长的周期,而且很难与产业实际实现无缝对接,人才培养和供给呈现出一定的滞后性。为缩小高职院校人才培养与企业生产过程的距离,打通企业与教育固有边界,并在两者之间建立连接就成为职业教育改革发展的方向。具体到教师队伍建设上,从企业优秀生产人员、技术人员、管理人员中引进具有丰富实践经验的人才便是有效途径之一。

企业参与校企协同育人的程度越深,高职院校对经济产业的适应性越强,对经济产业发展的支撑能力也越强。然而,企业与高职院校的互动却受多方因素的影响。我国高职院校以国家公办为主导,而高职院校毕业生就业去向主要为中小微企业。高职院校办学中校企合作不够紧密、产教融合不够深入等问题,一直是制约高职教育高质量发展的关键因素。在现有体制机制下,通过引进具有企业工作经历教师参与人才培养过程,不仅可以增加企业元素,而且在促进校企合作和产教融合上可以发挥诸多优势,是符合我国高职院校和企业发展实际的现实选择。

二、具有企业工作经历教师是高职院校有效提升人才培养质量的必然要求

"人才培养质量是高职院校办学质量的重要体现,提升人才培养质量是高职院校恒久的价值追求。"[①]然而,目前我国高职院校人才培养的质量与企业的需求还存在一定的差距。《中国职业教育发展大型问卷调查报告》的数据显示,当前职业教育发展面临的最大困难(多选),企业人员认为最大困难是学校的人才培养质量。[②]由于高职院校大多数教师为"从学校到学校",缺乏对企业生产实际操作的了解与

---

① 梁克东.高职院校人才培养质量治理的实践反思与路径优化[J].中国高教研究,2023(02):102-108.
② 校企合作网.《中国职业教育发展大型问卷调查报告》:职业教育的真实现状[EB/OL].(2021-08-17)[2024-12-20].https://www.sxchxx.com/index-2-4091-1.html.

实践经验,在课程实施过程中容易重理论轻实践,从而导致在教学过程中理论和实际脱节,学生实践动手能力较差,与企业对人才的需求差距明显。2021 年中国青年报社会调查中心联合问卷网(wenjuan.com),对 1180 名受访者进行的一项调查显示,92.6%的受访者感到现在职业技术人才培养"纸上谈兵"的现象严重。①

企业工作经历对于高职教师来说至关重要,将直接影响到他们的专业实践能力和专业教学水平。具有企业工作经历教师在学生职业技能和岗位能力培养、学生就业指导、学生技能大赛辅导等方面具有显著优势。正如陶行知先生所说,"职业教师之第一要事,即在生利之经验。无生利之经验,则以书生教书生,虽冒职业教师之名,非吾之所谓职业教师也。"②教育部职业技术教育中心研究所(现更名为教育部职业教育发展中心)2020 年开展的全国职业院校教情调查数据显示,在做职教教师前,高职教师与所教专业相关的企业工作年限中位数为 1 年,48.4%的高职教师不具有任何与所教专业相关的企业工作经历。③ 高职院校提升人才培养质量的关键在于师资队伍建设,而其重要举措之一便是引进具有企业工作经历教师,并使其取得良好发展。

三、具有企业工作经历教师是高职院校贯彻落实国家相关政策的具体行动

高职院校引进具有企业工作经历教师具有政策制度基础。从职业教育发展模式看,我国职业教育发展是比较典型的政府主导型,即政府通过出台一系列政策引领职业教育改革发展④。在实践层面,高职教育是在教育部统筹管理、各级教育部门分级实施的体系下运行的。这种管理体系确保了高职教育的有序发展,并使其与国家的教育战略和政策目标保持一致。国家层面相关政策制度的出台对高职教育具有显著的引领和规范作用。这些政策制度不仅为高职教育的发展提供了方向,还为其提供了必要的支持和保障。高职院校引进具有企业工作经历教师同样如此。2006 年 11 月,教育部印发《教育部关于全面提高高等职业教育教学质量的若干意见》(教高〔2006〕16 号),指出"增加专业教师中具有企业工作经历的教师比例"⑤,明确了增加具有企业工作经历教师的比例是高等职业教育优化专业教师结

---

① 中国青年网. 92.6%受访者感到现在职业人才培养"纸上谈兵"依然严重[EB/OL]. (2021-11-25)[2024-12-20]. https://baijiahao.baidu.com/s? id=1717377905793759842&wfr=spider&for=pc.

② 方明. 陶行知全集[M]. 成都:四川教育出版社,2005:13.

③ 教育部职业教育发展中心. 教育部职教所课题组:全国职业院校教情调查报告[EB/OL]. (2022-07-22) [2024-12-20]. http://www.civte.edu.cn/info/1082/3374.htm.

④ 邢晖,郭静. 职业本科教育的政策演变、实践探索与路径策略[J]. 国家教育行政学院学报,2021(05):33-41+86.

⑤ 教育部.《教育部关于全面提高高等职业教育教学质量的若干意见》[EB/OL]. (2006-11-16)[2024-12-20]. http://www.moe.gov.cn/srcsite/A07/s7055/200611/t20061116_79649.html.

构的方向。2019 年 1 月,国务院印发《国务院关于印发国家职业教育改革实施方案的通知》,明确提出"从 2019 年起,职业院校、应用型本科高校相关专业教师原则上从具有 3 年以上企业工作经历并具有高职以上学历的人员中公开招聘,特殊高技能人才(含具有高级工以上职业资格人员)可适当放宽学历要求,2020 年起基本不再从应届毕业生中招聘。"[①]至此,在政策层面,具有企业工作经历已成为职业院校专业教师招聘的硬性条件,高职院校引进具有企业工作经历教师以加强"双师型"教师队伍建设有了重要的政策依据。

由于职业教育跨越教育和产业、学校和企业、学习和工作,需要具有不同背景和经历、专业知识以及实践经验的教师作为支撑。因此,我国高职院校在"双师型"教师队伍建设上,致力于通过"内部培养"与"外部引进"两种途径,努力打造一批既能胜任理论教学,又能有效指导实践教学的教师团队。然而,从实施效果看,尽管"双师型"教师队伍的建设已取得了一些积极进展,但由于企业与学校之间存在诸多制度壁垒和体制障碍,想要取得实质性突破仍然困难重重。从国际视角看,国外也在探索相应的解决办法。例如,德国的双结构教师队伍建设,日本的企业内部培训师等。这些做法不再仅仅要求教师要具有理论知识和实践技能,而是要求学校和企业协同分工,通过两者之间的密切合作共同完成人才的高质量培养。

从我国职业教育办学模式和经济体制来看,目前想要打破企业与学校之间的诸多壁垒,借鉴国外校企共同培养技术技能人才模式仍然困难。基于这一考虑,从国家政策制度设计来看,职业院校的"双师型"教师队伍建设问题主要还需要通过引入企业具有相关从业经历的人员来加以解决。这种方式与我国职业教育的办学模式高度吻合,也更能适应职业教育的发展。随着经济社会迈向高质量发展,高职院校亟需提升高素质技术技能人才的培养质量,以增强高职院校人才培养的适应性。前期探索实践表明,高职院校依托合作企业将自身专业教师送出去,进而赋予其企业背景和行业技能的方法难以达到预期效果。在此背景下,加大引进具有企业工作经历教师成为各级政府和高职院校的共同选择,也是现实情况下加强高职院校"双师型"教师队伍建设、提升人才培养质量的重要举措。

四、具有企业工作经历教师是高职院校"双师型"师资队伍建设的新生力量

具有企业工作经历教师的培养,在高职院校经历了一个漫长的实践探索过程。这类教师在提升教师实践教学能力、强化学生实践能力培养等方面具有天然优势,

---

① 国务院.《国务院关于印发国家职业教育改革实施方案的通知》[EB/OL].(2019-02-13)[2024-12-20]. http://www.gov.cn/zhengce/content/2019-02/13/content_5365341.htm.

已成为高职院校"双师型"师资队伍建设的重要力量。

第一阶段:以送出去培养为主。随着高职院校从规模扩张转向内涵提升,培养"具有企业工作经历"教师被视为高职院校"双师型"教师队伍建设的重要目标。由于没有明确的政策支持,高职院校选择将现有的专业教师送到相关企业开展实践和研修,以期获得与专业相关的实践经验。该阶段表现出高职院校主导、政策支持薄弱、院校与企业合作自主探索等特征。这一阶段可视为高职院校培养"具有企业工作经历"教师的早期探索。

第二阶段:外部引进与内部培养相结合。随着国家明确职业教育教师"双师型"的发展方向,在师资队伍建设上,高职院校采取外部引进和在职培训培养相结合的模式。以师资建设优化课程教学,尤其是提高实践教学的比重。一方面,加大兼职教师聘用力度,即聘请来自企业一线、具有丰富实践经验的技术人员到校担任兼职教师,或利用"特岗"教师职位聘请民间工艺大师、匠人到校担任兼职教师;另一方面,加大高职院校教师到企业实践锻炼力度,并将企业经历与职称晋升相结合,形成对教师的约束。该阶段的主要特征是在国家政策支持下,高职院校多路并进,以"柔性引进"为主,大大丰富了高职院校教师的类型和特色。

第三阶段:以企业引进为主。前期的实践表明:鼓励教师到企业实践研修和从企业聘请兼职教师难以从根本上解决高职院校"双师型"教师队伍不足的问题。国家政策随即进行了调整,明确要求高职院校引进的专业教师原则上应具备三年以上企业工作经历,将高职院校"双师型"教师队伍建设的重点转移到外部引进上来。然而,由于缺乏具体的配套政策,加之高职院校引进条件相对较高但能提供的收入等相关保障较为有限,在具体实践中不够理想。为此,在政策调整的同时,专业教师进企业实践、聘请产业导师、访问工程师、博士入企业等地方性实践在部分地区仍在持续实施。

第二节　研究现状

在我国高职教育改革发展的历史进程中,高职院校引进具有企业工作经历教师并非近年才出现,而是在高职教育创办之初便存在。作为一种社会现象,具有丰富的企业生产、技术、管理、服务等实践经验的人员,早期或在企业举办的职业院校承担实践性教学,或通过组织调动(选调)的方式进入高职院校工作,已有较长的历史。然而,这种情况只是高职院校教师队伍建设中极为少见的一种方式,尚未受到政策和学界的关注和重视。随着提升高职教育办学质量意识的觉醒及国家相关政策的出台,引进具有企业工作经历教师成为高职院校加强师资队伍建设的重要方向,该类教师的规模也有了较大增长,成为高职院校教师队伍的关键组成部分。具有企业工作经历教师进入高职院校后,能否适应教育教学、融入高职院校发展之中并获得成长和发展,不仅关系到国家引进具有企业工作经历教师相关政策的成效,而且关系到高职院校人才培养目标的实现。因此,对其展开深入细致的研究,具有重要现实意义。令人遗憾的是,高职院校对具有企业工作经历教师的引进及其入职后的发展仍关注不足。为此,有必要认真梳理该领域的研究现状,在此基础上展开更加深入的探讨。

一、相关研究梳理

借助文献分析方法对现有文献进行梳理发现,关于职业院校具有企业工作经历教师的引进与发展的相关研究主要集中于以下方面。

(一)关于高职院校具有企业工作经历教师内涵与意义的研究

当前,学界对具有企业工作经历教师的内涵理解各异,尚未形成统一的认识,也没有形成统一的称谓。目前,称谓主要有"企业引进教师"[①]"企业背景教师"[②]"具有企业工作经历的高职专业教师"[③]等。具有企业工作经历教师是高职院校专业教师队伍的重要组成部分,具有重要现实意义:一是优化师资队伍结构。有学者指出,引进企业能工巧匠是充实职业院校"双师"力量、优化师资队伍结构的必然途径。[④] 二是密切校企合作关系。有学者指出,高职院校从企业引进的教师在企业中具有较好的人脉关系,可以为学校和企业搭建一个互惠互利的工作平台。[⑤] 三是提升学生岗位能力。有学者指出,具有企业工作经历教师在高职院校学生职业技能和岗位能力培养等方面具有天然的优势。

(二)关于高职院校具有企业工作经历教师引进的研究

通过梳理发现,学者围绕高职院校具有企业工作经历教师引进开展的研究相对较少,主要聚焦以下几个方面:有学者基于组织认同理论提出高职院校应理性审视企业教师引进招聘工作的各个环节,积极采取相应措施完善招聘工作。首先,要结合高职院校专业的实际情况,科学合理地设置招聘条件,将要求落到细处实处,让招聘切实有效。其次,提高引进企业教师与学校双方的信息透明度,以免由于信息不对称导致教师管理困扰。最后,要用制度规范招聘程序。学校应组建招聘工

①邵建东.高职院校"企业引进教师":问题表征及破解策略[J].教育发展研究,2015,35(09):65-69+77.
②周雪.高职企业背景教师教学适应现状及管理对策研究[D].上海:华东师范大学,2024.
③石俊华.跨界、转型与在场:具有企业工作经历的高职专业教师发展困境及成因[J].职教论坛,2023,39(04):73-81.
④商卓.高职院校引进企业能工巧匠人才的现实困境及破解策略[J].现代职业教育,2023(17):77-80.
⑤冀云.高职院校中企业引进教师的定位与转型[J].继续教育研究,2015(07):86-88.

作专家组,秉持宁缺毋滥的原则,严格按照引进制度和招聘程序开展招聘工作,切实守好教师队伍的准入门槛。[①] 还有学者提出,国家应完善强制性的高职教师资格标准制度,从入口环节保障企业背景教师质量,选拔出真正满足高职教师素质要求的企业人才。[②]

(三)关于高职院校具有企业工作经历教师职业发展的研究

关于高职院校具有企业工作经历教师职业发展方面的研究,总体呈现零散化状态。现有研究主要聚焦职业适应、社会化、职业转型、专业发展等方面。

1.高职院校具有企业工作经历教师职业适应研究

在职业适应上,高职院校具有企业工作经历教师由于没有树立合理的职业观念、教学能力和科研能力不足,以及因企业和校园的职业环境差异导致的人际关系和组织管理模式适应不畅等问题而存在适应困难。有学者基于访谈和问卷调查对高职院校具有企业工作经历教师职业适应构成要素、影响因素等进行了研究。该研究发现:①高职院校具有企业工作经历教师的职业适应包含职业观念、角色转换和职业环境等构成要素。其中,在角色转换方面,体现为育人角色适应、教学角色适应和科研角色适应;②影响高职院校具有企业工作经历教师职业适应的因素主要可分为人文环境和物质条件两个维度,包括与领导和同事的人际关系、团队文化、学校职称评定制度、工资水平和福利待遇等;③针对高职院校具有企业工作经历教师的职业适应问题,教师主体应树立合理的职业观念、提高专业能力、实现从新手到专家的教学能力提升。另外,高职院校要认识到企业与学校的文化差异,营造和谐健康的人文环境,精简繁冗复杂的行政流程,阶段性地提供针对性强的培训,全面提高教师的职业适应水平。[③]

2.高职院校具有企业工作经历教师社会化研究

有学者基于教师社会化理论,运用参与式观察法、深度访谈等方法,聚焦高职院校具有企业工作经历教师开展了研究。该研究发现:①高职院校具有企业工作经历教师在社会化过程中面临很多挑战和困难,但是高职院校提供的社会化策略和帮助满足不了这类教师社会化的需求。由于管理理念和管理体制机制方面存在差异,部分具有企业工作经历教师与在企业时相比感到收入较低,感受不到公平的绩效评价,因此他们在精神上和物质上都不能感到满意。随着时间的推移,这些教师产生了不同程度的职业倦怠。②高职院校具有企业工作经历教师的教育观念、

①陈江赟,孙凤敏,柯婧秋.高职院校中企业引进教师的适应性:内涵、问题表征与对策——基于组织认同理论的视角[J].职业技术教育,2022,43(07):47-52.

②周雪.高职企业背景教师教学适应现状及管理对策研究[D].上海:华东师范大学,2024.

③梁珺淇.具有企业工作经历的高职教师职业适应及其影响因素研究[D].上海:华东师范大学,2020.

教学基本功和教育手段等方面与高职院校的教学要求存在不适配的问题。③高职院校具有企业工作经历教师主动社会化和适应行为会引起非议或偏离教育教学目标和内容。④高职院校具有企业工作经历教师应聘到高职院校主要是基于家庭、生活等原因。他们认为自己在高职院校教学方面比其他无企业工作经历的教师有优势,但是高职院校的环境限制了他们自身优势的发挥。他们希望校企之间能打通交流的障碍,建立教研室、教师与企业班组、专业技术人员之间的合作关系。①

3.高职院校具有企业工作经历教师职业转型研究

有学者借助角色理论,运用田野法和个案法,对从企业转行到高职院校教师的职业转型展开了研究。研究发现:①高职院校具有企业工作经历教师面临四类转型困境。第一类是角色冲突,即理想角色与现实角色间的冲突。第二类是角色差异,即专业技能不足的知识窘境。第三类是角色紧张,即多重人际关系的困扰。第四类是角色失衡,即部分企业人员想要通过职业转换实现一定的目标,但随着社会关系的重组,无奈于现实制度的壁垒,使他们陷入角色失衡,甚至放弃新角色的身份。具体表现为:一方面,在职业学校工作出色的兼职教师因解决不了编制问题而离职;另一方面,具有实践技能的技术人员因为职业学校招录条件较高(学历逐渐上升到硕士及以上)而无法进入。②高职院校具有企业工作经历教师职业转型的困境有三个层面的原因。一是地方政府层面,对国家政策文件落实不彻底、缺乏对职教教师的管理、职教教师的编制数量较少;二是学校组织层面,带教师傅指导不到位、教研活动不丰富、学习机会稀缺;三是教师个体层面,对新角色认知不准确、缺少对职业转型的规划、主动学习的意识不强。②

4.高职院校具有企业工作经历教师专业发展研究

有学者对高职院校具有企业工作经历教师专业发展的内涵、影响因素、突破路径进行了研究。③ 该研究发现:①高职院校具有企业工作经历教师的专业发展,是指教师在职业道德、专业素养、教育素养、服务素养等方面逐步发展和成熟的过程。②基于访谈法归纳出影响高职院校具有企业工作经历教师专业发展的因素主要有:实践经验丰富,但职业教育理论功底薄弱;提高科研能力的意愿强烈,但科研能力薄弱;工作适应性强,但缺乏专业发展规划。③为了破解高职院校具有企业工作经历教师专业发展困境,笔者综合调研结果提出以下建议措施:①提高培训的针对

①武正营.高职院校企业工作经历背景教师专业发展研究[J].职业教育研究,2018(11):70-75.

②彭媛媛.职业转型何以可能? ——Y市职业技术学校企业背景教师的转型困境研究[D].南京:南京师范大学,2022.

③郝红艳.具有企业工作背景的高职教师专业发展的影响因素和突破路径[J].现代企业文化,2003(32):137-140.

性和质量,弥补高职院校具有企业工作经历教师职业教育理论和方法的缺失,提高其教育素养;②建立基于专业群的结构化教学团队,让高职院校具有企业工作经历教师在教学实践和合作中提升科研能力;③分层分类管理,完善高职院校具有企业工作经历教师专业发展的制度和情感支持体系;④聚焦核心能力培养,鼓励高职院校具有企业工作经历教师加强自我学习和反思。

二、研究述评

综上所述,围绕高职院校具有企业工作经历教师引进与发展这一主题,已有研究者以教师社会化理论、角色理论、教师专业发展理论等多重理论为研究视角,运用访谈法、问卷调查法等多种研究方法,对高职院校具有企业工作经历教师展开了多维度的探讨,其理论视角、研究方法及研究发现等,对本书具有重要参考价值和借鉴意义。然而,随着经济社会高质量发展的深入推进,高职院校加快教育教学改革以提升人才培养质量的内外部压力日益增大,对高职院校专业教师"双师素质"的要求日渐趋高,具有企业工作经历教师的地位和作用更加凸显,其面临的挑战也更为突出。现有研究成果仍存在不足,有待于进一步探索。

1.研究视野有待进一步开阔

已有研究多从高职院校具有企业工作经历教师某一阶段(如适应期、发展期等)、某个方面(如职业角色社会化、职业身份转型、职业适应、专业发展等)展开讨论,呈现的是该群体的碎片化信息和单一维度的事实,没有形成关于这一群体较为完整、全面和动态的全景画像,尚未从整体上关注高职院校具有企业工作经历教师的引进与发展,缺少对这一群体"为何来—如何来—是否适应新职业—将来怎么办"的整体性关照。

2.研究内容有待进一步拓展

首先,对具有企业工作经历教师的分析不够全面。比如,现有研究对这一群体进入高职院校后面临的问题和短板较为关注,而对这一群体如何引进关注较少,对其自身具有的优势(如具有多年企业生产、技术和管理经验的企业人员,进入高职院校后在实践性教学、校企合作等方面有比较优势)也较少提及,难以准确反映具有企业工作经历教师的真实情况。其次,对影响具有企业工作经历教师的引进与发展因素的分析不够全面。现有研究要么侧重于高职院校,要么侧重于教师个体,不仅没有对两者之间的相互作用展开分析,而且忽略了政府、社会、企业等对具有企业工作经历教师的引进与发展的重要作用。再次,对促进具有企业工作经历教师引进与发展的相关建议不够深入,尤其是引进方面鲜有论述,亟需进一步深化研究。

3.理论支撑有待进一步优化

通过心理学、社会学、管理学等多学科间的渗透和融合,深入剖析高职院校具有企业工作经历教师引进与发展的关系、面临的困境等,为研究提供理论支撑。比如,研究高职院校具有企业工作经历教师的职业发展,需要立足他们从企业转到高职院校这一现实背景以及由此引发的适应和发展困境。具有企业工作经历教师跨界转行的特殊性,意味着该类教师进入高职院校后需要在新的赛道上适应新的环境,并在新的环境下积极行动,发挥主观能动性,实现职业发展。相较于其他教师,他们面临的问题更多,处理问题的难度也更大。为此,可运用组织社会化理论和职业适应理论分析高职院校的组织行动,并运用职业转型理论和生涯发展理论分析具有企业工作经历教师的个体行动。两者结合可以有效揭示高职院校与具有企业工作经历教师的互动过程和机理,从双方立场和利益诉求呈现高职院校具有企业工作经历教师职业适应和发展的复杂性和动态性,这样的选择无疑更加适切。

4.分析思路有待进一步梳理

现有研究囿于单向思维,比如,对具有企业工作经历教师引进与发展的问题、影响因素、对策建议等,往往仅从高职院校或具有企业工作经历教师单方的立场和角度出发。显然,这一分析思路忽视了一个基本的事实,即具有企业工作经历教师引进与发展的实现,是在高职院校相对固定的制度环境、教师所属基层组织的日常逻辑、教师个体理性与非理性的交织互动中实现的,不应将其中任何一方忽视。而且,随着时间的推移和环境的变化,影响因素也会有所变化。为此,对高职院校具有企业工作经历教师引进与发展的相关研究,需要坚持系统性、多维度和动态性的分析思维。

5.研究方法有待进一步丰富

目前研究的研究方法总体较为单一。本书将综合运用文献研究、访谈调查、政策分析、比较研究等方法,对高职院校具有企业工作经历教师引进与发展做深入研究,力求深刻把握高职院校具有企业工作经历教师引进与发展的现状和影响因素,并结合国外的经验提出对策建议。

第三节 研究意义

本书聚焦高职院校具有企业工作经历教师这一特定群体,按照现状描述—问题剖析—因素分析—解决措施的整体思路,系统探究了高职院校具有企业工作经历教师引进与发展的政策措施、现状问题、影响因素、国际经验和对策建议。本书不仅可以为高职院校具有企业工作经历教师研究提供新的研究视角,也可以为高职院校具有企业工作经历教师队伍建设提供实践路径参考。同时,本书有助于高职院校具有企业工作经历教师更好地正视自身实际情况,推动其专业发展,还可以推动政府进一步支持并引导高职院校重视具有企业工作经历教师,为相关制度的制定提供有价值的参考。

一、梳理分析高职院校具有企业工作经历教师引进与发展的政策措施

构建并完善支持政策体系是推进高职院校具有企业工作经历教师引进与发展的重要保障。本书从国家、省(区、市)、院校三个层面梳理高职院校具有企业工作经历教师引进与发展的相关政策文本,挖掘其政策依据,并厘清其政策取向,同时揭示现有政策存在的问题。具体如下:①国家层面。通过收集整理国家出台的高职院校具有企业工作经历教师引进与发展的相关政策文本,并进行统计分析,从国家层面厘清高职院校具有企业工作经历教师引进与发展的政策逻辑;②省(区、市)层面。通过收集整理省(区、市)出台的高职院校具有企业工作经历教师引进与发展的相关政策文本,并进行统计和横向比较,揭示不同省(区、市)之间高职院校具有企业工作经历教师引进与发展的政策差异与相同点;③院校层面。选取一所高职院校,收集该校近十年关于高职院校具有企业工作经历教师的相关政策文本,纵向比较该校具有企业工作经历教师引进与发展的政策变化。

二、客观呈现高职院校具有企业工作经历教师引进与发展的现状问题

高职院校具有企业工作经历教师的引进,不仅关乎这类教师群体的职业转型与发展,更直接影响到高职院校人才培养的质量与特色,进而关系到整个职业教育的生态与未来。这类教师进入高职院校后的职业发展状况,则是其能否持续为高职院校贡献力量、实现个人价值与职业成长的关键。因此,本书在深入调研的基础上,侧重整体性和动态性视角,力图全面、客观地呈现高职院校具有企业工作经历教师引进与发展的现状问题。具体有以下方面:一是引进现状。从高职院校具有企业工作经历教师的引进意愿与就职意愿、校方的引进举措、引进困境方面进行较为客观的现状分析。二是发展现状。客观呈现具有企业工作经历教师进入高职院校后的职业发展过程,找出其在职业发展中面临的主要问题,并通过对这些问题的深入剖析,为后续的对策建议提供有力支撑。

三、深入剖析高职院校具有企业工作经历教师引进与发展的影响因素

深入剖析高职院校具有企业工作经历教师引进与发展的影响因素，对于推动职业教育与产业实践的深度融合、提升高职院校教师队伍的整体素质具有重要意义。通过系统研究这些影响因素，可以更全面地了解高职院校在引进和发展这类教师过程中面临的挑战与机遇，为优化人才引进策略、完善教师发展支持体系提供科学依据。同时，这也有助于促进具有企业工作经历教师在高职院校中的职业成长，发挥其在实践教学、产学研合作等方面的独特优势，为培养更多具备实践能力和创新精神的高素质技术技能人才提供有力支撑。本书从引进与发展两个维度出发，详细分析了高职院校具有企业工作经历教师引进与发展的影响因素。具体来说：①借助推拉理论，通过构建影响高职院校具有企业工作经历教师引进的推力-拉力因素模型，深入剖析高职院校具有企业工作经历教师引进的影响因素；②从组织与个体互动的视角出发，着重从社会环境、组织制度、个体特征、职业经历四个方面剖析影响具有企业工作经历教师职业发展的因素。

四、归纳总结高职院校具有企业工作经历教师引进与发展的国际经验

虽然国外没有"具有企业工作经历教师"这一称谓，但存在从企业聘请专家、管理人员、工程技术人员等担任高职院校专职教师的做法，在高职院校具有企业工作经历教师引进与发展方面进行了一系列有益探索，其经验和教训对我国相关教师的引进与发展具有一定借鉴意义。本书梳理了澳大利亚职业技术与继续教育（Technical and Further Education，TAFE）学院、德国双元制大学和美国社区学院具有企业工作经历教师的引进与发展情况，总结凝练了以下特色和经验。①从澳大利亚TAFE学院具有企业工作经历教师的实践价值、引进与发展面临的挑战和应对策略三个方面进行了归纳分析；②在梳理德国双元制大学具有企业工作经历教师的特征基础上，深度剖析了其自身形成的内在逻辑，并以巴登-符腾堡州立双元制大学为例深入探讨了德国双元制大学具有企业工作经历教师引进与发展的最新进展；③在厘清美国社区学院具有企业工作经历教师的产生背景基础之上，深入分析了美国社区学院具有企业工作经历教师的引进与发展机制，并探讨了美国社区学院具有企业工作经历教师的最新进展；④澳、德、美高职院校具有企业工作经历教师的引进与发展经验对中国的启示（从政府和院校两个层面对其进行分析）。

五、系统提出高职院校具有企业工作经历教师引进与发展的对策建议

具有企业工作经历教师是高职院校"双师型"教师的重要组成部分，但从实践来看，这类教师仍属于"边缘群体"。本书通过客观深入的调查研究，综合分析其现状和主要困境，在此基础上，从高职院校具有企业工作经历教师引进与发展两个角度提出了对策建议。具体包括：①从引进理念、引进机制、引进举措、引进效力四个方面提出了高职院校具有企业工作经历教师引进的对策建议；②从功能定位与角色边界、能力结构与能力支撑、发展环境与制度生态等方面提出高职院校具有企业工作经历教师职业发展的改进策略；③基于双摆耦合理论，构建高职院校具有企业工作经历教师引进与发展的双摆耦合模型，探究高职院校具有企业工作经历教师引进与发展的耦合优化机制。

第四节　核心概念界定

核心概念界定是用简明的语句对书中的重要概念做出解释或说明，揭示重要词语所反映对象和内容的范围、特点或本质。[①] 对核心概念的内涵和外延进行清晰界定，是本书的逻辑起点。本书的研究对象是高职院校具有企业工作经历教师，研究的内容范围为高职院校具有企业工作经历教师的引进与发展，涉及的核心概念主要为"企业工作经历""具有企业工作经历教师""引进""职业适应""职业发展"。此外，考虑到现实中对"高职院校具有企业工作经历教师"这一概念的理解与认知的复杂性和实际界定的多样性，书中同时对相近概念进行了概述与辨析。

一、企业工作经历

何为企业工作经历？其缘何成为高职院校专业教师的必备条件？以上问题实质上均指向企业工作经历的内涵。企业工作经历之所以被视为高职院校专业教师应具备的条件，关键在于该经历既是适应高职教学尤其是实践性教学的客观需要，也是高职院校对该类教师所应具备的、与专业实践经验紧密相关的具体要求。企业工作经历不仅指在企业工作的时间，还指在企业从事的是专业性的工作。前者是形式要求，后者是实质条件，只有在企业从事与专业密切相关的工作，所积累的经验对于后期的专业教学才能发挥实质性影响。然而，学界对究竟如何界定企业

---

①王方全,曹艳,李宇青.课题研究中核心概念界定的重要性及操作实践[J].教育科学论坛,2023(25):33-35.

工作经历还未形成共识,而在政策层面也往往只是给出较为笼统的概念。

本书首先对目前企业工作经历较为常见的理解与认识进行简要梳理,以此为基础厘清企业工作经历的内涵。一是政策中对于企业工作经历的界定。①主体界定。现有政策只是笼统提到"企业工作经历",并未对"企业"这一主体进行详细界定。在这种情况下,高职院校存在根据所设专业需要从公立医疗、文化、市政等事业单位引进具有工作经历人员担任教师的情况。②时间界定。《国家职业教育改革实施方案》明确规定"具有 3 年以上企业工作经历"。现实中,不同行业、不同专业、不同个体在获取行业和专业实践知识上存在客观差异,有的专业可能并不需要 3 年,而有的专业 3 年的时间远远不够,说明时间条件有待进一步调整。二是学术研究中关于企业工作经历的界定。有学者提出,高职院校专任教师企业工作经历包括生产岗位、技术岗位和管理岗位的经历。①

本书中企业工作经历的企业,既包含国有企业、民营企业,也包含公立医院、文化、市政等相关事业单位。工作经历是指应聘者的工作历史,是涵盖工作单位、职务、就职日期与离任日期、所从事具体工作、工作业绩等的统称。企业工作经历已成为高职院校选拔招聘教师的重要参考要素之一。企业工作经历要考虑到是否与专业相关,"因为工业、农业、制造业等每个相关专业之间都有差异,教师的企业经历应该与所教专业直接挂钩,是能够从事那个领域的实践教学,而不是在企业待过就行。所以相关规定需细化到每个专业"。② 因此,本书的企业工作经历是与教师所教专业紧密相关的工作经历。

二、具有企业工作经历教师

具有企业工作经历教师是指具有企业相关工作经历、具备相应理论教学和实践教学能力、熟悉产业发展趋势和行业人才需求、在高职院校专职从事教育教学工作的专业教师。相较于高职院校的其他教师,具有企业工作经历教师一般具有以下特征:一是具有跨界工作经历,既具有与专业密切相关的从业经验,又具有从事教育教学活动所需要的理论知识。二是既有自身所学专业的理论知识,也有与该专业相对应的应用知识(包括实际操作、诀窍和默会知识)。三是具有跨界思维,既能够从高职院校人才培养目标出发,以企业需求的角度审视人才培养,从而提高人才的适应性,又能够以人才培养实践者的立场反思企业参与人才培养的优势和不足。四是具有跨界资源整合能力,主要表现为既可以将产业元素整合到高职院校人才培养中,又可以在推动产教融合中发挥原有企业的资源优势。

---

① 段悦兰.高职院校专任教师应该积累企业工作经历[J].管理观察,2009(11):92-93.

② 孙庆玲,王艺霏."双师型"教师队伍如何打造[N].中国青年报,2019-02-25(06).

三、引进

引进是人才流动的一种方式,指人才从某一领域或者行业流动到特定地区或者行业,其实质上是人力资源优化配置、重新组合的结果。[①] 从引进的内涵角度来看,可以将具有企业工作经历教师的引进分为狭义和广义两种。狭义的引进是指高职院校对具有企业工作经历教师的招聘和录用,涵盖需求分析与预测、招聘计划制定、招聘通知发布、招聘测试与面试组织、岗前培训开展、正式聘用上岗等。狭义的引进仅仅包含就业这一环节,这也是目前学术界大多数研究的研究范围。广义的引进,不仅仅是指高职院校对具有企业工作经历教师的招聘和录用,还包括了对具有企业工作经历教师的后续管理。本书中涉及的引进,主要关注具有企业工作经历教师的招聘和录用,以及其留存率。此外,本书中涉及的引进,既包括高职院校本着长期发展的目标,通过提供薪酬、住房、科研等优厚条件或特殊待遇而对具有企业工作经历的高技能人才引进,也包括高职院校对具有企业工作经历教师的公开招聘。

四、职业适应

职业适应是个人的知识、能力、兴趣和性格特征与其正从事或将选择的工作相互适合的状态。《心理咨询大百科全书》提出,职业适应表征了个体自身条件能否适应职业要求,自身条件同时包括生理条件和心理条件,而职业适应涵盖了职业规范、技能、工作环境以及人际关系等方面的适应。职业适应主要是指职业工作者在职业环境中,对职业环境、岗位任务、人际交流等方面所需要的一系列人与环境相适应的情况,职业工作者通过自身行为的转变,与工作之间进行匹配,进而达到一定程度的适应。概括来讲,即工作者在进入一个全新的职业环境时,对职业活动中遇到的问题的应对过程。职业适应度高,既表明个人的知识、技能、态度,及其所受的教育与训练能对工作环境所产生的变化做出相应的反应,又表明职业性质、类型和工作条件与个人需要、价值目标等相融合,能引起个体心理上的满足。本书中的职业适应是指:①职业认同,即具有企业工作经历教师进入高职院校后,对教师职业的价值及身份的适应情况;②职业能力,即将个人掌握的专业知识、专业技能、工作经验等有效应用于工作实践的适应状态;③职业人际关系,即与周围领导、同事、学生及其家长人际关系处理的适应状态;④职业环境,即融入学校管理及校园环境的适应情况。具有企业工作经历教师的职业适应是个体发挥主观能动性,积极主动地调适自身行为,使人与职业相互协调统一的过程。

[①]张霞. 吴江区深化高层次科技人才引进工作的问题与对策研究[D].苏州:苏州大学,2019.

五、职业发展

职业发展是指一个人从进入职业到退出职业,根据自身需求和发展目标不断调整职业计划,以此来获得职业生涯上的进步和满足的动态过程。根据中国职业规划师协会的定义,职业发展就是在自己选定的领域里,在自己能力所及的范围内,成为优秀的专家。[①] 职业发展成熟的标志是能独立地进行职业价值的判断,能有效地利用主客观条件去实现自己的职业目标。通过文献梳理发现,学者对不同对象职业发展的内涵界定也有所不同,具体内容如表 1-1 所示。本书中,高职院校具有企业工作经历教师的职业发展是指个体在职业领域中利用组织和社会资源充分发挥自身能力,在教学发展、专业发展、职务职称晋升、薪酬福利增长等方面不断提升,从而实现其职业生涯目标和职业岗位价值的过程。高职院校具有企业工作经历教师职业发展既有一般教师职业发展的基本特点,也有其独有特性。

表 1-1　不同研究对象职业发展的内涵界定

研究对象	内涵界定
职业院校教师	职业院校教师的职业发展是指教师不断用职业技术及思想品质筑牢职业身份,实现从"经师"到"匠师"再到"人师"的转变[②]
民办高校青年教师	受教师个体因素的影响,如职业发展意识、职业认同等,在政策法规、专项经费等政府支持下与社会认可、社会捐赠等社会支持下,民办高校为教师提供各种正式或非正式的学习、发展的条件和机会,如基础设施、管理制度、人文关怀等,促进教师在职业生涯的各个阶段熟练掌握知识和技能,最终在教学发展、专业发展、职务职称晋升、薪酬福利增长等方面不断提升、走向成熟的过程[③]
特岗教师	特岗教师的职业发展既包含出自于个体层面的职业生涯的变化,亦包括组织层面的制度环境建设[④]
基层青年公务员	青年公务员为习得目前及将来工作所需的技能、知识、所开展的个人职业道路的探索、建立、取得成功和成就的终身的职业活动[⑤]

①侯翠平,田园.高校青年教师职业发展的瓶颈及路径分析[J].教育理论与实践,2018,38(36):36-38.

②方绪军.教师职业发展场域的理论诠释、样态澄明及发展路径[J].教育与职业,2024(04):70-77.

③杨鑫.民办高校青年教师职业发展支持体系研究[D].广州:广州大学,2024.

④乔迁.体制区隔与有限嵌入:山区农村特岗教师职业发展困境研究——以西南山区 X 县特岗教师群体为例[D].上海:华东理工大学,2024.

⑤干露露.基层青年公务员职业发展影响因素研究——以乐清市乡镇公务员为例[D].福州:福建农林大学,2023.

研究对象	内涵界定
新生代农民工	在职业生涯中,伴随着新生代农民工技能的逐步提高,工作经验的逐步丰富,其收入水平、职业声望及社会地位能够得到同步提高的过程①
高职院校青年教师	高职院校青年教师职业发展具体涵盖职业品质、职业精神、专业知识、职业能力等内容,需从道德、态度、知识、能力四个维度去理解和把握②
中职学校教师	中职学校教师依据其职业发展要求,通过各种专业及非专业的实践与学习,不断改进和提升自我,从而满足自身职业发展需要③
社会工作者	职业发展主要针对社会工作者群体,以及相关组织机构为帮助社会工作者实现职业发展过程中的职业生涯规划、专业成长、薪资待遇提升、社会认同度提高等职业发展具体目标而提供的相应支持④
高校青年教师	有关高校青年教师的职业发展这一概念内涵,即为学术发展和教学发展⑤

六、相近概念辨析

为准确理解具有企业工作经历教师的内涵,有必要对几个相近的概念进行对比辨析。接下来,着重对具有企业工作经历教师、具有企业实践经历教师、"双师型"教师、兼职教师等概念进行解释和说明。

1. 具有企业实践经历教师与具有企业工作经历教师

高职院校具有企业实践经历教师是指通过访问工程师、实践研修、项目参与、技术研发服务等下企业实践方式,进入企业获得与专业相关的实践性知识的专业教师。下企业实践是高职院校专业教师在职提升专业能力的重要方式,是弥补高职教师"懂理论""少实践"这一教学"短腿"的手段。这种方式没有长期脱产的全身心投入,高职教师难以真正从事生产工作,无法深入了解企业的生产方式、工艺流程、岗位职责、操作规范和管理制度,"走马观花"的现象比较普遍,效果不佳。

高职院校具有企业工作经历教师是指具有企业工作经历、通过招考或调动等方式进入高职院校,享有事业单位正式工作人员身份,从事专业教学工作且具有专

---

①苏颖琪.新生代农民工职业发展的政府培训干预策略研究[D].南宁:广西大学,2022.

②赵蕾蕾.新时代高职院校青年教师职业发展:内涵、困境与实施路径[J].教育与职业,2021(24):68-75.

③王丹.中职学校教师职业发展困境与对策研究[D].广州:广东技术师范大学,2022.

④孙海燕.社会工作者职业发展困境与动力探析[D].济南:济南大学,2018.

⑤史雨静.高校青年教师职业发展影响因素实证研究[D].长春:吉林大学,2016.

业技术职务的专业教师。高职院校具有企业工作经历教师具有以下四个特征：①职业经历方面，曾经在企业连续工作过一段时间，具有与所教专业紧密相关的企业工作经历；②职业身份方面，属于高职院校内部的正式职工，享有事业编制而非临时性或兼职性的人员；③职业任务方面，进入高职院校后从事专业教学工作；④职业条件方面，具有专业技术职称。

可以看出，两者的共同之处是他们均具有企业实践经验，均是高职院校加强专业师资队伍建设的重要人员。不同的是，具有企业工作经历教师大多通过从企业或事业单位引进的方式实现工作单位和职业身份的变化，具有企业实践经历的教师大多通过高职院校有组织地选派到企业实践学习实现能力的提升，但其身份和工作场域并未改变，难以融入企业。

2."双师型"教师与具有企业工作经历教师

"双师型"教师至少存在三种定义：一是政策层面，通常见于各级教育行政部门发布的涉及职业教育师资建设的文件；二是学术层面，通常见于关于职业院校"双师型"师资队伍的研究论文、学术专著或研究报告；三是实践层面，通常见于职业院校制定的"双师型"师资队伍建设的文件。以上三种定义在内容上并非完全独立，实际上有交叉重叠之处。然而，"双师型"教师内涵逐渐从以"双证"为代表的职业资格证说，发展为以"能力"为代表的职业能力说，这种认识逐渐得到政策界、学术界和实践界的广泛认同。依据《教育部办公厅关于做好职业教育"双师型"教师认定工作的通知》（教师厅〔2022〕2号），"双师型"教师是指贯彻党的教育方针，热爱职业教育事业，具有良好的思想政治素质和师德素养，落实立德树人根本任务，遵循职业教育规律和技术技能人才成长规律，具备相应的理论教学和实践教学能力，紧跟产业发展趋势和行业人才需求，具有企业相关工作经历，或积极深入企业和生产服务一线进行岗位实践，理解所教专业（群）与产业的关系，了解产业发展、行业需求和职业岗位变化，及时将新技术、新工艺、新规范融入教学的教师。[①]

一般来说，具有企业工作经历教师并不具备"双师型"教师的条件和能力。从教师的管理制度和准入条件看，高职院校"双师型"教师的基本条件是具备高校教师资格证书，并具备与专业相关的职业资格证书和专业实践能力，这是其从事专业教学工作的基本前提。具有企业工作经历教师具有企业实践经历丰富、熟悉行业发展情况、了解生产流程、工艺知识、职业领域知识和技能系统等优势，不足的是教育教学知识通常较为有限。为此，若没有补足教育教学知识的短板，则很难将其纳入"双师型"教师。换言之，具有企业工作经历教师向"双师型"教师转化是有条件

---

① 教育部.教育部办公厅关于做好职业教育"双师型"教师认定工作的通知[EB/OL].(2022-10-25)[2024-12-20].http://www.moe.gov.cn/srcsite/A10/s7034/202210/t20221027_672715.html.

的,即掌握教育教学的基本能力和开展专业理论教学的能力。

3.兼职教师与具有企业工作经历教师

兼职教师是各国职业教育发展的重要力量。高职院校兼职教师是指具有专业实践经验、符合一定条件,并以外聘人员身份承担高职院校教育教学任务的人员。兼职教师可能是企业专业技术人员,也可能是事业单位专业技术人员,还可能是政府部门从事专业技术工作的公务员。现实中,高职院校兼职教师主要来自企业和事业单位,来自政府部门的公务员则更多以讲座、主题报告等形式参与人才培养。

兼职教师与具有企业工作经历教师的共同点在于:均有企业实践经历,在专业知识与实践运用方面有优势;均为应用领域的专门人才;对于职业领域的理论和实践知识运用方面更具有优势。不同之处在于,前者是企业人员,进入高职院校只是其工作的职责之一,其观察和思考仍然基于企业的角度。后者是高职院校内部人员,具有正式身份,是高职院校教师队伍的重要组成部分。

第五节　研究设计

研究设计是研究的行动指南,科学合理的研究设计,对研究工作的顺利推进、研究目标的有效达成具有重要作用。本书从研究对象、研究目标、研究问题、研究思路、研究方法、研究步骤等方面对研究的总体思路作出说明。

一、研究对象

基于高职院校引进具有企业工作经历教师的实践逻辑,本书从组织、群体和个体三个层面确定研究对象,力图从不同视角审视高职院校在引进具有企业工作经历教师这一实践中的成效、过程及困境特征。本书的具体研究对象有以下五类(见表 1-2、表 1-3)。

表 1-2　受访具有企业工作经历教师单位领导基本情况

编号	职务	学校编号	是否具有企业工作经历	访谈时间(分钟)
L-H-Q	人事处处长	A 校	否	60
Y-H	人事处副处长	B 校	否	110
J-X-L	人事处人事科科长	C 校	否	65
C-J-Y	人事处师资科科长	D 校	否	100
H-Y	人力资源处副处长	E 校	否	90
X-W-F	人事处副处长	F 校	否	70
Z-M	二级学院副院长	H 校	否	115

续表

编号	职务	学校编号	是否具有企业工作经历	访谈时间（分钟）
H-X-Y	校长	I 校	否	46
S-X-F	校党委书记	J 校	否	50
W-Y-F	校长	K 校	否	35
W-X-M	校党委书记	L 校	否	43
W-J-G	副校长	M 校	否	60
W-X-B	二级学院党委书记	N 校	是	120
Z-B	人事处副处长	O 校	否	85

表1-3　受访具有企业工作经历教师基本情况

编号	性别	职称	学位	专业职务	所属专业	企业工作时间（年）	来校工作时间（年）	访谈时间（分钟）
Z-H-F	女	副教授/副主任药师	硕士	专业主任	中药学专业	8	15	95
L-C-Y	女	讲师	硕士	专业主任	护理专业	7	14	102
W-G-F	男	副教授	博士	专业副主任	工业机器人技术专业	1	6	90
T-L-Q	男	副教授	博士	专业副主任	机械制造与自动化专业	15	6	53
Z-H	女	讲师	硕士	专业副主任	电子商务专业	4	8	60
H-X-Y	男	副教授	本科	专业副主任	生物制药技术专业	6	10	45
L-J-Y	女	副教授	本科	专任教师	工程造价专业	15	12	108
Q-K	男	讲师	本科	专任教师	工程造价专业	13	0.5	67
Y-S-R	男	教授	硕士	专任教师	机械制造与自动化专业	18	15	112
Y-L-H	女	主任护师	本科	专任教师	护理专业	21	17	73
F-H-J	男	讲师	本科	专任教师	环境艺术设计专业	8	10	40
J-C-Y	女	副教授	博士	专任教师	畜牧兽医专业	4	13	60

编号	性别	职称	学位	专业职务	所属专业	企业工作时间(年)	来校工作时间(年)	访谈时间(分钟)
C-R-L	男	教员	硕士	专任教师	电子信息专业	8	2	54
L-C-X	女	讲师	博士	专任教师	中药学专业	1	2	70
F-Y-S	男	副教授	硕士	专任教师	汽车检测与维修技术专业	12	10	60
S-Y	男	讲师	硕士	专任教师	计算机网络技术与物联网应用技术专业	4	6	55
L-F	男	副教授	博士	专任教师	机械制造与自动化专业	6	4	111
W-H-H	男	助教	硕士	专任教师	大数据与会计专业	1	8	62
T-Y-Q	女	助教	硕士	专任教师	空乘专业	1	4	86

1.高职院校校领导

之所以将校领导纳入研究范畴,主要是想从高职院校全局发展的角度,了解他们对高职院校具有企业工作经历教师的认识,以及这类教师引进与发展的整体情况等。

2.高职院校人事部门负责人及工作人员

由于高职院校人事部门负责组织和实施具有企业工作经历教师的引进、录用和促进发展等工作,其负责人及工作人员对具有企业工作经历教师引进与发展的相关政策和具体情况较为熟悉,可以为研究提供翔实的数据支撑。

3.高职院校二级学院分管领导

高职院校二级学院是具有企业工作经历教师引进与发展的具体落实单位,二级学院分管领导对具有企业工作经历教师引进与发展的情况较为熟知。在具有企业工作经历教师队伍建设过程中,二级学院扮演着发起人、职业发展关键支持者、效用评价者等关键角色。

4.专业(群)负责人

专业(群)负责人与具有企业工作经历教师存在较多的交集,多为具有企业工作经历教师的指导教师、合作伙伴和业务领导。多重交集意味着专业(群)负责人在具有企业工作经历教师职业发展中发挥着关键性作用。本书通过对专业（群）负责人的访谈，可以了解具有企业工作经历教师在职业发展过程中的细节，探寻这些教师与企业、学校之间的互动关系，进而分析更能发挥其积极作用的可能空间。

5.具有企业工作经历教师

具有企业工作经历教师是获取第一手研究资料的重要来源，包含具有企业工作经历新教师、具有企业工作经历青年教师、具有企业工作经历骨干教师和具有企业工作经历老教师四类。作为"当事人"，其对具有企业工作经历教师引进与发展有着亲身体验和直接感知。

二、研究目标

本书致力于实现四个研究目标：一是从国家、省（区、市）、院校三个层面梳理高职院校具有企业工作经历教师引进与发展的相关政策文本，挖掘其政策依据，厘清其政策取向；二是基于访谈调查，客观呈现当前具有企业工作经历教师引进与发展的现状；三是梳理澳大利亚 TAFE 学院、德国双元制大学、美国社区学院具有企业工作经历教师的引进与发展情况，总结各国的特色和经验，为我国高职院校具有企业工作经历教师的引进与发展提供借鉴；四是在政策、现状和国际比较研究的基础上，从高职院校具有企业工作经历教师引进与发展两个角度提出对策建议，并基于双摆耦合理论，构建高职院校具有企业工作经历教师引进与发展的双摆耦合模型，探究其耦合优化机制。

三、研究问题

研究问题是一项研究的灵魂，它决定了研究的意义。本书聚焦高职院校引进的具有企业工作经历教师，从组织需要、群体发展和个体诉求三个维度，着重探析以下问题：高职院校具有企业工作经历教师引进与发展现状如何？其影响因素有哪些？面临哪些困境？在国际上有哪些经验值得借鉴？如何优化？

四、研究思路

本书遵循提出问题—分析问题—解决问题的思路，从理论审视、政策梳理、现状调查、因素分析、比较研究、对策建议等方面展开研究，如图 1-1 所示。

五、研究方法

研究方法是实现研究目标、确保研究质量的科学方法和有效手段。适切的研

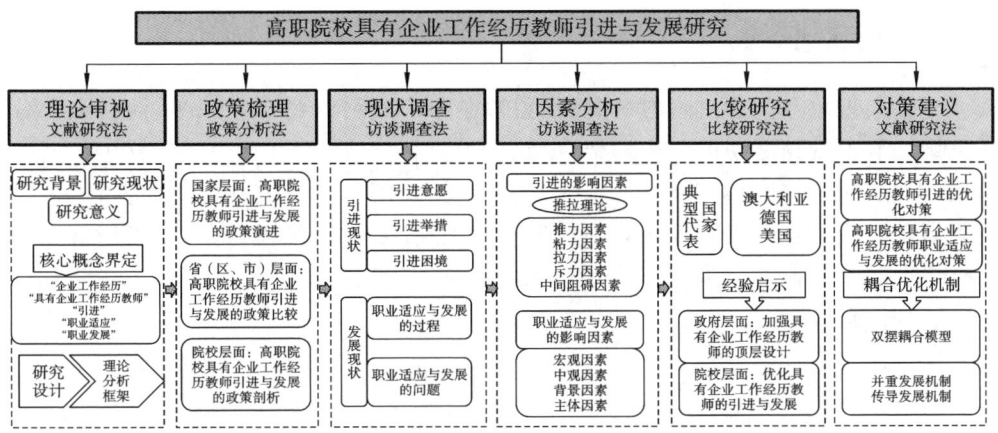

图 1-1　高职院校具有企业工作经历教师引进与发展研究思路

究方法是研究得以顺利展开的关键。本书综合采用文献研究法、政策分析法、访谈调查法、比较研究法等多种方法以确保各个研究目标的实现。通过多种方法的综合运用,多角度、多层面地展示高职院校具有企业工作经历教师引进与发展的特征。

1. 文献研究法

本书通过中国期刊数据库(CNKI)、Web of Science 等平台,收集、整理国内外有关高职院校具有企业工作经历教师引进与发展的文献资料,并对这些文献进行归纳与分析,明确已有研究的视角和进展,确立本书的研究设计框架。

2. 政策分析法

本书通过梳理国家、省(区、市)及院校层面出台的高职院校具有企业工作经历教师引进与发展的相关政策文件,采用定性和定量的分析方法,对政策的现状和问题进行深入分析。

3. 访谈调查法

本书主要采用半结构化访谈法,针对校领导、二级学院领导、专业主任、专任教师,分别编制高职院校具有企业工作经历教师引进与发展访谈提纲,主要围绕高职院校具有企业工作经历教师引进与发展的现状、问题及影响因素等问题开展研究,充分掌握其基本情况。

4. 比较研究法

选取澳大利亚 TAFE 学院、德国双元制大学、美国社区学院,研究三国高职院校具有企业工作经历教师引进与发展情况,总结各国的特色和经验。

六、研究步骤

对社会现象和问题进行有效分析,关键在于形成科学的分析思维,而科学的分析思维一般表现为适切的分析框架,以此明确分析内容、重点和边界。分析框架的形成,关键在于对分析对象有全面、深入、细致的理解与认识。在此基础上,本书围绕高职院校具有企业工作经历教师引进与发展问题,从多维视角切入,依循研究设计—组织实施—撰写成果的思路,按照以下步骤实施。

1. 明确研究主题

这是所有研究工作的起点。基于现有文献梳理和研究目标设定,将高职院校具有企业工作经历教师作为研究对象,重点研究这一教师群体的引进和发展。围绕这一主题,进一步细化研究内容。

2. 开发研究工具

以研究目标为导向,围绕研究内容确定适切的研究工具,综合采用文献研究法、政策分析法、访谈调查法、比较研究法等方法,全面覆盖并深入分析研究对象的各个维度,确保每一项研究目标都能得到有效支撑。

3. 组织实施研究

研究团队通过分工协作,开展理论研究、访谈调研和比较研究等一系列研究,为后续的研究分析提供坚实的支撑。

4. 分析研究资料

对收集到的政策、论文、专著、报告、访谈记录等资料,进行梳理与交叉验证等。在此基础上,利用相关软件展开分析,形成准确、翔实、全面的资料基础,为后期形成最终成果提供资料支撑。

5. 撰写研究报告

根据研究内容框架,运用收集到的相关材料,通过前期研究预设与实际收集资料、相关假设与后期分析的比对和分析,逐步完善研究报告,形成研究的最终成果。

第二章　高职院校具有企业工作经历教师引进与发展的政策供给

具有企业工作经历教师是高职院校"双师型"教师队伍的重要组成部分。目前,我国尚未出台针对高职院校具有企业工作经历教师引进与发展的专门性政策,相关要求往往分散在其他教育政策中,特别是"双师型"教师政策中。政策分析是将现实政策问题纳入认识体系中进行加工并得出结果的过程。[①] 本章以我国高职院校具有企业工作经历教师引进与发展相关政策为分析样本,从国家、省(区、市)、院校三个层面梳理相关政策文本,挖掘其政策依据并厘清其政策取向,同时揭示现有政策存在的问题。

第一节　国家层面:高职院校具有企业工作经历教师引进与发展的政策演进

从国家层面对高职院校具有企业工作经历教师引进与发展的政策进行研究,有助于厘清其政策脉络及演进逻辑,把握其政策取向与未来走向。

一、研究设计

(一)研究对象

本章以高职院校具有企业工作经历教师引进与发展相关政策文本为研究对象。为更科学、全面地搜索高职院校具有企业工作经历教师引进与发展政策文本,研究遵循以下遴选原则:一是权威性。政策的发文单位是国务院、中央各部委等党和国家机构,不涉及地方政府;以通知、法律、意见、方案等权威政策类型为主,不涉及"年度报告""目录清单""回复"及"函"等非正式文件。二是公开性。政策是以公开发行或出版的形式面向公众发布。三是关联性。政策内容必须与高职院校具有企业工作经历教师引进与发展相关。四是时效性。政策发文年份在 2002—2022年,排除重复、失效等已被废止的政策。基于上述原则,本章以"具有企业工作经历教师""'双师型'教师""职业院校教师""职业教育""高等职业教育"等关键词在国

---

①向玉琼.走向行动主义:建构风险社会中的政策分析范式[J].理论与改革,2022(02):135-146+152.

务院、教育部、人社部等官方网站上进行搜索,剔除无关信息,最终获取政策文本26份,构成研究的基础数据。

(二)研究方法

本章采用定量研究与质性研究相结合的混合研究方法对高职院校具有企业工作经历教师引进与发展相关政策文本进行研究。在定量研究方面,本章对收集到的政策文本进行量化统计分析(如年度数量、各类型政策的数量、不同政策领域的数量变化情况等)。在质性研究方面,本章利用NVivo软件对政策文本进行内容浓缩、概念凝练、分置归类,对政策数量、政策主体、政策内容进行多维度编码分析,探究高职院校具有企业工作经历教师引进与发展政策的目标导向和内在逻辑。

二、高职院校具有企业工作经历教师引进与发展的国家政策分析

为了解高职院校具有企业工作经历教师引进与发展国家政策数量、政策内容特性和政策工具偏好、政策主体差异,本章构建了"政策数量—政策主体—政策内容"三维分析框架(见图2-1)。以此框架为基础,对高职院校具有企业工作经历教师引进与发展的国家政策进行多维度研究。

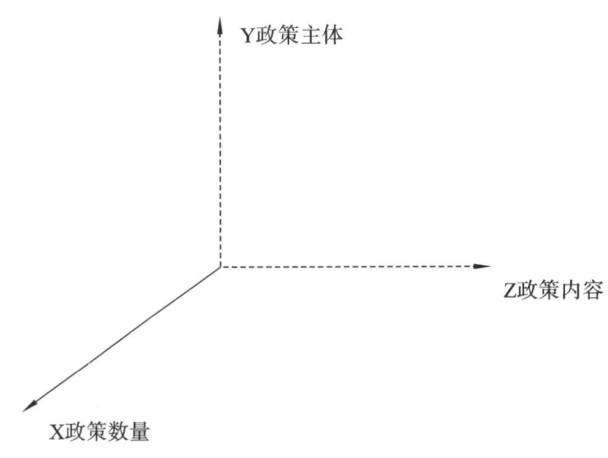

图 2-1 "政策数量—政策主体—政策内容"三维分析框架

(一)政策数量维度分析

目前,我国尚未出台高职院校具有企业工作经历教师的专门性政策,相关要求往往分散在其他教育政策中。本章以"具有企业工作经历教师""'双师型'教师""职业院校教师""职业教育""高等职业教育"等关键词在国务院、教育部、人社部等

官方网站上进行搜索,剔除无关信息,最终检索筛选出 26 份相关且公开可获取的政策文本(见表 2-1)。这些政策文本类型多样,以"意见"类政策最为丰富,共 12 份,紧随其后的是"通知"类政策,共 8 份,"决定"类政策 3 份,其余则包括"纲要""规划"及"法律"政策文本各 1 份。

表 2-1　高职院校具有企业工作经历教师引进与发展的相关国家政策统计

序号	年份	文件名称
1	2002	《国务院关于大力推进职业教育改革与发展的决定》(国发〔2002〕16 号)
2	2002	《关于加强高职(高专)院校师资队伍建设的意见》(教高厅〔2002〕5 号)
3	2004	《教育部等七部门关于进一步加强职业教育工作的若干意见》(教职成〔2004〕12 号)
4	2005	《国务院关于大力发展职业教育的决定》(国发〔2005〕35 号)
5	2006	《教育部关于全面提高高等职业教育教学质量的若干意见》(教高〔2006〕16 号)
6	2010	《国家中长期教育改革和发展规划纲要(2010—2020 年)》
7	2011	《教育部关于充分发挥行业指导作用推进职业教育改革发展的意见》(教职成〔2011〕6 号)
8	2011	《教育部关于推进高等职业教育改革创新引领职业教育科学发展的若干意见》(教职成〔2011〕12 号)
9	2011	《教育部关于推进中等和高等职业教育协调发展的指导意见》(教职成〔2011〕9 号)
10	2011	《教育部 财政部关于实施职业院校教师素质提高计划的意见》(教职成〔2011〕14 号)
11	2012	《国务院关于加强教师队伍建设的意见》(国发〔2012〕41 号)
12	2014	《国务院关于加快发展现代职业教育的决定》(国发〔2014〕19 号)
13	2014	《教育部等六部门关于印发〈现代职业教育体系建设规划(2014—2020 年)〉的通知》(教发〔2014〕6 号)
14	2015	《教育部关于印发〈高等职业教育创新发展行动计划(2015—2018 年)〉的通知》(教职成〔2015〕9 号)
15	2016	《教育部 财政部关于实施职业院校教师素质提高计划(2017—2020 年)的意见》(教师〔2016〕10 号)
16	2017	《国务院办公厅关于深化产教融合的若干意见》(国办发〔2017〕95 号)
17	2018	《教育部等六部门关于印发〈职业学校校企合作促进办法〉的通知》(教职成〔2018〕1 号)

续表

序号	年份	文件名称
18	2019	《国务院关于印发国家职业教育改革实施方案的通知》(国发〔2019〕4号)
19	2019	《教育部等四部门关于印发〈深化新时代职业教育"双师型"教师队伍建设改革实施方案〉的通知》(教师〔2019〕6号)
20	2020	《教育部等九部门关于印发〈职业教育提质培优行动计划(2020—2023年)〉的通知》(教职成〔2020〕7号)
21	2021	《中共中央办公厅 国务院办公厅印发〈关于推动现代职业教育高质量发展的意见〉》
22	2021	《教育部 财政部关于实施职业院校教师素质提高计划(2021—2025年)的通知》(教师函〔2021〕6号)
23	2022	《中华人民共和国职业教育法》
24	2022	《教育部办公厅关于开展职业教育教师队伍能力提升行动的通知》(教师厅函〔2022〕8号)
25	2022	《中共中央办公厅 国务院办公厅印发〈关于深化现代职业教育体系建设改革的意见〉》
26	2022	《教育部办公厅关于做好职业教育"双师型"教师认定工作的通知》(教师厅〔2022〕2号)

(二)政策主体维度分析

政策主体是决定政策目标、选择政策工具和谋求政策执行结果的机构或组织。[①] 根据公共治理理论,政策主体可划分为三类,分别是国家公共法权主体、社会政治法权主体和社会非法权主体。其中,国家公共法权主体是指居于法律规定的法权地位,获得法律授权,享有公共权威以制定、执行和评估公共政策的机构与职位。

本章中的政策主体是指高职院校具有企业工作经历教师引进与发展相关国家政策制定与发布的主体,包括全国人民代表大会常务委员会、中共中央办公厅、国务院、教育部、国家发展改革委、财政部、人力资源社会保障部、农业部、工业和信息化部、国家中长期教育改革和发展规划纲要工作小组办公室等16个部门。这种多元性确保了政策制定的全面性和协调性,能够充分考虑不同领域和层面的需求与利益。

这些部门既有单独发文的情况,也有联合发文的情况。单独发文的政策有16

[①]李文钊,蔡长昆.政治制度结构、社会资本与公共治理制度选择[J].管理世界,2012(08):43-54.

个，多部门联合发文的政策有 10 个（见图 2-2），其中两部门联合发文的政策有 5 个，四部门联合发文的政策有 1 个，六部门联合发文的政策有 2 个，七部门联合发文的政策有 1 个，九部门联合发文的政策有 1 个。从表 2-2 可以看出，教育部（含办公厅）是高职院校具有企业工作经历教师引进与发展相关国家政策发文量最大的部门，其中单独发文的政策有 8 个，与其他部门联合发文的政策有 8 个，充分体现了其在高职院校具有企业工作经历教师引进与发展中的重要作用。其次为国务院（含办公厅、扶贫办、国资委、税务总局等），单独发文的政策有 6 个，与其他部门联合发文的政策有 6 个。此外，全国人民代表大会常务委员会、国家中长期教育改革和发展规划纲要工作小组办公室单独发文的政策各 1 份。同时，中共中央办公厅、国家发展改革委、财政部等部门也在政策制定与发布中发挥了一定的协同作用，为高职院校具有企业工作经历教师引进与发展提供了一定保障。

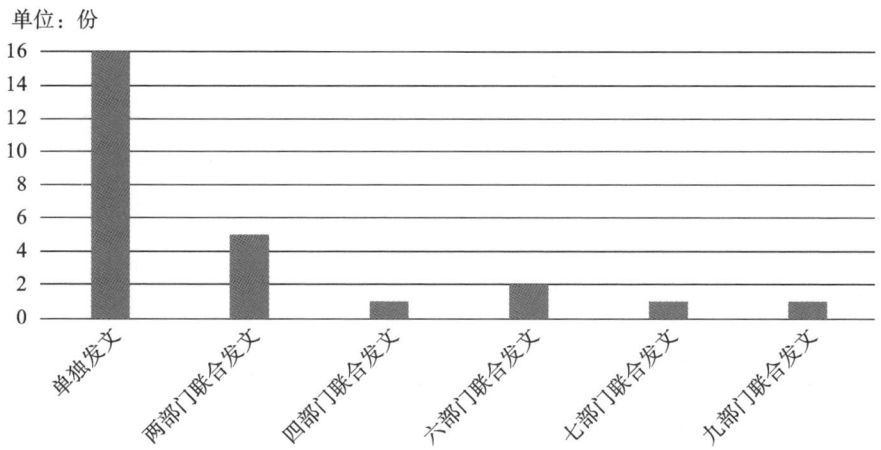

图 2-2　高职院校具有企业工作经历教师引进与发展的相关国家政策主体发文情况

表 2-2　高职院校具有企业工作经历教师引进与发展的相关国家政策主体发文情况

序号	文件名称	发文主体
1	《国务院关于大力推进职业教育改革与发展的决定》（国发〔2002〕16 号）	国务院
2	《关于加强高职（高专）院校师资队伍建设的意见》（教高厅〔2002〕5 号）	教育部
3	《教育部等七部门关于进一步加强职业教育工作的若干意见》（教职成〔2004〕12 号）	教育部、国家发展改革委、财政部、人事部、劳动保障部、农业部、国务院扶贫办

序号	文件名称	发文主体
4	《国务院关于大力发展职业教育的决定》（国发〔2005〕35号）	国务院
5	《教育部关于全面提高高等职业教育教学质量的若干意见》（教高〔2006〕16号）	教育部
6	《国家中长期教育改革和发展规划纲要（2010—2020年）》	国家中长期教育改革和发展规划纲要工作小组办公室
7	《教育部关于充分发挥行业指导作用推进职业教育改革发展的意见》（教职成〔2011〕6号）	教育部
8	《教育部关于推进高等职业教育改革创新引领职业教育科学发展的若干意见》（教职成〔2011〕12号）	教育部
9	《教育部关于推进中等和高等职业教育协调发展的指导意见》（教职成〔2011〕9号）	教育部
10	《教育部 财政部关于实施职业院校教师素质提高计划的意见》（教职成〔2011〕14号）	教育部、财政部
11	《国务院关于加强教师队伍建设的意见》（国发〔2012〕41号）	国务院
12	《国务院关于加快发展现代职业教育的决定》（国发〔2014〕19号）	国务院
13	《教育部等六部门关于印发〈现代职业教育体系建设规划（2014—2020年）〉的通知》（教发〔2014〕6号）	教育部、国家发展改革委、财政部、人力资源社会保障部、农业部、国务院扶贫办
14	《教育部关于印发〈高等职业教育创新发展行动计划（2015—2018年）〉的通知》（教职成〔2015〕9号）	教育部
15	《教育部 财政部关于实施职业院校教师素质提高计划（2017—2020年）的意见》（教师〔2016〕10号）	教育部、财政部
16	《国务院办公厅关于深化产教融合的若干意见》（国办发〔2017〕95号）	国务院办公厅

序号	文件名称	发文主体
17	《教育部等六部门关于印发〈职业学校校企合作促进办法〉的通知》（教职成〔2018〕1号）	教育部、国家发展改革委、工业和信息化部、财政部、人力资源社会保障部、国家税务总局
18	《国务院关于印发国家职业教育改革实施方案的通知》（国发〔2019〕4号）	国务院
19	《教育部等四部门关于印发〈深化新时代职业教育"双师型"教师队伍建设改革实施方案〉的通知》（教师〔2019〕6号）	教育部、国家发展改革委、财政部、人力资源社会保障部
20	《教育部等九部门关于印发〈职业教育提质培优行动计划（2020—2023年）〉的通知》（教职成〔2020〕7号）	教育部、国家发展改革委、工业和信息化部、财政部、人力资源社会保障部、农业农村部、国务院国资委、国家税务总局、国务院扶贫办
21	《中共中央办公厅 国务院办公厅印发〈关于推动现代职业教育高质量发展的意见〉》	中共中央办公厅、国务院办公厅
22	《教育部 财政部关于实施职业院校教师素质提高计划（2021—2025年）的通知》（教师函〔2021〕6号）	教育部、财政部
23	《中华人民共和国职业教育法》	全国人民代表大会常务委员会

序号	文件名称	发文主体
24	《教育部办公厅关于开展职业教育教师队伍能力提升行动的通知》（教师厅函〔2022〕8 号）	教育部办公厅
25	《中共中央办公厅 国务院办公厅印发〈关于深化现代职业教育体系建设改革的意见〉》	中共中央办公厅、国务院办公厅
26	《教育部办公厅关于做好职业教育"双师型"教师认定工作的通知》（教师厅〔2022〕2 号）	教育部办公厅

（三）政策内容维度分析

确定并梳理政策文本的章节条款内容,关系到政策分析质量。[①] 为确保研究过程的清晰性、研究内容的全面性和研究逻辑的严谨性,本章对搜集到的 26 份政策文本进行政策内容单元划分、内容编码和维度分析。

1.政策内容单元划分

首先,按照政策名称、章节序号、条款序号,对 26 份政策文本依次编号,并对直接或间接涉及"具有企业工作经历教师"的政策条款及内容进行挖掘。其次,从引进与发展两个方面对挖掘到的相关政策条款及内容进行梳理,共得到 53 个政策内容分析单元。其中,关于高职院校具有企业工作经历教师引进方面的政策内容分析单元有 20 个（见表 2-3）,关于高职院校具有企业工作经历教师发展方面的政策内容分析单元有 19 个（见表 2-4）。

表 2-3　关于高职院校具有企业工作经历教师引进方面的政策内容分析单元

序号	年份	文件名称	政策内容分析单元
M1	2002	《国务院关于大力推进职业教育改革与发展的决定》（国发〔2002〕16 号）	广泛吸引和鼓励企事业单位工程技术人员、管理人员和有特殊技能的人员到职业学校担任专、兼职教师
M2	2002	《关于加强高职（高专）院校师资队伍建设的意见》（教高厅〔2002〕5 号）	要重视从企事业单位引进既有工作实践经验、又有较扎实理论基础的高级技术人员和管理人员充实教师队伍

①尹克寒.基于三维分析框架的"双师型"教师政策的审视与启示——以 1995—2023 年的政策文本为研究对象[J].中国职业技术教育,2023(33):48-57.

续表

序号	年份	文件名称	政策内容分析单元
M3	2004	《教育部等七部门关于进一步加强职业教育工作的若干意见》(教职成〔2004〕12 号)	人事、劳动保障部门要积极为职业院校招聘人才提供服务,通过实行固定岗位与流动岗位相结合、专职与兼职相结合的设岗和用人办法,指导和支持职业院校,面向社会公开招聘具有丰富实践经验的专业技术人员和高技能人才,担任专业教师和实习指导教师。对于到职业院校担任教师的专业技术人员、高级工和技师可按照相关专业技术职务条例的要求评聘教师职务,实行聘任制度和合同管理,享受合同规定的相关待遇
M4	2005	《国务院关于大力发展职业教育的决定》(国发〔2005〕35 号)	支持职业院校面向社会聘用工程技术人员、高技能人才担任专业课教师或实习指导教师
M5	2006	《教育部关于全面提高高等职业教育教学质量的若干意见》(教高〔2006〕16 号)	要增加专业教师中具有企业工作经历的教师比例
M6	2010	《国家中长期教育改革和发展规划纲要(2010—2020年)》	建立健全技能型人才到职业学校从教的制度。完善相关人事制度,聘任(聘用)具有实践经验的专业技术人员和高技能人才担任专兼职教师
M7	2011	《教育部关于充分发挥行业指导作用推进职业教育改革发展的意见》(教职成〔2011〕6 号)	推动职业学校教师到企业实践,企业技术人员到学校教学,促进职业学校紧跟产业发展步伐,促进教育与产业、学校与企业深度合作
M8	2011	《教育部关于推进高等职业教育改革创新引领职业教育科学发展的若干意见》(教职成〔2011〕12 号)	高等职业学校要加快双师结构专业教学团队建设,聘任(聘用)一批具有行业影响力的专家作为专业带头人,一批企业专业人才和能工巧匠作为兼职教师
M9	2011	《教育部关于推进中等和高等职业教育协调发展的指导意见》(教职成〔2011〕9 号)	各地要建立职业学校教师准入制度,新进专业教师应具有一定年限的行业企业实践经历。建立健全技能人才到职业学校从教制度
M10	2012	《国务院关于加强教师队伍建设的意见》(国发〔2012〕41 号)	鼓励职业学校和高等学校聘请企业管理人员、专业技术人员和高技能人才等担任专兼职教师

序号	年份	文件名称	政策内容分析单元
M11	2014	《国务院关于加快发展现代职业教育的决定》（国发〔2014〕19号）	完善企业工程技术人员、高技能人才到职业院校担任专兼职教师的相关政策
M12	2014	《教育部等六部门关于印发〈现代职业教育体系建设规划（2014—2020年）〉的通知》（教发〔2014〕6号）	新增教师编制主要用于引进有实践经验的专业教师，到2020年，有实践经验的专兼职教师占专业教师总数的比例达到60%以上。 落实职业院校用人自主权，鼓励职业院校按照国家相关规定聘请企业管理人员、工程技术人员和能工巧匠担任专兼职教师
M13	2017	《国务院办公厅关于深化产教融合的若干意见》（国办发〔2017〕95号）	支持企业技术和管理人才到学校任教，鼓励有条件的地方探索产业教师（导师）特设岗位计划
M14	2018	《教育部等六部门关于印发〈职业学校校企合作促进办法〉的通知》（教职成〔2018〕1号）	开展校企合作企业中的经营管理人员、专业技术人员、高技能人才，具备职业学校相应岗位任职条件，经过职业学校认定和聘任，可担任专兼职教师，并享受相关待遇
M15	2019	《国务院关于印发国家职业教育改革实施方案的通知》（国发〔2019〕4号）	从2019年起，职业院校、应用型本科高校相关专业教师原则上从具有3年以上企业工作经历并具有高职以上学历的人员中公开招聘，特殊高技能人才（含具有高级工以上职业资格人员）可适当放宽学历要求，2020年起基本不再从应届毕业生中招聘。在职业院校实行高层次、高技能人才以直接考察的方式公开招聘
M16	2019	《教育部等四部门关于印发〈深化新时代职业教育"双师型"教师队伍建设改革实施方案〉的通知》（教师〔2019〕6号）	自2019年起，除持有相关领域职业技能等级证书的毕业生外，职业院校、应用型本科高校相关专业教师原则上从具有3年以上企业工作经历并具有高职以上学历的人员中公开招聘；自2020年起，除"双师型"职业技术师范专业毕业生外，基本不再从未具备3年以上行业企业工作经历的应届毕业生中招聘，特殊高技能人才（含具有高级工以上职业资格或职业技能等级人员）可适当放宽学历要求

序号	年份	文件名称	政策内容分析单元
M17	2020	《教育部等九部门关于印发〈职业教育提质培优行动计划（2020—2023 年）〉的通知》（教职成〔2020〕7 号）	实施现代产业导师特聘计划，设置一定比例的特聘岗位，畅通行业企业高层次技术技能人才从教渠道，推动企业工程技术人员、高技能人才与职业学校教师双向流动
M18	2021	《中共中央办公厅 国务院办公厅印发〈关于推动现代职业教育高质量发展的意见〉》	完善职业教育教师资格认定制度，在国家教师资格考试中强化专业教学和实践要求。支持企业技术骨干到学校从教
M19	2022	《中华人民共和国职业教育法》	第四十六条　国家建立健全符合职业教育特点和发展要求的职业学校教师岗位设置和职务（职称）评聘制度。职业学校的专业课教师（含实习指导教师）应当具有一定年限的相应工作经历或者实践经验，达到相应的技术技能水平。具备条件的企业、事业单位经营管理和专业技术人员，以及其他有专业知识或者特殊技能的人员，经教育教学能力培训合格的，可以担任职业学校的专职或者兼职专业课教师；取得教师资格的，可以根据其技术职称聘任为相应的教师职务。取得职业学校专业课教师资格可以视情况降低学历要求。 第四十七条　国家鼓励职业学校聘请技能大师、劳动模范、能工巧匠、非物质文化遗产代表性传承人等高技能人才，通过担任专职或者兼职专业课教师、设立工作室等方式，参与人才培养、技术开发、技能传承等工作。 第四十八条　县级以上地方人民政府应当根据教职工配备标准、办学规模等，确定公办职业学校教职工人员规模，其中一定比例可以用于支持职业学校面向社会公开招聘专业技术人员、技能人才担任专职或者兼职教师
M20	2022	《中共中央办公厅 国务院办公厅印发〈关于深化现代职业教育体系建设改革的意见〉》	设置灵活的用人机制，采取固定岗与流动岗相结合的方式，支持职业学校公开招聘行业企业业务骨干、优秀技术和管理人才任教

表 2-4 关于高职院校具有企业工作经历教师发展方面的政策内容分析单元

序号	年份	文件名称	政策内容分析单元
N1	2002	《国务院关于大力推进职业教育改革与发展的决定》(国发〔2002〕16 号)	深化职业学校人事制度改革,在职业学校推行教师全员聘任制和管理人员公开选拔、竞争上岗和职务聘任制度,建立健全激励和约束机制。职业学校教师职务资格评审要突出职业教育特点,改进评审办法。 加强职业教育师资培养培训基地建设,逐步完善职业教育师资培养培训网络
N2	2002	《关于加强高职(高专)院校师资队伍建设的意见》(教高厅〔2002〕5 号)	我部将在有关高校建设若干高职(高专)师资培训基地,有计划地开展高职(高专)在岗骨干教师的轮训工作。师资培训基地的主要任务,一是有针对性地进行各类旨在提高教师高等职业教育理论水平、实践能力和专业技能的短期培训;二是进行现代教育技术培训;三是通过第二学士学位教育和研究生教育培养师资。 各高职(高专)院校要制定教师培训培养工作计划和政策措施,鼓励支持教师参加培训和进修提高
N3	2004	《教育部等七部门关于进一步加强职业教育工作的若干意见》(教职成〔2004〕12 号)	对于到职业院校担任教师的专业技术人员、高级工和技师可按照相关专业技术职务条例的要求评聘教师职务,实行聘任制度和合同管理,享受合同规定的相关待遇。地方人事、教育、劳动保障等有关部门要按照相关教师职务试行条例的要求,制定符合实际需要的各类职业院校教师职务评聘办法。职业院校中专业实践性较强的专业教师,可按照相应的专业技术职务系列条例的规定,再评聘第二个专业技术资格,也可根据有关规定取得相应的职业资格证书,促进"双师型"教师队伍建设。要深化职业院校教职工分配制度改革,把教职工收入与学校发展、所聘岗位以及个人工作绩效挂钩,调动教职工积极性。要建立符合职业教育特点的教师继续教育进修和企业实践制度。职业院校专业教师每年脱产接受继续教育的时间应不少于规定的学时数,每两年必须有两个月以上时间到企业或生产服务一线进行实践,并作为教师提职、晋级的必要条件,其他教师和管理人员也应定期到企业或生产服务一线进行实践和调研。要加强职业教育师资培养培训基地建设,扩大专业教师培训和在职攻读硕士和博士学位的规模。各级教育行政部门要会同相关部门制定本地区职业教育师资队伍建设的整体规划和相关配套措施

序号	年份	文件名称	政策内容分析单元
N4	2005	《国务院关于大力发展职业教育的决定》（国发〔2005〕35号）	加强"双师型"教师队伍建设，职业院校中实践性较强的专业教师，可按照相应专业技术职务试行条例的规定，申请评定第二个专业技术资格，也可根据有关规定申请取得相应的职业资格证书
N5	2010	《国家中长期教育改革和发展规划纲要（2010—2020年）》	加大职业院校教师培养力度。依托相关高等学校和大中型企业，共建"双师型"教师培养培训基地。 完善符合职业教育特点的教师资格标准和专业技术职务（职称）评聘办法
N6	2011	《教育部关于推进高等职业教育改革创新引领职业教育科学发展的若干意见》（教职成〔2011〕12号）	各地要创新高等职业学校师资管理制度，按照国家有关规定，进一步完善符合高等职业教育特点的教师专业技术职务（职称）评审标准，将教师参与企业技术应用、新产品开发、社会服务等作为专业技术职务（职称）评聘和工作绩效考核的重要内容。继续将高等职业学校教师的专业技术职务（职称）评聘纳入高等学校教师职务评聘系列。积极推进新进专业教师须具有企业工作经历的人事管理改革试点。 各地要加大高等职业学校教师培养力度，推动学校与企业共同开展教师培养培训工作。要在优秀企事业单位建立专业教师实践基地，完善专业教师到对口企事业单位定期实践制度。要在学校建立名师和技能大师工作室，完善老中青三结合的青年教师培养机制。要坚持培养与使用相结合，完善教师继续教育体系，健全教师继续教育考核制度和政策
N7	2011	《教育部 财政部关于实施职业院校教师素质提高计划的意见》（教职成〔2011〕14号）	实施职业院校专业骨干教师培训项目。 高等职业学校专业骨干教师国家级培训，包括国内培训2.25万人、国外培训2500人、企业顶岗培训2.5万人，培训对象为全国非示范（骨干）高等职业学校具有中级以上教师职务的专业教师。国内培训为期4周，采取集中培训、企业实践、小组研讨等形式组织，主要学习专业领域新理论、前沿技术和关键技能。培训任务由高职区域培训基地、国家示范性高等职业学校及其他有条件的高校、单位和大中型企业承担。国外培训为期4周，主要学习职业教育教学理论与方法、先进教育技术和课程开发手段。企业顶岗培训为期8周，重点熟悉相关行业企业先进技术、生产工艺与流程、管理制度与文化、岗位规范、用人要求等

序号	年份	文件名称	政策内容分析单元
N8	2014	《教育部等六部门关于印发〈现代职业教育体系建设规划（2014—2020年）〉的通知》（教发〔2014〕6号）	建立符合职业院校特点的教师绩效评价标准,绩效工资内部分配向"双师型"教师适当倾斜。 建立职业院校教师轮训制度,促进职业院校教师专业化发展。建立一批职业教育教师实践企业基地,实行新任教师先实践、后上岗和教师定期实践制度,专业教师每两年专业实践的时间累计不少于两个月
N9	2015	《教育部关于印发〈高等职业教育创新发展行动计划（2015—2018年）〉的通知》（教职成〔2015〕9号）	围绕提升专业教学能力和实践动手能力,健全专科高等职业院校专任教师的培养和继续教育制度。推进高水平大学和大中型企业共建"双师型"教师培养培训基地,探索"学历教育＋企业实训"的培养办法;完善以老带新的青年教师培养机制;建立教师轮训制度;专业教师每五年企业实践时间累计不少于6个月
N10	2016	《教育部 财政部关于实施职业院校教师素质提高计划（2017—2020年）的意见》（教师〔2016〕10号）	各省(区、市)遴选具备资质条件的职教师资培养培训基地、大中型企业等,采取校企合作、工学交替、线上线下等组织形式,分层分类开展教师示范培训。 1.专业带头人领军能力研修。 2."双师型"教师专业技能培训。 3.优秀青年教师跟岗访学。 4.卓越校长专题研修
N11	2017	《国务院办公厅关于深化产教融合的若干意见》（国办发〔2017〕95号）	探索符合职业教育和应用型高校特点的教师资格标准和专业技术职务（职称）评聘办法
N12	2018	《教育部等六部门关于印发〈职业学校校企合作促进办法〉的通知》（教职成〔2018〕1号）	职业学校应当将参与校企合作作为教师业绩考核的内容,具有相关企业或生产经营管理一线工作经历的专业教师在评聘和晋升职务（职称）、评优表彰等方面,同等条件下优先对待

序号	年份	文件名称	政策内容分析单元
N13	2019	《国务院关于印发国家职业教育改革实施方案的通知》（国发〔2019〕4号）	实施职业院校教师素质提高计划,建立100个"双师型"教师培养培训基地,职业院校、应用型本科高校教师每年至少1个月在企业或实训基地实训,落实教师5年一周期的全员轮训制度。 定期组织选派职业院校专业骨干教师赴国外研修访学。 职业院校通过校企合作、技术服务、社会培训、自办企业等所得收入,可按一定比例作为绩效工资来源
N14	2019	《教育部等四部门关于印发〈深化新时代职业教育"双师型"教师队伍建设改革实施方案〉的通知》（教师〔2019〕6号）	全面落实教师5年一周期的全员轮训制度,对接1+X证书制度试点和职业教育教学改革需求,探索适应职业技能培训要求的教师分级培训模式,培育一批具备职业技能等级证书培训能力的教师。把国家职业标准、国家教学标准、1+X证书制度和相关标准等纳入教师培训的必修模块。 健全完善职业教育师资培养培训体系,推进"双师型"教师培养培训基地在教师培养培训、团队建设、科研教研、资源开发等方面提供支撑和服务。支持高水平学校和大中型企业共建"双师型"培训者队伍,认定300个"双师型"教师培养培训示范单位。 建立职业院校、行业企业、培训评价组织多元参与的"双师型"教师评价考核体系。将师德师风、工匠精神、技术技能和教育教学实绩作为职称评聘的主要依据。落实教师职业行为准则,建立师德考核负面清单制度,严格执行师德考核一票否决。引入社会评价机制,建立教师个人信用记录和违反师德行为联合惩戒机制。深化教师职称制度改革,破除"唯文凭、唯论文、唯帽子、唯身份、唯奖项"的顽瘴痼疾。推动各地结合实际,制定"双师型"教师认定标准,将体现技能水平和专业教学能力的双师素质纳入教师考核评价体系。继续办好全国职业院校技能大赛教学能力比赛,将行动导向的模块化课程设置、项目式教学实施能力作为重要指标。试点开展专业课教师技术技能和教学能力分级考核,并作为教师聘期考核、岗位等级晋升考核、绩效分配考核的重要参考。完善考核评价的正确导向,强化考评结果运用和激励作用

续表

序号	年份	文件名称	政策内容分析单元
N14	2019	《教育部等四部门关于印发〈深化新时代职业教育"双师型"教师队伍建设改革实施方案〉的通知》（教师〔2019〕6号）	在职业院校教育教学、科学研究、社会服务等过程中，全面落实和依法保障教师的管理学生权、报酬待遇权、参与管理权、进修培训权。强化教师教育教学、继续教育、技术技能传承与创新等工作内容，制定职业教育教师减负政策，适当减少专任教师事务性工作。依法保障教师对学生实施教育、管理的权利。职业院校、应用型本科高校校企合作、技术服务、社会培训、自办企业等所得收入，可按一定比例作为绩效工资来源；教师依法取得的科技成果转化奖励收入不纳入绩效工资，不纳入单位工资总额基数。各地要结合职业院校承担扩招任务、职业培训的实际情况，核增绩效工资总量
N15	2020	《教育部等九部门关于印发〈职业教育提质培优行动计划（2020—2023年）〉的通知》（教职成〔2020〕7号）	实施新一周期"全国职业院校教师素质提高计划"，校企共建"双师型"教师（含技工院校"一体化"教师，下同）培养培训基地和教师企业实践基地，落实5年一轮的教师全员培训制度。 改革职业学校专业教师晋升和评价机制，破除"五唯"倾向，将企业生产项目实践经历、业绩成果等纳入评价标准。 改革完善职业学校绩效工资政策。职业学校通过校企合作、技术服务、社会培训取得的收入，可按一定比例作为绩效工资来源
N16	2021	《教育部 财政部关于实施职业院校教师素质提高计划（2021—2025年）的通知》（教师函〔2021〕6号）	全面推进教师培训关键环节改革，优化培训内容，鼓励各地根据地方特色产业发展需求设置创新项目。改进培训形式，探索成果转化机制，持续强化返岗实践运用成效。 根据职业院校教师专业发展不同阶段需求，教师、管理者和培训者不同群体需求，精准分析培训需求，科学制订培训方案，加强过程管理与诊断改进。 坚持和完善国家示范引领、省级统筹实施、市县联动保障、校本特色研修的四级培训体系，建立健全管理制度和考核评价机制，提升培训质量与效益

序号	年份	文件名称	政策内容分析单元
N17	2022	《教育部办公厅关于开展职业教育教师队伍能力提升行动的通知》（教师厅函〔2022〕8号）	支持高职院校在职教师学历提升。鼓励支持高等职业学校在职专业课教师报考硕博士研究生，毕业后回原校履约任教。在攻读研究生期间，探索脱产学习与在岗实践相结合的培养形式，学中用、用中学。 健全职教教师培训体系：①实施"职教国培"示范项目。打造高水平职业院校教师培训基地；②严格落实职业院校教师素质提高计划；③加强教师发展（培训）中心建设；④推动职教教师数字化学习平台建设。 创新职教教师培训模式：①推进全国职业院校教师教学创新团队建设；②启动建设一批国家级"双师型"名师（名匠）工作室和技艺技能传承创新平台，由院校教学名师或具有绝招绝技的技能大师（专兼职）组建。通过定期团队研修、项目研究、行动学习等方式，进行为期3年的分阶段研修。建立国家杰出职业教育专家库及其联系机制
N18	2022	《中共中央办公厅　国务院办公厅印发〈关于深化现代职业教育体系建设改革的意见〉》	依托龙头企业和高水平高等学校建设一批国家级职业教育"双师型"教师培养培训基地，开发职业教育师资培养课程体系，开展定制化、个性化培养培训。实施职业学校教师学历提升行动，开展职业学校教师专业学位研究生定向培养
N19	2022	《教育部办公厅关于做好职业教育"双师型"教师认定工作的通知》（教师厅〔2022〕2号）	紧跟产业发展趋势和行业人才需求，具有企业相关工作经历，或积极深入企业和生产服务一线进行岗位实践，时长、形式、内容、标准等应符合职业学校教师企业实践相关规定

2.政策内容编码

政策内容编码是指将政策文本转化为可量化数据的过程。这种编码方法有助于更深入地分析政策内容及其影响，不仅能为研究者提供系统化的政策文本框架，还能为政策制定者提供科学依据。根据质性研究编码的要求，本章基于高职院校具有企业工作经历教师引进与发展的相关国家政策，从引进与发展两个维度分别进行开放式编码、主轴式编码和选择性编码，获得以下编码结果。

（1）高职院校具有企业工作经历教师引进的相关国家政策内容的编码分析。

一是开放式编码。开放式编码主要是将原始资料和原始数据逐字逐句地反复阅读,通过编码和标签化,从中提取初始概念的过程。[①] 具体操作为:首先,对所选文本进行编号,将原始材料逐句标签化;其次,为了避免研究者的个人主观因素影响编码结果,在编码时尽量选用政策文本的原始材料;最后,对相同或相似的概念、短句进行范畴化,共得到 39 个概念化类属(见表 2-5),如"A1"表示从政策文本中提炼出的第一个概念化类属"有 3 年以上企业工作经历"。

表 2-5　高职院校具有企业工作经历教师引进的相关国家政策内容开放式编码

序号	概念化类属	参考点/个	原始语句示例
A1	有 3 年以上企业工作经历	2	有 3 年以上企业工作经历(M16)
A2	有一定年限的相应工作经历	1	职业学校的专业课教师(含实习指导教师)应当具有一定年限的相应工作经历或者实践经验(M19)
A3	有一定年限的行业企业实践经历	1	各地要建立职业学校教师准入制度,新进专业教师应具有一定年限的行业企业实践经历(M9)
A4	有工作实践经验	1	要重视从企事业单位引进既有工作实践经验、又有较扎实理论基础的高级技术人员和管理人员充实教师队伍(M2)
A5	较扎实理论基础	1	
A6	技术技能水平	1	达到相应的技术技能水平(M19)
A7	企事业单位工程技术人员	1	广泛吸引和鼓励企事业单位工程技术人员、管理人员和有特殊技能的人员到职业学校担任专、兼职教师(M1)
A8	企事业单位管理人员	2	
A9	企事业单位有特殊技能的人员	1	
A10	工程技术人员	1	支持职业院校面向社会聘用工程技术人员、高技能人才(M4)
A11	高技能人才	2	
A12	企业管理人员	2	鼓励职业学校和高等学校聘请企业管理人员、专业技术人员(M10)
A13	专业技术人员	7	
A14	企事业单位高级技术人员	1	要重视从企事业单位引进既有工作实践经验、又有较扎实理论基础的高级技术人员和管理人员充实教师队伍(M2)

①许源源,王琎.典型治理的运行机制研究——基于 2003—2022 年的乡村典型示范政策的扎根探索[J].湖南师范大学社会科学学报,2022,51(06):96-109.

序号	概念化类属	参考点/个	原始语句示例
A15	企业工程技术人员	3	鼓励职业院校按照国家相关规定聘请企业管理人员、工程技术人员和能工巧匠担任专兼职教师（M12）
A16	能工巧匠	2	
A17	校企合作企业中的经营管理人员	1	开展校企合作企业中的经营管理人员、专业技术人员、高技能人才（M14）
A18	校企合作企业中的专业技术人员	1	
A19	校企合作企业中的高技能人才	1	
A20	技能大师	1	国家鼓励职业学校聘请技能大师、劳动模范、能工巧匠、非物质文化遗产代表性传承人等高技能人才（M19）
A21	劳动模范	1	
A22	非物质文化遗产代表性传承人	1	
A23	行业企业业务骨干	1	支持职业学校公开招聘行业企业业务骨干、优秀技术和管理人才任教（M20）
A24	行业企业优秀技术和管理人才	1	
A25	高职以上学历	2	具有高职以上学历（M15）
A26	适当放宽学历要求	2	特殊高技能人才（含具有高级工以上职业资格或职业技能等级人员）可适当放宽学历要求（M16）
A27	高级工以上职业资格或职业技能等级人员	2	
A28	专业课教师	4	具备条件的企业、事业单位经营管理和专业技术人员，以及其他有专业知识或者特殊技能的人员，经教育教学能力培训合格的，可以担任职业学校的专职或者兼职专业课教师（M19）
A29	实习指导教师	3	支持职业院校面向社会聘用工程技术人员、高技能人才担任专业课教师或实习指导教师（M4）
A30	专兼职教师	6	鼓励职业学校和高等学校聘请企业管理人员、专业技术人员和高技能人才等担任专兼职教师（M10）
A31	产业教师（导师）	2	支持企业技术和管理人才到学校任教,鼓励有条件的地方探索产业教师（导师）特设岗位计划（M13）

序号	概念化类属	参考点/个	原始语句示例
A32	具有企业工作经历的教师占比	3	要增加专业教师中具有企业工作经历的教师比例(M5)
A33	以直接考察的方式公开招聘	1	在职业院校实行高层次、高技能人才以直接考察的方式公开招聘(M15)
A34	公开招聘	2	县级以上地方人民政府应当根据教职工配备标准、办学规模等,确定公办职业学校教职工人员规模,其中一定比例可以用于支持职业学校面向社会公开招聘专业技术人员、技能人才担任专职或者兼职教师(M19)
A35	从教政策	2	完善企业工程技术人员、高技能人才到职业院校担任专兼职教师的相关政策(M11)
A36	相关人事制度	2	完善相关人事制度,聘任(聘用)具有实践经验的专业技术人员和高技能人才担任专兼职教师(M6)
A37	岗位设置制度	1	国家建立健全符合职业教育特点和发展要求的职业学校教师岗位设置和职务(职称)制度(M19)
A38	教师资格认定制度	2	完善职业教育教师资格认定制度,在国家教师资格考试中强化专业教学和实践要求(M18)
A39	待遇享受	2	开展校企合作企业中的经营管理人员、专业技术人员、高技能人才,具备职业学校相应岗位任职条件,经过职业学校认定和聘任,可担任专兼职教师,并享受相关待遇(M14)

二是主轴编码。主轴编码的主要任务是基于概念或概念与副范畴之间的逻辑关系,进一步凝练出主范畴。本章在开放式编码的基础上,综合考虑概念化类属之间的联系(如包含关系、因果关系、内外关系等),将 39 个概念化类属归纳为 11 个范畴化类属,如表 2-6 所示。

表 2-6　高职院校具有企业工作经历教师引进的相关国家政策内容主轴式编码

序号	范畴化类属	概念化类属
B1	工作经历或实践经验要求	有 3 年以上企业工作经历
		有一定年限的相应工作经历
		有一定年限的行业企业实践经历
		有工作实践经验
B2	理论基础要求	较扎实理论基础
B3	技术技能水平要求	技术技能水平
B4	引进对象范围	企事业单位工程技术人员
		企事业单位管理人员
		企事业单位有特殊技能的人员
		工程技术人员
		高技能人才
		企业管理人员
		专业技术人员
		企业工程技术人员
		能工巧匠
		校企合作企业中的经营管理人员
		校企合作企业中的专业技术人员
		校企合作企业中的高技能人才
		技能大师
		劳动模范
		非物质文化遗产代表性传承人
		行业企业业务骨干
		行业企业优秀技术和管理人才
B5	学历背景要求	高职以上学历
		适当放宽学历要求
B6	专业技能要求	高级工以上职业资格或职业技能等级人员
		企事业单位高级技术人员
B7	引进比例	具有企业工作经历的教师占比

续表

序号	范畴化类属	概念化类属
B8	岗位设置	专业课教师
		实习指导教师
		专兼职教师
		产业教师(导师)
B9	引进形式	以直接考察的方式公开招聘
		公开招聘
B10	引进制度	从教政策
		相关人事制度
		岗位设置制度
		教师资格认定制度
B11	引进待遇	待遇享受

三是选择性编码。选择性编码是通过故事线的方式将所有范畴和概念串联起来，以归纳得出核心范畴，从而形成较为完整的理论框架。本章在主轴编码的基础上，基于主范畴间的逻辑关系，将11个范畴化类属归纳为3个核心类属，如表2-7所示。

表2-7 高职院校具有企业工作经历教师引进的相关国家政策内容选择性编码

序号	核心类属	范畴化类属	概念化类属
C1	引进要求	工作经历或实践经验要求	有3年以上企业工作经历
			有一定年限的相应工作经历
			有一定年限的行业企业实践经历
			有工作实践经验
		理论基础要求	较扎实理论基础
		技术技能水平要求	技术技能水平
		引进对象范围	企事业单位工程技术人员
			企事业单位管理人员
			企事业单位有特殊技能的人员
			工程技术人员
			高技能人才
			企业管理人员

续表

序号	核心类属	范畴化类属	概念化类属
C1	引进要求	引进对象范围	专业技术人员
			企业工程技术人员
			能工巧匠
			校企合作企业中的经营管理人员
			校企合作企业中的专业技术人员
			校企合作企业中的高技能人才
			技能大师
			劳动模范
			非物质文化遗产代表性传承人
			行业企业业务骨干
			行业企业优秀技术和管理人才
		学历背景要求	高职以上学历
			适当放宽学历要求
		专业技能要求	高级工以上职业资格或职业技能等级人员
			企事业单位高级技术人员
		引进比例	具有企业工作经历的教师占比
C2	引进流程	岗位设置	专业课教师
			实习指导教师
			专兼职教师
			产业教师(导师)
		引进形式	以直接考察的方式公开招聘
			公开招聘
C3	引进保障	引进制度	从教政策
			相关人事制度
			岗位设置制度
			教师资格认定制度
		引进待遇	待遇享受

(2)高职院校具有企业工作经历教师发展的相关国家政策内容编码分析。

一是开放式编码。通过编码分析及整理概括,共得到 47 个概念化类属,如表

2-8 所示,如"D1"表示从政策文本中提炼出的第 1 个概念化类属"职业教育师资培养培训基地建设"。

表 2-8　高职院校具有企业工作经历教师发展的相关国家政策内容开放式编码

序号	概念化类属	参考点/个	原始语句示例
D1	职业教育师资培养培训基地建设	3	加强职业教育师资培养培训基地建设,逐步完善职业教育师资培养培训网络(N1)
D2	"双师型"教师培养培训基地建设	4	依托龙头企业和高水平高等学校建设一批国家级职业教育"双师型"教师培养培训基地,开发职业教育师资培养课程体系,开展定制化、个性化培养培训(N18)
D3	学历提升支持	2	支持高职院校在职教师学历提升。鼓励支持高等职业学校在职专业课教师报考硕博士研究生,毕业后回原校履约任教。在攻读研究生期间,探索脱产学习与在岗实践相结合的培养形式,学中用、用中学(N17)
D4	研修访学支持	1	定期组织选派职业院校专业骨干教师赴国外研修访学(N13)
D5	继续教育进修制度	2	要建立符合职业教育特点的教师继续教育进修和企业实践制度。职业院校专业教师每年脱产接受继续教育的时间应不少于规定的学时数,每两年必须有两个月以上时间到企业或生产服务一线进行实践,并作为教师提职、晋级的必要条件,其他教师和管理人员也应定期到企业或生产服务一线进行实践和调研。要加强职业教育师资培养培训基地建设,扩大专业教师培训和在职攻读硕士和博士学位的规模。各级教育行政部门要会同相关部门制定本地区职业教育师资队伍建设的整体规划和相关配套措施(N3)
D6	教师轮训制度	2	全面落实教师 5 年一周期的全员轮训制度(N14)
D7	企业实践制度	4	紧跟产业发展趋势和行业人才需求,具有企业相关工作经历,或积极深入企业和生产服务一线进行岗位实践,时长、形式、内容、标准等应符合职业学校教师企业实践相关规定(N18)
D8	企业实践基地建设	1	校企共建"双师型"教师(含技工院校"一体化"教师,下同)培养培训基地和教师企业实践基地(N15)
D9	职业院校专业骨干教师培训项目	1	实施职业院校专业骨干教师培训项目(N7)

序号	概念化类属	参考点/个	原始语句示例
D10	高等职业学校专业骨干教师国家级培训	1	高等职业学校专业骨干教师国家级培训,包括国内培训2.25万人、国外培训2500人、企业顶岗培训2.5万人,培训对象为全国非示范(骨干)高等职业学校具有中级以上教师职务的专业教师。国内培训为期4周,采取集中培训、企业实践、小组研讨等形式组织,主要学习专业领域新理论、前沿技术和关键技能。培训任务由高职区域培训基地、国家示范性高等职业学校及其他有条件的高校、单位和大中型企业承担。国外培训为期4周,主要学习职业教育教学理论与方法、先进教育技术和课程开发手段。企业顶岗培训为期8周,重点熟悉相关行业企业先进技术、生产工艺与流程、管理制度与文化、岗位规范、用人要求等(N7)
D11	"职教国培"示范项目	1	实施"职教国培"示范项目(N17)
D12	名师和技能大师工作室	1	要在学校建立名师和技能大师工作室(N6)
D13	国家级"双师型"名师(名匠)工作室和技艺技能传承创新平台	1	启动建设一批国家级"双师型"名师(名匠)工作室和技艺技能传承创新平台,由院校教学名师或具有绝招绝技的技能大师(专兼职)组建。通过定期团队研修、项目研究、行动学习等方式,进行为期3年的分阶段研修(N17)
D14	数字化学习平台	1	推动职教教师数字化学习平台建设(N17)
D15	教师发展(培训)中心	1	加强教师发展(培训)中心建设(N17)
D16	以老带新	1	完善以老带新的青年教师培养机制(N9)
D17	老中青三结合	1	完善老中青三结合的青年教师培养机制(N6)
D18	分层分类培训	1	各省(区、市)遴选具备资质条件的职教师资培养培训基地、大中型企业等,采取校企合作、工学交替、线上线下等组织形式,分层分类开展教师示范培训(N10)
D19	分级培训	1	对接1+X证书制度试点和职业教育教学改革需求,探索适应职业技能培训要求的教师分级培训模式,培育一批具备职业技能等级证书培训能力的教师(N14)

序号	概念化类属	参考点/个	原始语句示例
D20	按需培训	1	根据职业院校教师专业发展不同阶段需求,教师、管理者和培训者不同群体需要,精准分析培训需求,科学制订培训方案,加强过程管理与诊断改进(N16)
D21	培训关键环节	1	全面推进教师培训关键环节改革(N16)
D22	教师培训的必修模块	1	把国家职业标准、国家教学标准、1+X证书制度和相关标准等纳入教师培训的必修模块(N14)
D23	设置创新项目	1	优化培训内容,鼓励各地根据地方特色产业发展需求设置创新项目(N16)
D24	四级培训体系	2	坚持和完善国家示范引领、省级统筹实施、市县联动保障、校本特色研修的四级培训体系(N16)
D25	考核评价机制	1	建立健全管理制度和考核评价机制,提升培训质量与效益(N16)
D26	"双师型"教师评价考核体系	1	建立职业院校、行业企业、培训评价组织多元参与的"双师型"教师评价考核体系。 推动各地结合实际,制定"双师型"教师认定标准,将体现技能水平和专业教学能力的双师素质纳入教师考核评价体系(N14)
D27	师德考核	1	落实教师职业行为准则,建立师德考核负面清单制度,严格执行师德考核一票否决。引入社会评价机制,建立教师个人信用记录和违反师德行为联合惩戒机制(N14)
D28	职称制度	6	将师德师风、工匠精神、技术技能和教育教学实绩作为职称评聘的主要依据。 深化教师职称制度改革,破除"唯文凭、唯论文、唯帽子、唯身份、唯奖项"的顽瘴痼疾(N14)
D29	评价指标	1	继续办好全国职业院校技能大赛教学能力比赛,将行动导向的模块化课程设置、项目式教学实施能力作为重要指标。试点开展专业课教师技术技能和教学能力分级考核,并作为教师聘期考核、岗位等级晋升考核、绩效分配考核的重要参考(N14)
D30	评价导向	2	完善考核评价的正确导向,强化考评结果运用和激励作用(N14)

序号	概念化类属		参考点/个	原始语句示例
D31	教师绩效评价标准		2	建立符合职业院校特点的教师绩效评价标准,绩效工资内部分配向"双师型"教师适当倾斜(N8)
D32	业绩考核内容		1	职业学校应当将参与校企合作作为教师业绩考核的内容,具有相关企业或生产经营管理一线工作经历的专业教师在评聘和晋升职务(职称)、评优表彰等方面,同等条件下优先对待(N12)
D33	职务评聘制度	职务资格评审办法	1	职业学校教师职务资格评审要突出职业教育特点,改进评审办法(N1)
D34		职务评聘办法	3	地方人事、教育、劳动保障等有关部门要按照相关教师职务试行条例的要求,制定符合实际需要的各类职业院校教师职务评聘办法(N3)
D35		职务评审标准	1	各地要创新高等职业学校师资管理制度,按照国家有关规定,进一步完善符合高等职业教育特点的教师专业技术职务(职称)评审标准,将教师参与企业技术应用、新产品开发、社会服务等作为专业技术职务(职称)评聘和工作绩效考核的重要内容(N6)
D36		教师职务评聘系列	1	对于到职业院校担任教师的专业技术人员、高级工和技师可按照相关专业技术职务条例的要求评聘教师职务,实行聘任制度和合同管理,享受合同规定的相关待遇(N3)
D37		职务聘任制度	1	深化职业学校人事制度改革,在职业学校推行教师全员聘任制和管理人员公开选拔、竞争上岗和职务聘任制度(N1)
D38	人事管理改革		1	积极推进新进专业教师须具有企业工作经历的人事管理改革试点(N6)
D39	管理学生权		1	在职业院校教育教学、科学研究、社会服务等过程中,全面落实和依法保障教师的管理学生权、报酬待遇权、参与管理权、进修培训权。
D40	报酬待遇权		1	
D41	参与管理权		1	
D42	进修培训权		1	依法保障教师对学生实施教育、管理的权利(N14)
D43	教育学生权		1	

续表

序号	概念化类属	参考点/个	原始语句示例
D44	教师工作保障	1	强化教师教育教学、继续教育、技术技能传承与创新等工作内容,制定职业教育教师减负政策,适当减少专任教师事务性工作(N14)
D45	绩效工资来源	2	职业院校通过校企合作、技术服务、社会培训、自办企业等所得收入,可按一定比例作为绩效工资来源(N13)
D46	绩效工资政策	2	改革完善职业学校绩效工资政策(N15)
D47	绩效工资总量核增	1	各地要结合职业院校承担扩招任务、职业培训的实际情况,核增绩效工资总量(N14)

二是主轴编码。在开放式编码的基础上,综合考虑概念化类属之间的联系(如包含关系、因果关系、内外关系等),将 47 个概念化类属归纳为 14 个范畴化类属,如表 2-9 所示。

表 2-9　高职院校具有企业工作经历教师发展的相关国家政策内容主轴式编码

序号	范畴化类属	概念化类属
E1	培养培训基地建设	职业教育师资培养培训基地建设
		"双师型"教师培养培训基地建设
E2	继续教育进修	学历提升支持
		研修访学支持
		继续教育进修制度
E3	教师企业实践	教师轮训制度
		企业实践制度
		企业实践基地建设
E4	培训项目	职业院校专业骨干教师培训项目
		高等职业学校专业骨干教师国家级培训
		"职教国培"示范项目
E5	培养平台建设	名师和技能大师工作室
		国家级"双师型"名师(名匠)工作室和技艺技能传承创新平台
		数字化学习平台
		教师发展(培训)中心

序号	范畴化类属	概念化类属	
E6	培养机制完善	以老带新	
		老中青三结合	
E7	培训模式创新	分层分类培训	
		分级培训	
		按需培训	
E8	培训环节改革	培训关键环节	
E9	培训内容优化	教师培训的必修模块	
		设置创新项目	
E10	培训体系健全	四级培训体系	
E11	考核评价改革	考核评价机制	
		"双师型"教师评价考核体系	
		师德考核	
		职称制度	
		评价指标	
		评价导向	
		教师绩效评价标准	
		业绩考核内容	
E12	健全人事制度	职务评聘制度	职务资格评审办法
			职务评聘办法
			职务评审标准
			教师职务评聘系列
			职务聘任制度
		人事管理改革	
E13	加强教师保障	管理学生权	
		报酬待遇权	
		参与管理权	
		进修培训权	
		教育学生权	
		教师工作保障	

序号	范畴化类属	概念化类属
E14	完善分配制度	绩效工资来源
		绩效工资政策
		绩效工资总量核增

三是选择性编码。在主轴编码的基础上，基于主范畴间的逻辑关系，将 14 个范畴化类属归纳为 3 个核心类属，如表 2-10 所示。

表 2-10　高职院校具有企业工作经历教师发展的相关国家政策内容选择性编码

序号	核心类属	范畴化类属	概念化类属
F1	培养培训	培养培训基地建设	职业教育师资培养培训基地建设
			"双师型"教师培养培训基地建设
		继续教育进修	学历提升支持
			研修访学支持
			继续教育进修制度
		教师企业实践	教师轮训制度
			企业实践制度
			企业实践基地建设
		培训项目	职业院校专业骨干教师培训项目
			高等职业学校专业骨干教师国家级培训
			"职教国培"示范项目
		培养平台建设	名师和技能大师工作室
			国家级"双师型"名师（名匠）工作室和技艺技能传承创新平台
			数字化学习平台
			教师发展（培训）中心
		培养机制完善	以老带新
			老中青三结合
		培训模式创新	分层分类培训
			分级培训
			按需培训
		培训环节改革	培训关键环节

序号	核心类属	范畴化类属	概念化类属	
F1	培养培训	培训内容优化	教师培训的必修模块	
			设置创新项目	
		培训体系健全	四级培训体系	
F2	评价晋升	考核评价改革	考核评价机制	
			"双师型"教师评价考核体系	
			师德考核	
			职称制度	
			评价指标	
			评价导向	
			教师绩效评价标准	
			业绩考核内容	
		健全人事制度	职务评聘制度	职务资格评审办法
				职务评聘办法
				职务评审标准
				教师职务评聘系列
				职务聘任制度
			人事管理改革	
F3	保障激励	加强教师保障	管理学生权	
			报酬待遇权	
			参与管理权	
			进修培训权	
			教育学生权	
			教师工作保障	
		完善分配制度	绩效工资来源	
			绩效工资政策	
			绩效工资总量核增	

(四)研究结论与政策优化路径

1.研究结论

本章通过构建"政策数量—政策主体—政策内容"三维框架,对高职院校具有

55

企业工作经历教师引进与发展的国家政策进行了多维度计量研究。具体结论如下。

(1)政策数量:总量不足,专门性政策相对匮乏。

尽管近年来国家对职业教育的重视程度不断提升,但针对高职院校具有企业工作经历教师这一特定群体的政策数量仍然相对较少。这些政策往往散见于各种教育政策文件中,缺乏专门性、针对性的政策文件或法规。政策数量的不足,直接导致政策支持和引导力度的薄弱,难以形成有效的政策合力,从而影响了这一教师群体的引进和发展。此外,现有政策的专门性也不足,往往是在讨论职业教育师资建设、校企合作等议题时附带提及具有企业工作经历教师,缺乏对其独特性和重要性的深入认识和专门规划。这导致政策在执行过程中缺乏针对性和可操作性,难以有效满足这一教师群体的实际需求。这种政策散点分布的状况,不仅致使政策整体缺乏连贯性、系统性与精准性,也导致政策执行效率低下,使得高职院校在具有企业工作经历教师引进与发展方面面临诸多不确定性,难以充分发挥其企业实践经验的优势。因此,亟需构建一套专门针对高职院校具有企业工作经历教师的政策体系,明确其角色定位、引进要求、职业发展路径、待遇保障等,以增强政策的连贯性、系统性和精准性。

(2)政策主体:以教育部为主导,部门协同性相对较弱。

在我国高职院校具有企业工作经历教师引进与发展过程中,教育部扮演着关键角色,通过一系列政策条文,在具有企业工作经历教师引进与发展方面给予了方向性指引,为高职院校相关工作的开展提供了基础框架。与此同时,中共中央办公厅、国家发展改革委、财政部等部门也不同程度地参与了政策制定与发布工作。然而,当前各部门间的协同与合作力度仍显薄弱。在政策制定环节,各部门缺乏常态化、高效的沟通协调机制,导致部分政策衔接不畅。例如,在教师引进环节,人力资源部未能与教育部紧密配合,在人事档案管理、人才流动手续简化等方面缺乏有效衔接,导致人才引进流程繁琐,效率低下。在资金保障方面,财政部与教育部的协同不足,对于具有企业工作经历教师的引进与发展工作缺乏及时且精准的响应机制,影响了高职院校对该类教师的激励力度以及教学硬件条件的改善。在产教融合方面,企业与教育部之间的协作不够深入,使企业参与教师培训、教师到企业挂职锻炼的政策落实遭遇瓶颈,难以真正实现教育与产业的无缝对接。这种部门协同联动较弱的局面,严重制约了高职院校具有企业工作经历教师引进与发展政策的全面有效实施,亟待通过构建高效的协同机制加以改善。

(3)政策内容:过于笼统宽泛,可操作性与针对性相对不足。

高职院校具有企业工作经历教师引进政策涵盖的范畴主要涉及引进要求、引进流程以及引进保障三个关键维度。其中,引进要求方面的政策条文相对丰富。

这些要求涵盖了工作经历或实践经验要求、理论基础要求、技术技能水平要求、引进对象范围、学历背景要求、专业技能要求、引进比例等，但缺乏明确的引进标准，导致引进过程中的主观性和不确定性增加，降低了引进效率和成功率。在引进流程上，仅有较为粗略的规定（如公开招聘），对于引进各环节中的细节操作缺乏明确规范，导致不同高职院校在选拔时尺度不一。在引进保障方面，对于引进制度、引进待遇缺乏系统性规划。当前，关于具有企业工作经历教师引进制度相关政策主要体现在从教政策、人事制度、岗位设置制度以及教师资格认定制度等方面。然而，这些政策散见于各种职业教育政策或教师政策中，缺乏全面性和系统性，在实际执行过程中难以提供有力且有效的支持。比如，在从教政策方面，虽有部分政策条文涉及"完善企业工程技术人员、高技能人才到职业院校担任专兼职教师的相关政策"，但多为原则性倡导，缺乏具体性；岗位设置制度相关政策提到"国家建立健全符合职业教育特点和发展要求的职业学校教师岗位设置制度"，虽指出了需要针对职业教育的特殊性来设置教师岗位，但因其表述太过宽泛，在落地实施时困难重重，导致高职院校往往将具有企业工作经历教师纳入传统教师岗位体系，未充分考虑到其特殊技能与知识结构，所设置岗位难以充分发挥其优势与特长。在引进具有企业工作经历教师的待遇方面，当前政策仅以"享受相关待遇""享受合同规定的相关待遇"寥寥数语带过，这种缺乏明确界定的表述，使得在实际操作中难以切实保障这些教师的权益，更无法彰显他们所蕴含的独特价值与卓越贡献。与企业相比，高职院校提供的待遇往往缺乏竞争力，这不仅影响了具有企业工作经历教师的引进效果，也制约了高职院校的高质量发展。

在高职院校具有企业工作经历教师发展方面，国家虽已制定了一系列涵盖培养培训、评价晋升、保障激励三个方面的政策，但这些政策普遍缺乏针对性，未能充分考虑到该类教师的特殊性和需求。在培养培训方面，政策中提到职业院校专业骨干教师培训项目等，但对于具有企业工作经历教师来说，他们可能更需要的是如何将丰富的企业实践经验和专业技能经验转化为教学资源的培训，而这类培训在政策中并未得到特别关注。这种笼统的培训模式，难以激发具有企业工作经历教师的潜力，也无法充分发挥他们在实践教学中的独特优势。评价晋升政策同样存在针对性不强的问题。尽管政策中提到要将教师参与企业技术应用、新产品开发、社会服务等作为专业技术职务（职称）评聘和工作绩效考核的重要内容，但在实际操作中，这些方面的评价标准、权重和具体操作流程仍需进一步明确和完善。在保障激励方面，尽管政策中提到要建立符合职业院校特点的教师绩效评价标准，绩效工资内部分配向"双师型"教师适当倾斜，但对于具有企业工作经历教师在薪酬、晋升、评优等方面的具体激励措施并不够明确和具体。

2.政策优化路径

针对高职院校具有企业工作经历教师引进与发展政策存在的问题，以下提出一系列举措以优化政策环境,促进该教师群体的健康发展。

(1)加强政策顶层设计与规划,提升政策的专门性。

顶层设计是指在最高层次上进行统筹规划和宏观把握,以确保政策方向和步伐的一致性,防止政策走偏或失效。对于高职院校具有企业工作经历教师的引进与发展而言,顶层设计能够确保政策在制定和实施过程中始终保持清晰的目标和明确的路径。通过顶层设计,可以更好地发挥政策的权威优势,为高职院校引进和发展这一教师群体提供有力的政策保障。与普适性教育政策不同,专门性政策能够针对高职院校具有企业工作经历教师的特殊需求进行精准施策。这类政策应涵盖教师的引进、培养、考核、激励等多个环节,以确保教师在引进后能够得到充分的发展和支持。同时,专门性政策还应注重与企业的合作与对接,通过产教融合的方式,进一步提升教师的实践能力和教学水平。在实施过程中,需要注重政策的连续性和稳定性,构建一套专门针对高职院校具有企业工作经历教师的系统性政策体系,确保政策能够持续为其引进和发展提供有力支持。

(2)建立跨部门协同机制,提升政策制定主体的协同性。

政策制定主体是指在政策制定过程中起主导作用的政府部门和机构。不同的政策领域需要不同的主体组合来确保政策的有效性和适应性。在高职院校引进和发展具有企业工作经历教师这一政策领域,需要建立高效的跨部门协同机制,确保政策有效落地与持续优化。在高职院校具有企业工作经历教师相关政策制定过程中,除了教育部外,人社部、行业协会、企业及高职院校都是不可或缺的参与方。他们各自拥有独特的资源与视角,能够为政策制定提供全面而深入的建议。构建协同机制还需注重信息共享与沟通平台的搭建。通过定期召开联席会议、建立信息共享系统等方式,确保各方能够及时、准确地掌握政策制定与执行的最新动态,减少信息不对称带来的障碍。同时,这也有助于促进各方在政策理念与目标上达成共识,为协同工作奠定坚实基础。此外,还应根据各部门自身职能与优势,明确其在政策制定、执行、评估等各个环节中的责任与角色。

(3)坚持需求导向,提升政策的针对性与可操作性。

坚持需求导向是当前政策制定和实施的重要原则,也是确保政策能够有效解决高职院校具有企业工作经历教师引进与发展问题的关键。这一原则强调在政策制定过程中,政策制定者需要深入一线,通过广泛调研,精准把握高职院校在引进与发展具有企业工作经历教师方面的实际需求和存在的问题,充分考虑这类教师的特殊性和需求。具体措施如下:一是细化引进标准。由教育部联合行业协会及企业专家,共同制定具有企业工作经历教师的引进标准。明确规定不同专业、不同岗位所需的企业工作年限下限,精准界定专业技能要求,规范学历背景要求(依据专业特性确定合适的学历层次与专业匹配度),按照学校规模、专业需求等因素综合确定引进比例范围等,减少引进过程中的主观随意性。二是规范引进流程。需要充分考虑具有企业工作经历教师的特殊性,比如明确规定招聘信息发布的渠道与要求,确保信息能够精准传达给目标企业人才群体;设计多元化的引进形式和面试形式,通过全面评估,确保选拔出真正适合高职院校教学岗位且能充分发挥企业经历优势的优秀教师。三是完善引进保障制度。整合现有从教政策、人事制度、岗位设置制度及教师资格认定制度等相关政策资源,制定专门针对具有企业工作经历教师的引进保障专项政策。四是实施定制化培养。比如,教育部可设立专项基金,鼓励高职院校与企业联合开展针对具有企业工作经历教师的培训,充分挖掘这类教师的教学潜力,发挥其在实践教学中的引领作用。五是明确评价晋升规则。应制定专门针对具有企业工作经历教师的评价晋升政策细则。将企业技术应用成果量化为具体指标,如专利转化数量、企业技术难题解决数量等。六是强化保障激励措施。细化具有企业工作经历教师在薪酬、晋升、评优等方面的保障激励政策。在薪酬待遇方面,设立具有企业工作经历教师专项津贴,根据企业工作年限、技能水平等确定津贴等级;在晋升方面,开辟具有企业工作经历教师专属晋升通道,如设置"企业实践型教师岗""社会服务型教师岗"等;在职称评定、培训机会、科研项目申报等方面给予优先支持,充分调动其工作积极性与创造力,促进其在高职院校的长期稳定发展,推动职业教育师资队伍建设迈向新高度。

第二节　省级层面:高职院校具有企业工作经历教师引进与发展的政策比较

随着《国家职业教育改革实施方案》《关于推动现代职业教育高质量发展的意见》等一系列顶层设计政策的发布与实施,江苏、山东、广东、浙江等省份积极响应国家政策的号召,将具有企业工作经历教师纳入高职教师人才队伍建设的重要组成部分,在政策中展现出这类教师的诸多亮点与特色,为其引进与发展提供了有力的保障,也为其他地区提供了有益的借鉴与启示。

一、引进机制方面的政策比较

具有企业工作经历教师引进机制是为了吸纳具有企业工作经历的人才进入教师队伍而实施的一系列选拔、聘用及支持措施。在高职院校实施这一机制的过程中,江苏、山东、广东和浙江四省均结合自身产业特点与教育定位,采取多样化策略,共同聚焦于引进与本地产业发展紧密相关的企业人才,旨在通过他们的实践经验与行业洞察提升教育的实用性和前瞻性,促进教育与地方经济的深度融合与协同发展。

1. 江苏省

2018年,江苏省人民政府办公厅发布《省政府办公厅关于深化产教融合的实施意见》,特别提到"建立职业学校教师引进绿色通道,对世界技能大赛前三名选手、全国一类职业技能竞赛第一名选手、人力资源社会保障部'中华技能大奖'获得者、省政府授予的'江苏技能状元''江苏工匠',经人力资源社会保障部门认定后,可由招聘院校自主考核录用入编。"2022年,中共江苏省委办公厅发布《关于推动现代职业教育高质量发展的实施意见》,明确提出"支持职业院校公开招聘高层次、高技能人才。高等职业院校招聘的高层次、高技能人才可实行年薪工资、协议工资、项目工资等灵活多样的分配形式,人员及实际薪酬发放水平不纳入所在单位绩效工资总量核定范围。"2024年,江苏省委办公厅、省政府办公厅印发《关于深化现代职业教育体系建设改革的实施意见》,进一步提出"加大行业企业高素质经营管理人才、高技能人才引进力度,探索'固定岗＋流动岗'的教师资源配置新机制。"

2. 山东省

2018年,《山东省教育厅等11部门关于办好新时代职业教育的十条意见》,提出"支持学校引进行业企业一流人才和具有创新实践经验的企业管理专家、科技人才、技能人才等担任产业教授,财政参照高级专业技术职务人员平均薪酬水平确定经费拨付标准,或按照项目工资制、年薪制拨付薪酬。"2020年,《教育部 山东省人民政府关于整省推进提质培优建设职业教育创新发展高地的意见》,提出"职业院校、应用型本科高校新进专业专任教师原则上应具有3年以上企业工作经历和相关专业技术资格。业界优秀人才担任专任教师,可通过直接考察的方式招聘。"2022年,山东省教育厅等5部门《关于印发山东省深化新时代职业教育教师队伍建设改革实施方案的通知》(鲁教师字〔2022〕5号),进一步提出"从2023年起,职业院校招聘专业教师原则上从持有相关领域职业技能等级证书的高校毕业生、具有3年以上企业工作经历并具有高职以上学历的人员中招聘,特殊高技能人才(含具有高级工以上职业资格或职业技能等级人员)可适当放宽学历要求。高层次、高技能等业内优秀人才可适当放宽工作经历等限制,采取直接考察的方式组织公开招聘。"2024年,《山东省职业教育条例》明确规定"职业学校的专业课教师(含实习指导教师)应当具有一定年限的相应工作经历或者实践经验,达到相应的技术技能水平。""对符合规定的高技能人才,可以采取试讲、技能操作、专家评议、直接考察等方式招聘。"

3. 广东省

2017年,广东省教育厅印发《广东省"强师工程"实施方案(2017—2020年)》,提出"建立职业院校与行业企业人才流动通道。支持职业院校通过人才引进、人才共享或政府购买服务等方式,聘用行业企业技术能手和能工巧匠到职业院校担任专兼职教师,吸引高层次专业技术人才到职业院校任教。"2018年,广东省出台《广东省职业教育条例》,其第二十一条规定"鼓励职业学校面向社会和企业聘用专业技术人员、高技能人才和管理型人才担任专、兼职教师。"2020年,《教育部 广东省人民政府关于推进深圳职业教育高端发展 争创世界一流的实施意见》(粤府〔2020〕63号)提出"实施职业教育'高精尖缺'人才专项计划,引进和培养行业有权威、国际有影响的专业群建设带头人20人,绝技绝艺大师20人,应用研发领军人才20人。"2021年,《广东省深化新时代职业教育"双师型"教师队伍建设改革实施意见》(粤教师〔2021〕1号)进一步提出"落实职业院校选人用人自主权。完善职业院校教师招聘办法,支持公办职业院校根据岗位需求自主设置公开招聘条件、创新考试考核方式,探索通过先面试后笔试、直接面试、技能测试、考察聘用等方式招收高素质教师。战略性新兴产业和先进制造业领域的特殊高技能人才(含具有高级工以上职业资格或职业技能等级人员)、省级以上技能大师、非物质文化遗产传承人可适当放宽学历要求。"

4. 浙江省

2012年,《浙江省教育厅关于加强高等职业院校"双师"教师队伍建设的若干意见》(浙教高科〔2012〕161号)提出"高等职业院校要建立合理的人才引进机制,加大对来自行业专家、企业骨干、技术能手等优秀人才的引进力度,多渠道地充实'双师'教师队伍。""突破高技能人才引进的瓶颈。院校的举办方、各级教育行政部门要转变人才观念,积极为高等职业院校高技能人才引进争取人员编制、申报专业技术资格,鼓励能工巧匠充实高职教师队伍,切实改变高等职业院校教师来源单一的局面。"2018年,《中共浙江省委 浙江省人民政府关于全面深化新时代教师队伍建设改革的实施意见》,提出"完善专业课教师招聘办法,大力引进行业企业一流人才,优秀高技能人才到职业院校任教可适当放宽年龄、学历限制,采用直接考核的方式招聘。""把新入职教师岗前培训和教育实习作为认定教育教学能力、取得高校教师资格的必备条件,鼓励高校加大聘用具有行业企业工作经历教师的力度。""进一步扩大高校用人自主权和岗位聘任权,允许学校在核定的岗位总量内,自主确定管理岗位、专业技术岗位、工勤技能岗位等三类岗位的总量结构比例。"2020年,浙江省发布《浙江省人民政府关于印发浙江省深化产教融合推进职业教育高质量发展实施方案的通知》,强调"鼓励职业院校聘请企业工程技术人员、社会能工巧匠等兼职任教,具备一定条件的可以聘任为产业教授。"2021年,《浙江省职业教育"十四五"发展规划》提出"面向具有3年以上企业工作经历并具有高职以上学历的人员公开招聘专业教师。建立健全职业院校自主聘任兼职教师的办法,畅通行业企业高层次技术技能人才从教渠道,推动企业工程技术人员、高技能人才和职业院校教师双向流动。建立职业院校教师引进绿色通道,培育和引进一批行业、院校'双影响力'带头人。"2024年,浙江省发布《浙江省委办公厅省政府办公厅印发〈关于加快构建现代职业教育体系的实施意见〉的通知》,进一步提出"支持企事业单位的技术骨干、能工巧匠、劳动模范、非物质文化遗产传承人等到学校从教或担任兼职教师。"

二、培养培训机制方面的政策对比

培养培训机制是为提升教师队伍的专业素养与实践能力而设计的系统性培养与持续培训计划,涉及多个方面的内容和措施。在职业教育日益受到重视的今天,针对具有企业工作经历教师的培养培训机制已成为加强"双师型"教师队伍建设的关键。江苏、山东、广东、浙江等省份已经率先出台相关政策,然而,当前这一特殊群体的培养与培训机制主要嵌入在职业教育教师和"双师型"教师的宏观政策之中,尚未独立形成专门针对具有企业工作经历教师的系统性、专门性培养培训机制。

1. 江苏省

(1)形成"双师型"教师培养新格局。2020年,江苏省省教育厅等4部门印发《深化新时代江苏职业教育"双师型"教师队伍建设改革实施办法》(苏教师〔2020〕12号),提出"健全普通高等学校与地方政府、职业院校、行业企业联合培养教师机制,发挥行业企业在培养'双师型'教师中的重要作用。"

(2)注重项目平台建设。2022年,江苏省教育厅印发《江苏省职业教育"双师型"教师团队建设项目管理办法》(苏教师函〔2022〕13号),提出"江苏省职业教育'双师型'教师团队建设项目包括:职业教育教师教学创新团队、'双师型'名师工作室、技艺技能传承创新平台等三类子项目。'十四五'期间,全省遴选建设100个左右职业教育省级教师教学创新团队、100个左右省级'双师型'名师工作室、100个左右省级技艺技能传承创新平台。"

(3)探索适应职业技能培训要求的教师分级培训模式。2020年,江苏省教育厅等4部门印发《深化新时代江苏职业教育"双师型"教师队伍建设改革实施办法》(苏教师〔2020〕12号),提出"对接1+X证书制度试点、技能人才评价制度和职业教育教学改革需求,探索适应职业技能培训要求的教师分级培训模式。完善省市校三级培训体系、积极创新培训模式、不断优化培训内容、改进培训方式方法,培育一批具备职业技能等级证书培训能力的教师。"

2. 山东省

(1)实施"技能大师"领航计划。山东省教育厅等5部门《关于印发山东省深化新时代职业教育教师队伍建设改革实施方案的通知》(鲁教师字〔2022〕5号),提出

"遴选设立 500 个左右的'技能大师'工作室,聘用'齐鲁大工匠'、齐鲁首席技师、山东省技术技能大师、高级工程师等行业企业高技能人才组建工作室,按照'政校企共建、周期式培养、师徒制管理'的方式,重点培养一批高技能教师。'技能大师'工作室培训列入省级培训项目管理,'技能大师'工作室成员聘任为山东省职业教育首席专家。"

(2)实施教师学历提升行动。山东省教育厅等 5 部门《关于印发山东省深化新时代职业教育教师队伍建设改革实施方案的通知》(鲁教师字〔2022〕5 号),提出"依托职业技术师范教育基地,支持职业院校专科及以下学历技术能手、实习指导教师等提升学历层次,采取教师培训课程与学历教育课程有效衔接、教师企业培训(实践)学分与学历教育学分互认的方式进行培养。"

(3)建立与行业企业联合培养机制。2025 年,《山东省教育厅 山东省人力资源和社会保障厅关于印发〈山东省职业院校基本工作规范〉的通知》(鲁教职发〔2025〕1 号),提出"建立与行业企业联合培养具备理论教学和实践教学能力的'双师型'教师机制,优化专兼职教师结构,建设高素质教师队伍。"

3.广东省

(1)实施职业院校教师能力综合工程。2017 年,广东省教育厅印发《广东省"强师工程"实施方案(2017—2020 年)》,提出"实施职业院校教师能力综合工程",具体强调"实施'职业院校专业带头人培养计划',高等职业院校和中等职业学校分别遴选 300 名左右、100 名左右专业带头人进行重点培养。加快高技能人才集聚,形成技术创新团队和技术研修、创新、教学改革的平台。省重点建设 30 个'双师型'名师工作室,开展中高职衔接专业骨干教师协同研修。"

(2)实施职业院校教师能力提升计划。2019 年,《广东省人民政府办公厅关于印发广东省职业教育"扩容、提质、强服务"三年行动计划(2019—2021 年)的通知》(粤府办〔2019〕4 号),提出"实施职业院校教师能力提升计划",进一步指出要"全面落实职业院校教师到企业实践和轮训制度,加强骨干教师培训,建设'双师型'教师培养培训基地,实施职业教育教师教学创新团队和专业领军人才培养计划、职业教育名师工作室和技能大师工作室建设计划,加强教研室等基层教学组织建设;到2021 年,'双师型'教师占专业课教师的比例超过 65%。"

(3)建立健全分级分类培训体系。2020 年,《教育部 广东省人民政府关于推进深圳职业教育高端发展 争创世界一流的实施意见》,提出"分类建立新入职教师的专业化培训体系。"2021 年,《关于进一步加强广东省职业院校教师培训工作的指导意见(2021—2025 年)》,提出"建立省、市县(区)、校分级负责、分工明确的教师培训体系"。2021 年,《广东省深化新时代职业教育"双师型"教师队伍建设改革实施意见》,提出"对接 1+X 证书制度试点和职业教育教学改革需求,探索适应职业技能培训要求的教师分级培训模式。"

4.浙江省

(1)实施职业院校教师素质提高计划。《浙江省教育厅关于实施浙江省职业院校教师素质提高计划(2017—2020)的通知》(浙教师〔2017〕49号),提出"以造就一支师德高尚、素质优良、技艺精湛、结构合理、专兼结合的高素质专业化'双师型'教师队伍为总体目标,通过分层分类组织,有计划、分步骤地开展教师全员培训,全面提升职业院校教师'双师'素质和校长办学治校能力。"2021年,《浙江省教育厅 浙江省财政厅关于实施浙江省职业院校教师素质提高计划(2021—2025年)的通知》提出持续推进实施浙江省职业院校教师素质提高计划。

(2)加强职业院校教师培养培训制度建设。《浙江省教育厅 浙江省财政厅关于在高职院校实施优质暨重点校建设计划的通知》(浙教高教〔2016〕144号),提出"充分发挥教师发展中心作用,建立体现产业与专业特色的教师分类培养与管理制度。大力提升教师专业技能、实践教学、信息技术应用和教学研究能力,提高'双师双能'专业教师比例。""探索和落实教师全员培训、新招聘教师入职培养、青年教师助讲和教师定期实践等制度,完善教师行业企业'访问工程师'培养制度。"

(3)打造职业院校教师发展平台。2020年,《浙江省深化产教融合推进职业教育高质量发展实施方案》,提出"鼓励校企合作共建技能大师工作室,推动职业院校师资培养与企业技术创新互利共赢。支持高职院校对接本地重点产业集群,打造高素质'双师型'教师教学创新团队。到2025年,全省职业院校'双师型'教师占专业课教师的比重达到90%以上,建成20个省级技能大师工作站、100个省级教学创新团队。"2021年,浙江省教育厅等8部门印发《浙江省职业教育提质培优行动计划(2021—2023年)》,提出"发挥行业企业在培养'双师型'教师中的重要作用,支持建设一批校企合作的'双师型'教师培训基地。"

三、管理评价机制方面的政策比较

管理评价机制是对教师队伍进行科学管理、客观评价及有效激励的机制。在高职院校中,这一机制不仅关注教师的教学质量,还重视其科研能力、社会服务贡献等多方面表现。由于具有企业工作经历教师已被纳入专业教师行列,江苏、山东、广东、浙江等省在构建管理评价机制时,均没有单独设立此类教师管理办法,但强调将企业工作(实践)经历纳入评价标准,为此类教师的职业发展提供了有力支持。

1.江苏省

(1)探索建立具有江苏特色的"双师型"教师认定工作体系。2023年,江苏省教育厅出台《江苏省职业教育"双师型"教师标准（试行）》，其中第四条规定"双师型"教师要"具有行业企业本专业或相关专业工作经历，或积极深入企事业单位、生产服务一线进行本专业（所教专业或相关专业，下同）岗位实践，掌握本专业工作过程或技术流程，了解产业发展趋势、行业企业需求和职业岗位变化，及时将新技术、新工艺、新规范等融入教学。"2024年，江苏省《省委办公厅省政府办公厅印发关于深化现代职业教育体系建设改革实施意见的通知》，提出"探索建立具有江苏特色的'双师型'教师认定工作体系，出台'双师型'教师省级标准，开展'双师型'教师认定工作。"

（2）深化"双师型"导向的评价制度改革。2020年，江苏省省教育厅等4部门印发《深化新时代江苏职业教育"双师型"教师队伍建设改革实施办法》（苏教师〔2020〕12号），提出"破除'五唯'顽瘴痼疾，落实教师职业行为准则，将师德师风、工匠精神、技术技能水平和教育教学实绩作为职称评聘、岗位晋升和绩效分配等主要依据。建立职业院校、行业企业和培训评价组织多元参与的'双师型'教师评价认证体系。""逐步推行将行业企业从业经历作为认定教育教学能力、取得专业教师资格的必备条件。"2022年，《关于推动现代职业教育高质量发展的实施意见》提出"加快推进固定岗与流动岗相结合、校企互聘兼职的教师队伍建设改革，将企业实践经历作为职业院校教师晋升职称的重要条件。"

2.山东省

（1）突出职业院校教师技能水平和专业教学能力的"双师"素质评价。2022年，山东省教育厅等5部门《关于印发山东省深化新时代职业教育教师队伍建设改革实施方案的通知》（鲁教师字〔2022〕5号），提出"将师德师风、工匠精神、技术技能水平和教育教学实绩作为职称评聘的主要依据，破除'唯文凭、唯论文、唯帽子、唯身份、唯奖项'的顽瘴痼疾，建立职业院校、行业企业、培训评价组织多元参与的教师评价考核体系。"

（2）落实编制核定，备案员额"扩总量"。2018年，《山东省人力资源和社会保障厅 山东省教育厅关于深化高等学校岗位管理制度改革的若干意见》（鲁人社规〔2018〕7号）提出，各层次、类型高等学校在计算岗位总量时应按不同生员比标准进行核算；创新岗位设置和人员聘用制度，高职院校、高等专科学校和技师学院教师正高级岗位设置比例上限提高至8%，对入选国家高水平高职院校、高水平专业建设名单的学校和国家示范、骨干高职院校，教师高级岗位设置比例在《山东省高等学校岗位设置结构比例指导标准》基础上提高2个百分点。

（3）深化职称制度改革。2018年，山东省印发《深化职称制度改革的实施意见》（鲁办发〔2018〕1号），提出"遵循人才成长规律，进一步完善职称分类评价标准，创新评价机制，改进服务方式，促进职称评审与人才培养使用结合，建立设置合理、评价科学、管理规范、运转协调、服务全面的职称制度。"

3.广东省

(1)优化教师资格认定条件。2018年,《中共广东省委 广东省人民政府关于全面深化新时代教师队伍建设改革的实施意见》,提出"落实高等职业学校和中等职业学校教师资格标准要求,积极探索将行业企业从业经历作为认定教育教学能力、取得专业课教师资格的必备条件。"

(2)深化考核评价制度改革。2018年,《中共广东省委 广东省人民政府关于全面深化新时代教师队伍建设改革的实施意见》,提出"完善职业院校教师考核评价制度,双师型教师考核评价要充分体现技能水平和专业教学能力。"2021年,《广东省深化新时代职业教育"双师型"教师队伍建设改革实施意见》提出,"深化突出'双师型'导向的教师考核评价改革""破除'唯文凭、唯论文、唯帽子、唯身份、唯奖项'痼疾。推动职业院校结合实际,制定'双师型'教师认定、聘用、考核标准,将体现技能水平和专业教学能力的双师素质纳入教师考核评价体系。将师德师风、工匠精神、技术技能和教育教学实绩作为教师考核评价的主要依据。""建立职业院校、行业企业、培训评价组织多元参与的'双师型'教师评价考核体系。"

4.浙江省

(1)完善契合高职教育类型特征的教师专业技术职务(职称)评聘办法。2016年,《浙江省教育厅 浙江省财政厅关于在高职院校实施优质暨重点校建设计划的通知》(浙教高教〔2016〕144号)提出"完善契合高职教育类型特征的教师专业技术职务(职称)评聘办法。"2018年,《浙江省人民政府办公厅关于深化产教融合的实施意见》(浙政办发〔2018〕106号)提出"完善职业学校、普通高校教师资格标准和专业技术职务评聘办法,按照国家部署探索将行业企业从业经历作为取得职业学校专业课教师资格的必要条件。"

(2)健全"双师型"教师认定、聘用和考核机制。2021年,《浙江省职业教育"十四五"发展规划》,提出"健全'双师型'教师认定、聘用和考核机制。"2024年,《浙江省委办公厅省政府办公厅印发〈关于加快构建现代职业教育体系的实施意见〉的通知》,提出"制定'双师型'教师认定标准,完善专业技术职务评聘标准。"2021年,《浙江省教育厅等八部门关于印发〈浙江省职业教育提质培优行动计划(2021—2023年)〉的通知》,提出"改革职业学校专业教师晋升和评价机制,破除'五唯'倾向,将企业生产项目实践经历、业绩成果等纳入评价标准。"

四、长效激励机制方面的政策比较

长效激励机制是为了激发教师队伍的工作积极性与创造力而设计的长期性、

稳定性的激励措施。在高职院校中,这一机制旨在通过物质与精神双重激励,吸引并留住优秀人才。江苏、山东、广东、浙江四省在加强教师队伍建设的过程中,尽管尚未建立起专门针对具有企业工作经历教师的长效激励机制,但在职业院校教师群体层面,已经实施了一系列多元化的激励措施。

1. 江苏省

(1)强化教师待遇保障。江苏省印发的《关于推动现代职业教育高质量发展的实施意见》,提出"高等职业院校招聘的高层次、高技能人才可实行年薪工资、协议工资、项目工资等灵活多样的分配形式,人员及实际薪酬发放水平不纳入所在单位绩效工资总量核定范围。"

(2)强化教师权力保障。2020年,江苏省教育厅等4部门印发《深化新时代江苏职业教育"双师型"教师队伍建设改革实施办法》(苏教师〔2020〕12号),提出"全面落实职业院校教师在教学、科研、社会服务等过程中的管理学生权、报酬待遇权、参与管理权、进修培训权。强化职业院校教师教育教学、继续教育、技术技能传承与创新等工作内容。"

2. 山东省

(1)保障教师权益和待遇。山东省教育厅等5部门《关于印发山东省深化新时代职业教育教师队伍建设改革实施方案的通知》(鲁教师字〔2022〕5号),提出"在职业院校教育教学、科学研究、社会服务等过程中,全面落实和依法保障教师的管理学生权、报酬待遇权、参与管理权、进修培训权。按规定保障职业学校教师工资待遇,公办职业院校绩效工资水平最高可达到所在行政区域事业单位绩效工资基准线的5倍,核定绩效工资总量时,充分考虑职业院校承担培训任务等情况。"

(2)强化教师技术转化收益奖励。《教育部 山东省人民政府关于整省推进提质培优建设职业教育创新发展高地的意见》(鲁政发〔2020〕3号),提出"学校对外开展技术开发、技术转让、技术咨询、技术服务取得的收入结余,可提取50%以上用于教师劳动报酬,不纳入单位绩效工资总量管理。"

(3)营造尊师重教的社会氛围。山东省教育厅等5部门《关于印发山东省深化新时代职业教育教师队伍建设改革实施方案的通知》(鲁教师字〔2022〕5号),提出"定期开展教学成果竞赛、特级教师资质评定等活动,每年开展1次教师健康体检,落实相关优待政策,减轻教师非教育教学负担,努力提高教师的政治地位、社会地位、职业地位,让广大教师享有应有的社会声望,安心从教、潜心育人。"

3. 广东省

(1)2021年,《广东省深化新时代职业教育"双师型"教师队伍建设改革实施意见》提出"在现有编制总量内,盘活编制存量,优化岗位设置,向'双师型'教师队伍倾斜。"

(2)保障和维护教师权力。《广东省深化新时代职业教育"双师型"教师队伍建设改革实施意见》还提出,"全面落实和依法保障教师的管理学生权、报酬待遇权、参与管理权、进修培训权。强化教师教育教学、继续教育、技术技能传承与创新等工作内容。"

(3)推进职业院校教师薪酬制度改革。2018年,《中共广东省委 广东省人民政府关于全面深化新时代教师队伍建设改革的实施意见》提出"推进职业院校教师薪酬制度改革。"具体要求"完善有效体现教师工作量和工作绩效的职业院校教师收入分配激励机制,逐步推动在编教师与非在编教师同工同酬,完善实习指导教师及兼职教师待遇保障机制,探索将教师参与专业建设相关的校企合作活动、开展科研成果转化及取得发明专利等纳入教师工作量计算。鼓励职业院校教师积极开展企业技术服务工作。职业院校教师依法取得的科技成果转化奖励收入不纳入绩效工资,不纳入单位工资总额基数。职业院校科技成果的使用、处置和收益分配按照有关规定自主决定,鼓励实施或参与实施科技成果转化的人员取得科技成果处置收入;职业院校教师参与企业的技术和管理工作,可依法取得报酬。"

4. 浙江省

(1)给予激励政策支持。2021年,浙江省发布《浙江省教育事业发展"十四五"规划》,提出支持各地出台有关职业教育高层次人才引进和创新团队建设的激励政策。

(2)绩效分配机制改革。2018年,《中共浙江省委浙江省人民政府关于全面深化新时代教师队伍建设改革的实施意见》,提出"扩大高校收入分配自主权,完善与绩效考核结果相挂钩的绩效工资水平动态调整机制,允许学校按政策规定自主申报绩效工资总量,经核准后自主分配。"2018年,《浙江省人民政府办公厅关于深化产教融合的实施意见》(浙政办发〔2018〕106号)提出"落实科技人员取得职务科技成果转化现金奖励有关个人所得税政策。推行全员岗位聘任制和绩效考核分配制。"2021年,《浙江省教育厅等八部门印发〈浙江省职业教育提质培优行动计划(2021—2023年)〉的通知》提出"改革完善职业学校绩效工资政策。职业学校通过校企合作、技术服务、社会培训取得的收入,可按一定比例作为绩效工资来源。"2024年,《浙江省委办公厅省政府办公厅印发〈关于加快构建现代职业教育体系的实施意见〉的通知》提出,"加强高职院校专业技术岗位结构比例动态调控。支持具备条件的高职院校以'一校一策'方式加快改革发展。加快落实绩效工资总量动态调整政策、校企合作组合政策落地。"

第三节　院校层面：高职院校具有企业工作经历教师引进与发展的政策剖析

政策的落实和执行在基层。高职院校自主制定具有企业工作经历教师引进与发展的政策，正是其适应体制、市场和实践需求的一种表现。这些政策虽然由高职院校自主制定，但在一定程度上受到国家和地方政府的指导和监督。本节将从院校层面出发，对高职院校具有企业工作经历教师引进与发展的政策进行深入剖析。

一、招聘条件的设置与政策的执行

《国家职业教育改革实施方案》对外发布以后，提出了7个方面20项政策举措，其中，特别提出职业院校师资队伍建设标准："从2019年起，职业院校、应用型本科高校相关专业教师原则上从具有3年以上企业工作经历并具有高职以上学历的人员中公开招聘"。这一政策直接影响了高职院校教师引进条件的设置。同时，高职院校具有企业工作经历教师引进政策往往受到地方政府及当地用人政策的影响，在招聘引进过程中始终绕不开地方人才政策、招聘条件的制约，在教师引进的入口，首先要考虑的是如何将有用的教师引进来，因此，对于招聘条件的设置普遍比较灵活。

为了深入研究高职院校具有企业工作经历教师的引进政策，本书精心选取了来自我国东部、中部、西部及东北地区的11所代表性高职院校进行统计分析。选取过程充分考虑了地区经济发展水平、职业教育资源分布以及院校类型与特色等多方面因素，以确保研究结果的广泛性和代表性。具体选取情况详见表2-11。

表2-11　各高职院校教师招聘简章统计情况

区域①	院校	岗位数/个	招聘人数/人	有工作经验岗位占比	有工作经验招聘人数占比	采集时间
东部	WX职业技术学院	21	25	17/21	20/25	2022/11/2
	HZ职业技术学院	17	65	7/17	9/65	2023/1/28
	SX职业技术学院	9	16	5/9	6/16	2023/3/16
	FZ职业技术学院	32	42	8/32	9/42	2021/4/6
	TJ铁道职业技术学院	13	18	11/13	14/18	2023/5/31

①根据《中共中央、国务院关于促进中部地区崛起的若干意见》《国务院发布关于西部大开发若干政策措施的实施意见》，我国的经济区域划分为东部、中部、西部和东北四大地区。东部包括：北京、天津、河北、上海、江苏、浙江、福建、山东、广东和海南。中部包括：山西、安徽、江西、河南、湖北和湖南。西部包括：内蒙古、广西、重庆、四川、贵州、云南、西藏、陕西、甘肃、青海、宁夏和新疆。东北包括：辽宁、吉林和黑龙江。

区域	院校	岗位数/个	招聘人数/人	有工作经验岗位占比	有工作经验招聘人数占比	采集时间
中部	AH 商贸职业技术学院	11	11	1/11	1/11	2023/3/7
	XX 职业技术学院	24	31	0	0	2022/7/21
	CS 职业技术学院	14	16	6/14	6/16	2022/9/29
西部	XA 职业技术学院	25	28	1/25	1/28	2023/5/4
	PL 职业学院	17	30	8/17	16/30	2022/12/6
东北	HEB 职业技术学院	10	27	1/10	1/27	2023/6/23

除个别院校外,大多数院校教师招聘的条件与岗位数量都依据学校发展的现实需求展开。例如,WX 职业技术学院分设应届生和非应届生岗位;XA 职业技术学院所有岗位都面向社会招聘;SX 职业技术学院将具有企业工作经历教师的学历条件放宽到了本科;PL 职业学院规定中级及以上职称或职业资格证书可作为确认教师具有企业工作经历的有效凭证,这一举措旨在确保教师队伍的实践经验和专业素养;NZ 职业技术学院与 AH 商贸职业技术学院在招聘时,特别倾向于引进具有深厚行业背景的高层次人才,将职称条件设定为副高及以上级别(包括副教授、教授等),此举意在紧密贴合并充分利用当地的人才优待政策,以吸引并留住更多杰出的教育人才,进一步提升学院的师资力量和教育水平;FZ 职业技术学院在招聘简章中对具有企业工作经历教师明确设置了实操考核 70 分的合格线,这是学校对具有企业工作经历教师能力的进一步验证。

可见,大多数院校都能按照相应的规定设立具有企业或者行业工作经历的招聘岗位,并且根据自身教学岗位的需求设立了一些附加条件,但仍存在以下问题。

一是教育政策的强制性与地方人才政策关联性问题。受顶层教育政策全局性功能的影响,地方吸引力、经济发展实力、院校可持续发展能力等因素,常导致许多教育政策在地方实施时有一定的弱化。比如,部分高职院校将具有企业工作经历教师简单地理解为具有一定的工作经验,或将具有同类高职院校教学经验等同于具有企业工作经历。

二是年限与工作经验的对应性问题。具有 3 年企业工作经历虽然可作为企业人员初步具备该岗位职业能力的证明,然而,在实际工作过程中,年限只能作为一个工作经历的证明,而不是能力的证明。正如本书核心概念界定部分提出的具有企业工作经历不仅指在企业工作的时间,而且还指在企业从事专业性工作的经历。因此,具有 3 年企业工作经历只是一个时长概念,只能作为招聘具有企业工作经历教师的一个基本门槛,是否真正能够招聘到学校教学所需的人才,还需要像 FZ 职业技术学院那样通过面对面交流进一步检验与核查引进的教师是否真正从事了专业性工作。

三是产业迭代与教师能力提升的同步性问题。这是具有企业工作经历教师发展中最现实的困境,一旦完成从企业人员向学校教师的身份转化,该群体的教师所能够接触的前沿产业资讯就会减少,有些具有一定技术积累和研发实力的企业因涉及企业商业机密,不会让离职人员接触核心技术。如果引进教师没有主动接触行业、了解产业,他们就很容易与最新技术工艺形成代差。这就对引进教师的产业资讯捕捉能力和行业沟通能力提出了更高的要求,也就是说,引进的教师不是简单的身份转化问题,而是一种新技术、新工艺、新资讯持续性输入与教学资源、育人资源转化的持久性问题。

二、基于 S 校具有企业工作经历教师引进与发展政策的个案剖析

随着职业教育的快速发展,具有企业工作经历教师的引进与发展已成为高职院校提升教学质量和增强学生实践能力的重要途径。本节选取了 S 校作为个案研究,细致梳理了 S 校在具有企业工作经历教师引进与发展方面的具体举措,全面呈现其在该领域的积极探索与实践,以期为其他高职院校提供可借鉴的经验和启示。

S 校是一所国家"双高"综合类高职院校,在引进与发展具有企业工作经历教师方面实施了一系列富有成效的政策,具体见表 2-12。

表 2-12　S 校具有企业工作经历教师引进与发展政策汇总表

政策类型	政策名称	政策内容
引进政策	S 校高质量发展的意见	1.到 2023 年,培养对接地方产业"首席技师"100 人,立项国家级教师教学创新团队 2 个、省级团队 3 个,新增博士等高层次、高技能人才 30 人。到 2025 年,高质量打造全国教师发展中心,建成区域职业教育国际交流中心,新增高层次专业(群)领军人才、行业"高精尖缺"双师型人才。2.学校可采用"一人一策"方式引进高层次或高技能人才;引进人才在享受市级引才政策的基础上实行就高从优不重复原则,超出部分由学校补差。学校在申报职业本科院校期间引进的正高级专业技术人才、紧缺特殊人才、高技能人才,录用年龄可按相关政策适当放宽

政策类型	政策名称	政策内容
培养培训政策	S校青年教助讲培养制度的若干规定	1.青年教师助讲培养制度指新进入学校从事教学工作的教师,必须按要求专门进行一个时期相对集中的,以提高职业道德、教育教学理念、专业知识与教学技能为主要目的青年教师培训,同时由具有高级职称、富有教学经验的教师进行针对性的指导与培养。2.具有下列情况之一者,应成为青年教师助讲制度的培养对象:①新聘用到我校从事教学工作(含理论教学和实验、实践教学)的在岗教师。②高校教学经历不足3年,年龄在35周岁以下(含35周岁)的,未接受过助讲培养培训的在岗公共基础课和专业课教师。3.青年教师助讲培养期满后,由教务处组织专家进行考核,考核成绩计入青年教师助讲培养成绩。4.青年教师助讲培养成绩合格的,由学校颁发教育厅统一印制的教学上岗资格证书,认定该青年教师具备独立承担教学任务资格
	S校教师发展校本培训项目实施办法	1.根据立项形式分为申报类和委托类。其中,申报类又分为专家培训类和青年教师分享类。2.校本培训项目主要围绕教师师德师风、职教教学理念、专业课程建设、信息素养提升、研究能力提升、跨文化交流等方面开展
	S校专业技术职务评聘工作实施办法	1.申报对象及类型:根据岗位工作实际,按教学为主型、科研为主型、教学科研并重型、社会服务型、职业技能型5种类型申报高级专业技术职务。中级专业技术职务不分类型申报。2.直聘高级专业技术职务:标志性成果和高层次人才(技术技能型等)直聘高级专业技术职务参照正常评聘程序执行,"学科组评议"可采用书面或口头述职,但无需"论文鉴定"环节
	S校专业技术岗位内部等级晋级聘任工作实施办法	在编在岗、离岗创业的专业技术人员,按照总量控制、质量优先、年限其次的原则,自主申报、择优聘用
	S校教职工在职攻读学历(学位)管理办法	学校统筹教职工在职攻读学历(学位)工作,鼓励教师在职攻读对口学科专业学历(学位),严格控制行政管理岗位攻读审批

政策类型	政策名称	政策内容
培养培训政策	S校"首席技师"培养对象遴选与管理办法	"首席技师"培养对象分两批共遴选100人，每批培养期为3年。期满考核在合格等次以上的培养对象将正式授予该工种（专业）的"首席技师"称号
	S校访问学者访问工程师选派与管理办法	1.学校选派以访问工程师为主，不设名额限制。2.访问工程师的接收单位一般为行业领先、国内一流的高新技术单位
	S校教职工出国（境）研修访学项目管理实施办法	学校公派项目：指纳入学校因公出国（境）计划，由省、市组织的研修访学项目、学校专项师资研修访学项目，以及由外来资助，经学校和上级外事管理部门批准以公派名义派出的项目。项目分：1.短期项目：项目由骨干教师或教学管理人员分别组建团队，时间为30天以内；2.中长期项目：项目以骨干教师为主，时间为90天以上
长效激励政策	S校教职工高层次项目奖励实施办法	1.学校对在教书育人、教育教学、科学研究、社会服务等方面取得显著业绩、做出突出贡献的教职工，依据本办法给予奖励。2.奖励类别分为：高层次人才项目与荣誉奖励、高层次教学改革与建设项目奖励、学生科技竞赛指导奖励、科研奖励、文化艺术类比赛奖励和体育竞赛奖励6类
	JH市政府关于支持S校高质量发展的意见	改进人事管理激励机制，建立强实绩、重贡献的绩效工资动态激励调整机制，结合社会服务能力提升、相关业务考核结果，绩效工资增长比例在原基础上，每年可再提高5%，最高到封顶线为止
管理评价政策	S校新进教职工工作考核实施办法	用人单位结合本单位工作实际，拟定具体的实施细则和考核方案，组织开展新进教职工的思想政治、师德师风及履职情况考核工作；相关职能部门联合复核；学校审定考核结果
	S校专业技术人员管理办法	专业技术人员实行聘任制，聘期一般为3年。学校人事部门和二级单位按管理权限履行专业技术人员的聘任和日常管理职能

续表

政策类型	政策名称	政策内容
管理评价政策	S校岗位聘期考核实施办法	专业技术岗位实行分类分级考核,分为教师、学生思政教师、教育管理、实验技术和其他专技5类专技岗位,正高级(含二、三级)、副高级、中级、初级(含助理级和员级)4个专技等级。考核内容分为基本要求和业绩要求。教师岗位基本要求(各项须同时符合,下同):①承担1门以上课程的教学;②教学工作量每年都在240课时以上或年均300课时以上;③教学工作业绩考核每年均C级以上;④年度考核每年均合格以上

从上述政策看,该校已经形成了具有企业工作经历教师从引进到发展的完整体系,并呈现出以下三个特点。

一是师资从优引进。从目标设定上看,政策明确提出了到2023年和2025年的具体人才引进和培养目标,包括"首席技师"、国家级和省级教师教学创新团队、高层次及高技能人才等,显示出政策在人才引进上的明确性和前瞻性。从人才引进机制上看,通过"一人一策"方式引进高层次或高技能人才,并在市级引才政策的基础上实行就高从优不重复原则,显示出政策的灵活性。同时,对于特殊人才(如正高级专业技术人才、紧缺特殊人才、高技能人才)在年龄上的适当放宽,也体现了政策的包容性。从资源保障上看,政策明确学校在申报职业本科院校期间对引进人才的特殊支持,如录用年龄放宽等,表明学校为引进优质人才提供了有力的资源保障和政策支持。

二是教师并轨发展。青年教师助讲培养制度和教师发展校本培训项目均体现了高职院校对青年教师职业成长的全周期支持。通过集中的培训和指导,提升青年教师的职业道德、教育教学理念、专业知识与教学技能,实现青年教师与学校的并轨发展。从青年教师助讲培养到教师发展校本培训,再到专业技术职务评聘、岗位内部等级晋级等,形成了一个多层次、多维度的教师培养与培训体系,促进了教师的职业成长和学校整体的师资队伍水平提升。

三是绩效分类评价。虽然教师发展是并轨的,但具有企业工作经历教师可结合自身特色选择社会服务型、职业技能型等专业技术评聘类型。该校设计了岗位聘期考核实施办法,明确了对不同类别专业技术岗位(如教师、学生思政教师、教育管理、实验技术和其他专技岗位)进行分类分级考核,这体现了政策在评价体系上的科学性和针对性。考核内容分为基本要求和业绩要求,其中教师岗位的基本要求包括承担课程教学、教学工作量、教学工作业绩考核以及年度考核等,这些具体且明确的标准为评价工作提供了有力依据。当然,绩效激励也是必要的,该校通过绩效工资动态调整机制等长效激励政策,结合考核结果对教师进行激励或约束,形成了正向的激励机制和约束机制,促进了教师与学校的协同发展。

三、院校层面的政策展望

近年来,具有企业工作经历教师因其丰富的实践经验和行业洞察力,成为高职院校提升教学质量的关键力量。然而,如何有效引进并发展这些教师,仍是院校层面亟需解决的重要课题。本节将从政策展望的角度出发,探讨高职院校在具有企业工作经历教师引进与发展方面的策略与方向,以期为提升高职院校整体教学质量和人才培养水平提供有益参考。

(一)引前谋策:精准定位,科学规划

在人才引进的初期阶段,高职院校需要进行全面而深入的师资需求分析,这不仅仅是对数量的考量,更是对质量、结构乃至未来发展趋势的精准把握。具体而言,应基于学科发展规划、专业建设需求及教学科研团队建设目标,明确所需引进教师的行业背景、从业经历、技能等级等关键要素,确保引进的教师既能填补现有空白,又能引领未来发展方向。

为实现这一目标,院校需建立一套完善的师资需求分析机制,通过问卷调查、座谈会、专家咨询等多种方式,广泛收集信息,形成科学的分析报告。在此基础上,设计具有吸引力的人才引进方案,包括但不限于薪酬待遇、行业技术对接启动资金、住房保障、子女教育等全方位的支持措施,以展现院校的诚意与实力。

同时,学校的人事主管部门应加强与二级院系的沟通协调,形成上下联动、横向协同的工作格局。人事部门需提前介入招聘政策的研究与制定,确保招聘条件既符合国家规定,又具备市场竞争力,避免因触及硬性杠杆导致的人才流失。此外,还应积极与地方人事部门对接,争取政策上的支持与便利,为人才引进开辟绿色通道。

(二)因才施策:量身定制,助力成长

针对具有企业工作经历教师,其独特的职业背景与技能优势为院校注入了新鲜血液,但同时也带来了新的挑战。由于这类教师可能因教育年限不足或学历提升机会有限而在招聘时遭遇障碍,因此,院校需采取更加灵活多样的引才策略,如设置特才计划、破格录用等,以打破传统束缚,吸引优秀人才。

在培养与发展阶段,院校应充分考虑这类教师的职业发展特点,设计一套专业发展与个人成长双赢的制度体系。具体而言,可以通过以下几个方面进行实施:一是建立导师制度,为每位新进教师配备经验丰富的老教师作为导师,进行一对一的指导与帮助;二是制定个性化培训方案,结合其行业背景与专业技能,为其量身定制培训课程,促进其快速融入教学环境;三是搭建校企合作平台,鼓励教师参与企

业项目合作,将实践经验转化为教学案例,提升教学质量;四是建立职业发展规划体系,为教师提供清晰的职业晋升路径与成长目标,激发其工作热情与创造力。

(三)规上研策:制度创新,常态发展

我国高校的管理方式脱胎于中央集权管理体制,旧有集权管理方式的痕迹明显,政府对高校的管理主要还是采取行政指令、计划等方式,最典型的管理手段仍然是行政审批。[①] 具有企业工作经历教师的政策设计突破了许多原有的制度约束,但许多政策的突破都属于特事特办,一事一办,而不是真正地适应具有企业工作经历教师的制度。因此,要加强通过研究发现该类教师群体的潜在特征,以有价值的发现为基础,在现有规定的框架上推动政策出新,并形成一种常态化的制度体系。

在政策设计上,高职院校应挣脱传统集权管理方式的束缚,积极引入市场机制与竞争机制,推动管理体制与运行机制的改革创新。具体而言,可以借鉴企业管理的成功经验,建立灵活高效的决策机制、激励机制与约束机制,为具有企业工作经历的教师提供更加广阔的发展空间。

此外,高职院校还应注重政策执行过程中的监督与评估工作,及时发现政策执行过程中的问题与不足并进行调整优化。通过建立健全的反馈机制与评价体系,确保各项政策措施能够得到有效落实并取得预期成效。最终,通过持续不断的制度创新与实践探索,构建起一套适应具有企业工作经历教师特点的常态化制度体系,为院校师资队伍的可持续发展提供有力保障。

---

①康翠萍.一种分析范式:中国高等教育政策研究[M].北京:人民出版社,2010.

第三章 高职院校具有企业工作经历教师的引进与发展现状分析

具有企业工作经历教师具备联结产教两端的跨界能力,是高职院校教师队伍建设的特色和重点,是增强人才培养适应性、支撑高职院校高质量发展的重要力量。具有企业工作经历教师的引进是高职院校教师队伍建设不可或缺的重要环节和基础性工作,正所谓有什么样的教师,就有什么样的学生,如何引进高质量的具有企业工作经历教师至关重要。美国芝加哥大学原校长乔治·比德尔(George Beadle)曾说过,教师就是学校,除非我们吸引来并留住最好的教师,否则一切都将是白费力气。没有一批高级教师的学校不可能优秀;反之,想要不优秀都难。① 然而,从企业转行到教育界,进入新的职业领域,面对新的工作对象、工作任务、角色期待、能力要求等,具有企业工作经历教师需要适应高职院校新的职业环境、承担新的职业角色、完成新的职业任务,因而面临如何实现职业转换、职业适应,进而实现职业生涯发展等关键问题。聚焦以上问题,本章通过现场走访调研、深度访谈和文本资料分析,从高职院校具有企业工作经历教师引进的意愿考察、主要举措、现实困境、职业发展的过程和主要问题 5 个方面,进行了较为客观的现状分析。

第一节 高职院校具有企业工作经历教师引进的意愿考察

"意愿"一词通常被用在心理学领域,是指个体对采取某项特定行为的主观概率判定,反映了个体采取某项特定行为的愿望和倾向。② 计划行为理论认为意愿是行为发生的前提,即某类行为的产生必然以形成相关意愿为前提。③ 高职院校的引进意愿与具有企业工作经历教师的就职意愿是影响高职院校具有企业工作经历教师引进这一行为产生的重要因素,也是预测该行为的最佳指标。因此,本节基于访

---

①威廉·墨菲,D.J.R.布鲁克纳.芝加哥大学的理念[M].彭阳辉,译.上海:上海人民出版社,2007.

②Bird B. Implementing Entrepreneurial Ideas: The Case for Intention[J]. Academy of Management Review,1988,13:442-453.

③孔凡柱,赵莉.基于资源供给者视角的社会性需求对共享经济发展影响分析[J].商业经济研究,2018(15):43-46.

谈并结合相关参考文献理论,运用扎根理论聚类分析高职院校的引进意愿与具有企业工作经历教师的就职意愿,从两个维度进行现状描述,剖析引进意愿与就职意愿的类型特征。

一、"引"还是"不引":高职院校的引进意愿分析

引进意愿是影响高职院校引进具有企业工作经历教师这一行为的主观因素,是用来衡量高职院校对具有企业工作经历教师这一群体接受程度的变量,反映的是高职院校引进具有企业工作经历教师的动机、态度和行为倾向。在国家政策的倡导下,高职院校越来越重视引进具有企业工作经历教师,但是由于不同高职院校在自身条件、所处区域环境及发展追求等方面存在着很大差异,这使他们在引进具有企业工作经历教师的意愿上日渐出现分化。通过调查发现,高职院校的引进意愿主要包括三种类型:积极强烈型、矛盾纠结型和消极弱化型(见图 3-1)。

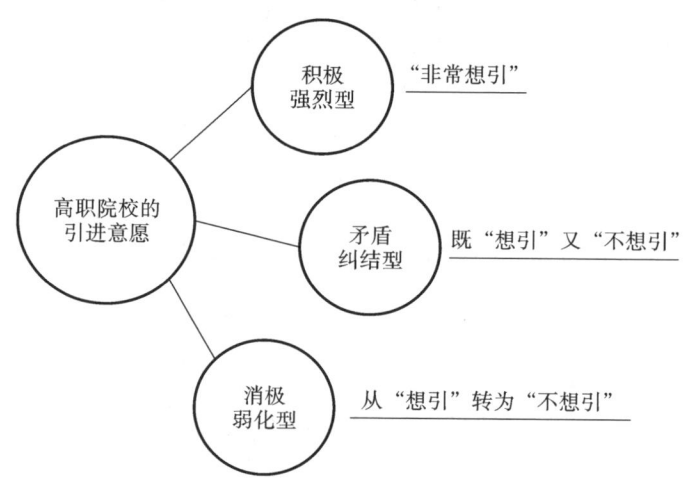

图 3-1 高职院校的引进意愿的类型

（一）积极强烈型:"非常想引"

积极强烈型是指高职院校对引进具有企业工作经历教师持积极的态度,表现出强烈的意愿。在访谈的 14 所院校中,关于"请问贵校在引进具有企业工作经历教师方面的意愿强吗"这一问题,有 5 所院校明确表示非常愿意引进具有企业工作经历教师。这些院校非常重视具有企业工作经历教师的引进工作,他们表现出强烈意愿的因素主要有以下几个方面。

1.贯彻落实国家政策和法律法规要求

2019 年 1 月,《国家职业教育改革实施方案》明确提出:"从 2019 年起,职业院

校、应用型本科高校相关专业教师原则上从具有 3 年以上企业工作经历并具有高职以上学历的人员中公开招聘,特殊高技能人才(含具有高级工以上职业资格人员)可适当放宽学历要求,2020 年起基本不再从应届毕业生中招聘。"①同年 8 月,《深化新时代职业教育"双师型"教师队伍建设改革实施方案》,再次提出"自 2019年起,除持有相关领域职业技能等级证书的毕业生外,职业院校、应用型本科高校相关专业教师原则上从具有 3 年以上企业工作经历并具有高职以上学历的人员中公开招聘;自 2020 年起,除'双师型'职业技术师范专业毕业生外,基本不再从未具备 3 年以上行业企业工作经历的应届毕业生中招聘。"②2022 年,新修订的《中华人民共和国职业教育法》第四十六条进一步规定"职业学校的专业课教师(含实习指导教师)应当具有一定年限的相应工作经历或者实践经验,达到相应的技术技能水平""具备条件的企业、事业单位经营管理和专业技术人员,以及其他专业知识或者特殊技能的人员,经教育教学能力培训合格的,可以担任职业学校的专职或者兼职专业课教师。"③在国家政策和法律法规的引领下,高职院校深刻认识到具有企业工作经历教师的重要性,不断提升引进此类教师的自觉性和主动性。

我们学校一直以来都很重视具有企业工作经历教师,有很强的意愿去引进他们,特别是"职教二十条"颁布以来,虽然很难百分百做到政策的要求,但是我们一直在努力。(Y-H)

2.建设高素质的"双师型"教师队伍

高职教育是高等教育的一个独特类型,兼具职业教育和高等教育的双重属性,这就要求高职院校建设理实一体的高素质"双师型"教师队伍。改革开放以来,我国高职教育规模快速发展,为我国高等教育的大众化做出了重要贡献。但是,高职院校教师队伍建设一直是薄弱环节,普遍存在重理论轻实践、重学历轻技能、来源单一、结构性矛盾突出、校企双向流动不畅等问题,同时具备理论教学和实践教学能力的"双师型"教师和教学团队严重短缺。通过调研发现,高职院校普遍聘用了大批来自普通高校的毕业生担任教师,这些教师虽然具有丰富的理论和专业知识,擅长理论教学,但在实习实训教学上明显不足。而具有企业工作经历教师具有丰富的企业实践经验、熟练掌握本专业工作过程或技术流程,在实习实训教学、设备改造、技术革新、成果转化等方面具有得天独厚的优势,可以弥补现有教师队伍的

---

①中华人民共和国中央人民政府.国务院关于印发国家职业教育改革实施方案的通知[EB/OL].(2019-02-13)[2024-12-20].http://www.gov.cn/zhengce/content/2019-02/13/content_5365341.htm.

②中华人民共和国中央人民政府.教育部 发展改革委 财政部 人力资源社会保障部关于印发《深化新时代职业教育"双师型"教师队伍建设改革实施方案》的通知[EB/OL].(2019-08-30)[2024-12-20].http://www.gov.cn/gongbao/content/2020/content_5469720.htm.

③中国人大网.中华人民共和国职业教育法[EB/OL].(2022-04-20)[2024-12-20].http://www.npc.gov.cn/npc/c2/c30834/202204/t20220420_317575.html.

不足,对建设高素质的"双师型"教师队伍具有重要意义。

学校太缺具有企业工作经历的教师了,从教师队伍建设来说,高职院校的教师来源一直很单一,以普通高校的应届毕业生为主,不可否认,他们在理论上、科研上有优势,但是实践上还是不如从企业来的教师。(W-X-B)

我们专业一直在打造"双师型"教师团队,所以很重视教师团队成员间的知识和能力结构互补,从我们专业来看,具有企业工作经历教师占到一半左右。(Z-M)

3.有效提升技术技能人才培养质量

高职院校肩负着培养高素质技术技能人才的重要使命,人才培养质量的高低是衡量高职院校办学水平的重要标志。根据教育部发布的数据,近 10 年来,高职院校的就业率(含升学)持续在 91% 以上,高于普通高校的平均值。[①] 但是,高就业率并不能代表高质量就业,高职院校的人才培养质量仍然被人们所诟病。正如黄炎培先生所言:"办职业学校最大的难关,就是学生出路。"目前,大部分高职院校专业教师具有一定的理论知识水平,但缺乏企业相关工作经历,技术能力水平和综合职业水平难以达到社会需求的水平,使得其培养的高职院校毕业生在技术应用、技能操作上未能彰显出较普通高校毕业生的优势,导致社会和用人企业对高职院校毕业生认可度降低。访谈发现,高职院校普遍反映具有企业工作经历教师熟悉行业企业情况,在高职院校学生职业技能和岗位能力培养、促进学生就业、指导学生技能大赛等方面具有显著优势,有助于促进教学过程与生产过程对接,缩小人才培养与企业岗位需求的差距。

具有企业工作经历教师具有深入企业一线的岗位工作经历,熟悉企业相关岗位职责、管理制度,擅长开展工学结合的案例教学,教学很有针对性,深受学生喜爱,这也是我们愿意引进他们的一个重要原因。(Y-H)

这些具有企业工作经历教师上的课,学生"到课率""抬头率"相对要高很多,他们结合自身的生产和技术创新实践经历,传授实践经验,讲课内容就生动,因为生产针对性强,学生就喜欢听,课堂教学效果也大大提升。(Z-M)

我们很愿意引进,不仅仅是为了落实国家政策,更多的是为了学生的培养。学校里绝大多数都是"从校门到校门"的理论型教师,想要教出有实践技能的学生根本是一件"不可能完成的任务"。(W-X-B)

4.推进产教融合、校企合作深度发展

高职教育具有跨界的天然属性,需要打破经济与教育、职业与教育、企业与学校的边界,产教融合、校企合作是人才培养的根本要求。然而,在实施过程中,产教融合"合而不深"、校企合作"校热企冷"问题一直存在,企业的优质资源在高职院校

---

① 熊丙奇.就业率 96% :职校生就业高比率还要高质量[N].中国青年报,2022-06-01(08).

人才培养过程中得不到充分利用。在访谈中,高职院校反映具有企业工作经历教师与企业人员具有多年的同事关系,方便沟通交流,可以为高职院校和企业牵线搭桥,为校企深度合作奠定基础;具有企业工作经历教师熟知校企双方管理和运作模式,可以规避合作中的风险,促使校企合作的顺利开展和实施;同时,他们了解高职院校和企业的需求,洞悉双方的优势,可以充分利用和整合双方的资源,实现合作效能的最大化。

我们学校的具有企业工作经历教师对开展校企合作发挥了很大作用,他们了解企业文化、企业运营和招聘流程,尤其是对毕业生能力素质需求,不仅可以给予学生更有针对性的指导,还能有针对性地推荐学生去企业实习和就业,在学校和企业之间搭建了很好的桥梁。(W-Y-F)

5.提升社会服务能力和社会影响力

社会服务不仅是高职院校的基本职能,更是其肩负的重要社会责任,这一职能与高职教育的起源、存在以及发展轨迹紧密相联。近年来,我国高职院校虽然取得了长足的进步和发展,但相较于普通高校,其社会服务能力和社会影响力依然较弱。2019年,上海教育科学研究院发布的《2018年全国高等职业院校适应社会需求能力评估报告》显示,部分高职院校发展和服务能力仍然较弱。400所院校的年政府购买服务到款额不到1万元,300所院校的年技术服务到款额不足1万元,近450所院校三年累计纵向科研到款额低于5万元,500多所院校三年无横向技术服务到款。① 随着各地产业转型升级加快,高职院校也更加重视技术研发与服务,着力加强技术技能创新服务平台建设。因此,高职院校希望引进具有企业工作经历教师,特别是企业中的骨干、专家或具有较高行业技能的高端技能型人才,以企业需求为指引提供技术服务,为区域产业转型升级提供技术支持,进而提升高职院校的社会服务能力和在社会中的影响力。

近两年我们学校引进了50多名博士,其中三分之一以上都有企业工作经历。他们为制造企业改进生产线、研发新材料;为生物医药企业改进新工艺、研发新试剂;为通信公司研究通信系统、破解关键难题……他们在做好教育教学的同时,积极开展各类社会服务,对学校社会影响力的提升发挥了重要作用。今后,我们还将继续引进具有企业工作经历的教师。(S-X-F)

(二)矛盾纠结型:既"想引"又"不想引"

矛盾纠结型的理论基础是矛盾态度理论,即个体对某种态度目标同时存在有

---

① 中华人民共和国教育部. 2018年全国职业院校评估报告发布[EB/OL]. (2019-11-27)[2024-12-20]. http://www.moe.gov.cn/jyb_xwfb/gzdt_gzdt/s5987/201911/t20191127_409905.html

积极和消极的认知评价和情绪体验[①],当积极的态度和消极的态度都达到一定的强度时矛盾态度就会产生[②]。在访谈的 14 所院校中,关于"请问贵校在引进具有企业工作经历教师方面的意愿强吗"这一问题,有 5 所院校表示对引进具有企业工作经历教师持有矛盾心态,既想要引进,但又不想引进。想引进的原因不外乎是贯彻落实国家政策和法律法规、建设高素质的"双师型"教师队伍、提升技术技能人才的培养质量、推进产教融合和校企合作深度发展、提升社会服务的能力和社会影响力,这与意愿强烈型院校一致。但是,这些院校同时对引进具有企业工作经历教师又存在顾虑,具体体现在以下几个方面。

1. 引不进

薪酬待遇是吸引人才的最主要因素。与大多数企业相比,高职院校的薪酬待遇不具备吸引力,再加上现行的人事政策阻力,导致高职院校在引进具有企业工作经历人员方面存在很大困难,特别是具有多年企业工作经历的企业专家和专业技术骨干更是难以引进,形成"想招招不到,想进进不来"的困境。教育部发布的《2021 年全国教育事业发展统计公报》显示,全国普通本科学校生师比为 17.90∶1,本科层次职业学校生师比为 19.38∶1,高职(专科)学校生师比为 19.85∶1[③]。可以看出高职院校的生师比仍然非常高,迫于缩小生师比的压力,高职院校招不到具有企业工作经历教师,无奈之下只能选择招聘普通高校的应届毕业生来扩充教师队伍。

每个人都说兴趣最重要,这个观点没有错,但是如果在薪资待遇上没有一定的保障,说再多的理论都不实际,在薪资待遇上高职院校很难与企业比。有工作经历、有技术的人才更倾向于在企业,你根本引不来,但是我们缺老师呀,只能选择应届毕业生,所以我们也很纠结。(H-Y)

具有企业工作经历教师我们也很想引,但是人家不来呀,央企的年薪大概二三十万元,而民营企业年薪能给到四五十万元,所以没办法我们只能招聘应届毕业生。(X-W-F)

2. 用不好

具有企业工作经历教师不仅难得,更难用好。虽然他们具有企业工作经历和

---

① 陈剑峰,陈志霞. 一般矛盾态度及其相关研究进展[J]. 心理科学,2009,32(01):220-222.

② Priester J R, Petty R E. The gradual threshold model of ambivalence: relating the positive and negative bases of attitudes to subjective ambivalence[J]. Journal of personality and social psychology, 1996, 71(3): 431-439.

③ 中华人民共和国教育部. 2021 年全国教育事业发展统计公报[EB/OL]. (2022-09-14)[2024-12-20]. http://www.moe.gov.cn/jyb_sjzl/sjzl_fztjgb/202209/t20220914_660850.html? eqid=a386df85001b828200 0000066451c439.

实践经验,熟悉企业生产工艺流程,了解行业现状与发展方向,但教育理论基础薄弱,缺乏将新技术、新标准和新工艺融入教学的意识、能力与方法。其科研意识与科研能力薄弱,在职称评聘中往往不占优势,发展后劲不足,特别是学历低或年龄大的教师很容易选择"躺平"。此外,还有很多具有企业工作经历教师把工作重心放在校外,利用自己的技术专长赚取外快或在外面开公司赚钱,校外工作做得有声有色,将教书育人的本职工作当作副业。这些都影响高职院校引进具有企业工作经历教师的意愿。

引进具有企业工作经历教师这是国家政策明确要求的,但是我们学校很多企业来的老师有很多"躺平"的,与我们的期望还是有差距的,我们一直也很矛盾要不要引进具有企业工作经历教师。(J-X-L)

我们学校很多企业来的教师,在教学、技术服务、指导竞赛方面还是挺有优势的,但是有些实在不好管理,他们天天在外面跑,除了上课,学校里经常见不到人。(L-H-Q)

3.留不住

访谈中发现,具有企业工作经历教师留不住的原因有很多,比如薪酬待遇,繁、难、怨的工作常态,现实与理想的落差,不乐观的职业发展前景等。很多具有企业工作经历教师在入职高职院校之前普遍认为高职院校的工作相对轻松,但来了之后发现工作也很有挑战性。当这种难度和压力与高职院校教师收入待遇不成正比时,一些具有企业工作经历教师就会放弃高职教师这一职业,跳槽到待遇更好或是压力较小的单位。过高的教师流动率会削弱教师队伍的核心凝聚力,阻碍其稳定与持续发展,这成为高职院校在引进具有企业工作经历教师时的一大顾虑。

我们也想引进,但是学校这些工资很难留住那些优秀的,你说招进来留不住,我们不就白忙活了一场嘛,而且也不利于教师队伍的稳定。(Z-B)

(三)消极弱化型:从"想引"转为"不想引"

消极弱化型是指高职院校对引进具有企业工作经历教师在态度上发生了明显变化,经历了从"想引"走向"不想引"的过程。在访谈的14所院校中,关于"请问贵校在引进具有企业工作经历教师方面的意愿强吗"这一问题,有4所院校(集中在"双高"院校和职业本科院校)表示意愿有所减弱。主要有以下几个方面的原因。

1.高职专科院校为升本做准备

在高职专科院校"升本"热潮和国家大力发展职业本科教育的背景下,越来越多的高职院校逐渐弱化了对引进具有企业工作经历教师的意愿。由于《本科层次职业教育专业设置管理办法(试行)》规定,本科层次职业教育专业须具有研究生学位专任教师比例不低于50%,具有博士研究生学位专任教师比例不低于15%。为此,高职院校,特别是"双高院校"将招聘指标向研究生倾斜。比如,BJ 电子科技职业学院 2021 年计划招聘 22 名专任教师,既面向应届毕业生也面向非应届毕业生,学历要求为本科及以上,且多个岗位明确要求具有工作经历者优先;而 2022 年计划招聘 21 名专任教师,则明确要求仅面向硕士研究生及以上的应届毕业生。

前几年我们引进了很多具有企业工作经历教师,我这个专业里差不多有一半都是具有企业工作经历的,现在升本的压力很大,主要缺的是博士,所以现在主要是想引进博士。(C-J-Y)

教育部要求本科职业教育专业设置具有博士研究生学位的专任教师比例应不低于 15%。不只是我们学校,对于很多有志于升本的优秀高职院校来说,招聘博士师资变成了学校做好升本准备的一项必要工作,这是一个硬性指标(H-X-Y)

2. 职业本科院校为谋求更好发展

我国高等教育的层次结构呈现典型的"金字塔型",与之相应的资源配置和社会声望呈"倒金字塔"特征——高层次=高水平,高配置,高声望;低层次=低水平,低配置,低声望。[①] 在这种结构下,底层和中层的高等教育机构总是模仿那些处于高层的高等教育机构。访谈中发现,在成为职业本科院校之前,这些院校总体上表现为对引进具有企业工作经历教师具有较为强烈的意愿。成为职业本科院校之后,在国家政策和高等教育场域的影响下,意愿开始发生明显变化,希望通过引进博士尽快提升学校的办学水平,博士学位越来越成为职业本科院校教师的必备条件。

最近几年,我们学校主要想引进博士,引进了约有 300 人。我们引进的博士前半年让他们在企业一线锻炼,让他们先变成"行业人",半年后由学校老教授传授职业教育教学经验,考核合格再上讲台真正成为老师。(W-X-M)

学校为了自身的发展,不得不引进博士,在企业工作过的博士愿意来我们学校的太少了,现在引进来的主要还是应届毕业博士生。(W-J-G)

二、为什么"离企入校":具有企业工作经历教师的就职意愿分析

就职意愿是个体对自己想从事何种职业或某个具体工作岗位的主观意向和追求程度,与择业动机密切相关。美国心理学家佛隆(Vroom)的择业动机理论认为,择业动机=职业效价×职业概率。职业效价是个体对某职业价值的主观评价,职业概率是获得某职业的可能性大小。某职业的效价越高,获得的可能性越大,个体

---

①陈先哲,卢晓中. 层类交错:迈向普及化时代的中国高等教育体系构建[J]. 教育研究,2018,39(07):61-66.

选择该职业的意愿越大。[①] 研究就职意愿对高职院校吸引并留住具有企业工作经历教师具有重要意义。通过调查发现,具有企业工作经历人员在选择成为高职教师时优先考虑的因素具有多元化、复杂化的特点,与马斯洛需求层次理论相契合。马斯洛需求层次理论将人类的需求从低级到高级依次排列为:生理需求、安全需求、爱与归属需求、尊重需求和自我实现需求,且呈金字塔结构。生理需求是人类最基本的需求,属于生存需求,主要包括对食物、水、空气、睡眠等方面的需要;安全需求与生理需求同属基本需求层次,具体指对安全、就业、资源、健康等方面的需要;爱与归属需求是指人们对情感、归属、友谊、家庭等方面的需要;尊重需求是指自尊和希望受到别人尊重等方面的需要;自我实现需求是最高层次的需求,指人们追求发挥自己的潜能、实现自己的理想抱负等方面的需要。详见图3-2。

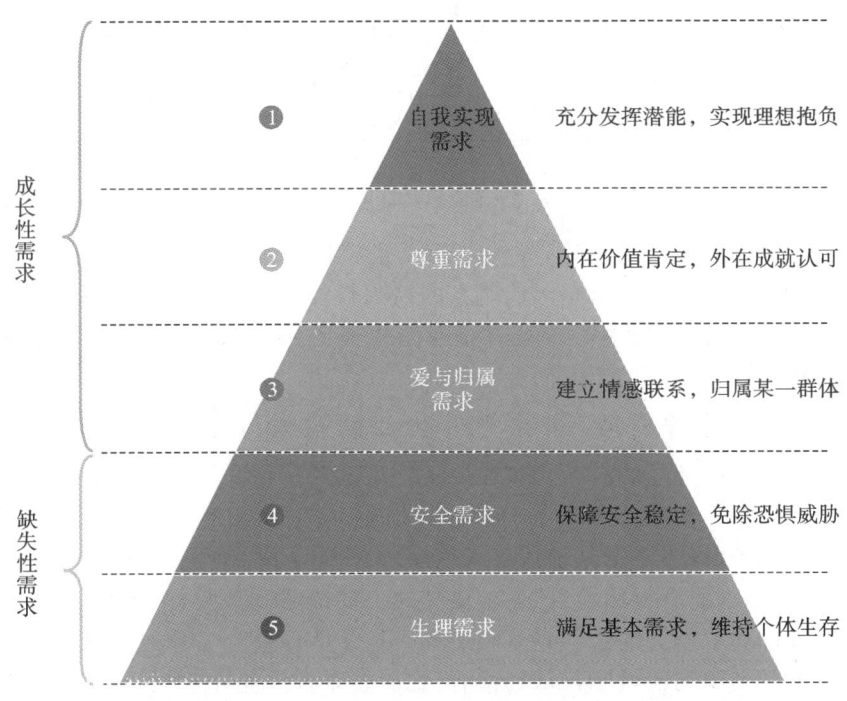

图 3-2　马斯洛需求层次理论模型

　　一个人在同时期可能存在多种需求,但总有一种需求占支配地位。由于具有企业工作经历教师对各种需求的迫切性程度存在个体差异,其相应的择业动机和就职意愿结构也存在差异性。根据马斯洛需求层次理论,可以将高职院校具有企

①陶建杰,张志安.过渡性职业:新媒体环境下本科新闻学子的择业意愿及影响因素[J].现代传播(中国传媒大学学报),2018,40(09):160-168.

业工作经历教师的就职意愿划分为安稳优先型、情感优先型、尊重优先型、志向优先型四种类型,如表 3-1 所示。

表 3-1 高职院校具有企业工作经历教师就职意愿的类型划分

就职意愿类型	处于主导地位的需求	具体体现
安稳优先型	以生理需求和安全需求为主导	企业工资待遇差,想要提升生活的质量;厌倦企业的工作,想要摆脱工作的焦虑;企业工作强度大,想要轻松安逸的工作;企业工作不稳定,想要长期稳定的工作
情感优先型	以爱与归属需求为主导	热爱教师职业;注重组织归属感
尊重优先型	以尊重需求为主导	教师职业体面、受社会尊重,可以获得外在成就的认可;教书育人更具有成就感,可以获得内在价值的肯定
志向优先型	以自我实现需求为主导	实现自己的职业理想;培育下一代回馈行业

(一)安稳优先型:以生理需求和安全需求为主导

根据马斯洛需求层次理论,人的需求总是较低水平的需求优先于较高水平的需求。生理需求和安全需求是人们基本的缺失性需求。安稳优先型是指生理需求和安全需求占核心位置,支配着具有企业工作经历人员选择离开企业到高职院校就职。具体体现在以下四个方面。

1.企业工资待遇差,想要提升生活的质量

工资作为社会产品的分配方式之一,是人们生存和发展的物质基础。古典经济学创始人威廉·配第(William Petty)提出生存工资理论,他把工资和生活资料的价值联系起来,提出工资是维持工人生活所必需的生活资料。[1] 不管是求职过程还是流动过程,求职者显然会以"追求更高的工资待遇、劳动报酬为目标"[2],这是职业选择的基础和根本。通过访谈发现,有一部分具有企业工作经历教师之所以选择离开企业到高职院校就职,是因为他们之前的企业多是小型的私营企业,其工资待遇水平并不高,福利待遇不够完善,生存需要得不到满足。他们期望通过转岗到教师这一职业提高工资待遇和福利待遇,从而提高生活的质量,支撑其生存发展的需要,以弥补原有工作的缺失。

我原来工作的那个企业是小企业,公司效益不好的时候只能拿到最低工资,更别说公积金、职业年金这些了,都很少的。(W-H-H)

①宋晶,孟德芳.企业工资决定:因素、机制及完善对策研究[J].财经问题研究,2013(05):103-108.
②张顺,郭小弦.求职过程的微观分析:结构特征模型[J].社会,2012,32(03):38-54.

我之前工作的那个企业,虽说给员工发的工资并不低,但是员工的社保、公积金都按照最低工资标准来缴纳,到手的工资看着多,但实际上还是吃亏的。(S-Y)

在高职院校工作非常好的一个福利待遇,就是在缴纳社保、公积金和职业年金的时候,都是按照最高比例进行缴纳,未来退休、养老、买房、医疗等这些问题都不存在太大的压力。(J-C-Y)

2.厌倦企业的工作,想要摆脱工作的焦虑

工作厌倦是一类极易发生于服务行业中的情绪损耗性躯体感知症状。[①] 当一个人的工作厌倦越严重时,他的工作满意度就越低,离职意向就越高。依照资源保存理论,个体自身的资源相对有限,当其资源付出后没有得到相应的补充时,会产生压力感,长此以往则容易产生职业倦怠,而离职是个体应对职业倦怠,保护其身心资源最常采取的行为。[②] 通过访谈发现,有一些具有企业工作经历教师选择从企业离职是因为他们对之前的工作产生了倦怠心理,所以选择入职高职院校来摆脱这种倦怠,寻找职业新生,这与马斯洛安全需求是一致的。

在一个行业工作太久,每天所从事的工作都一样,因此激情与追求都会逐渐下减。于是,便容易心生想要逃离现状的感觉,我就是因为这个选择到高职院校当老师的。(F-H-J)

我之前是在中药房工作,工作很枯燥,找不到任何新鲜感,没有任何挑战性,工作五年我就厌倦了,想换工作,正好有这么个机会就来高职了。(Z-H-F)

3.企业工作强度大,想要轻松安逸的工作

工作强度与离职的关系密切,工作强度大、压力高是很多人离职的重要原因之一。浙江省 21 家社区卫生服务中心的 185 名医务人员调查数据显示,工作压力大是医务人员产生离职倾向的主要原因[③]。在访谈过程中,我们了解到部分有企业工作经历教师之所以选择离开企业岗位,原因在于他们先前的工作强度过大,工作时间安排缺乏灵活性,频繁加班成为了常态。这不仅对他们的身心健康造成了严重影响,还极大地减少了他们可用于个人生活和家庭照顾的自由时间,致使工作与生活的平衡被打破。他们认为高职院校教师岗位是一个相对轻松的选择,认为这里能提供更多自主安排时间的机会,能使他们兼顾家庭,从而实现工作与生活的和谐统一。

---

①舒捷,姜丽芳,樊慧,等.手术室护士的自我正念水平对工作厌倦和生活满足感的中介作用[J].解放军护理杂志,2020,37(01):63-66.

②江红艳,杨军,孙配贞,等.工作资源对员工离职意向的影响——工作—家庭冲突的中介作用与主动性人格的调节作用[J].软科学,2018,32(10):67-70.

③张行钦,刘碧瑶.浙江省基层医务人员职业满意度与离职意愿研究[J].中国农村卫生事业管理,2020,40(09):642-646+650.

当时选择高职院校是以为当老师不需要坐班,有课来上课,没有课可以自由支配,还有寒暑假。(H-X-Y)

我之前在设计院工作强度太大了,加班是家常便饭,任务急的时候连熬几个通宵,十几年长时间大强度的劳动,身心劳累,几乎没有时间照顾孩子。我媳妇在法院工作也很忙,家里有两个孩子一直是老人带,但是作业他们辅导不了,所以我选择当高职老师,能照顾家庭。(Q-K)

教师工作压力没有企业大,我不用每天提心吊胆地怕自己的业绩有没有完成。(F-Y-S)

4.企业工作不稳定,想要长期稳定的工作

工作稳定意味着长期可靠的收入、较高的风险应对能力和避免为谋生而东奔西走的窘迫。一直以来,稳定的工作是很多人追求的梦想。[1] 在经济承压和就业下滑的情况下,求职者对稳定工作的偏好愈发显著,稳定就职的意愿明显增强。教师职业一直被认为是"吃国家饭的铁饭碗",其包含两层含义:一是说教师职业稳定有保障,具有终身身份的固化特征;二是说教师待遇由国家公共事业经费安排,不会受到市场波动风险的影响。[2] 这也是很多具有企业工作经历人员选择成为高职院校教师的主要原因。

因为稳定啊! 而且有了编制,只要本分做好自己的工作,不用担心什么时候被炒鱿鱼,我有更多的时间陪家人,更多时间去提高自己。(L-F)

你也知道现在房地产行业不景气,再加上近几年疫情的影响,随时可能面临失业的风险,所以看到学校的招聘公告,我就赶紧报名了。(Q-K)

(二)情感优先型:以爱与归属需求为主导

爱与归属需求是较高层次的需求。情感优先型是指爱与归属需求占核心位置,支配着具有企业工作经历人员选择离开企业到高职院校就职。具体体现在以下方面。

1.热爱教师职业

无论从事什么职业都首先要热爱这个职业,没有热爱任何事情都很难做好。职业热爱作为一种积极的情感倾向、崇高的责任使命和执着的价值追求,是高职院校具有企业工作经历教师从教的强大动力。这种强大的动力不但能够促使他们被"引得来",而且有助于他们克服各种困难而在教师岗位上"留得住",进而实现"教得好"的愿望。在访谈过程中,有较大比例的教师表示就职的原意是对教师职业的

①张鹏飞,徐继存.落差与逃离:县域高素质青年人才流动的质性研究——以高学历青年教师离职为例[J].中国青年研究,2021(07):5-14.
②田贤鹏.取消高校教师事业编制管理的理性之思[J].教师教育研究,2017,29(01):42-46.

喜欢、对教育事业的热爱和对学生的喜爱。他们选择进入高职院校成为教师并不仅仅是安身立命的生存需求,更多是希望在成为教师后,将自己的专业知识和经验技能传授给学生,在"传道授业解惑"的过程中帮助学生成长、成才,不辜负自身对教师工作的热忱和追求。

> 我原来在企业里是技术负责人,收入其实挺高的,我知道到了学校之后我的收入会大幅度的下降,这个也是既定的事实,所以这些东西我都没考虑。因为自己参加工作也有几十年了,家底还有那么一点,所以我没考虑这些问题,我只是喜欢当老师,就是这么简单的想法。(L-J-Y)

2.注重组织归属感

组织归属感是指员工在与其他组织成员进行交流的过程中,所感知到的接纳、需要、尊重以及关心。[①] 个体的归属感会对员工的组织平衡感、心理状态产生复杂和强烈的影响,当归属需求无法被满足时,个体与组织之间相互依存与适应的关系会被破坏,个体就会倾向于疏远组织。[②] 访谈发现,有一些具有企业工作经历教师表示原有企业的工作绩效考核压力大、同事间的关系复杂紧张、追求利益最大化的氛围重等,在原有企业工作没有组织归属感,这也是导致他们离开企业的重要因素。他们希望在融洽的工作氛围里工作,在互相尊重和友爱的工作环境中共同成长。之所以选择高职院校,是因为他们认为高职院校中的教师们都具有较高的学历和素养,相互间也不存在较大的利益冲突和竞争关系,更容易建立轻松自在的人际关系,在学校工作可能会比在企业工作更愉快。

> 在学校当老师可以和学生在一起,人也会变得年轻,更有活力,我选择在学校工作,主要是喜欢学校的工作环境,它是个清净之地、没太多的世俗纷扰。(L-C-Y)

(三)尊重优先型:以尊重需求为主导

根据马斯洛需求层次理论,尊重需求包括对自尊、自信、成就感、对他人尊重和被他人尊重的需求。当人的尊重需求得到满足时,往往能够逐渐建立职业自信,对职业满腔热情,体验到劳动的价值和意义。[③] 尊重优先型是指尊重需求占核心位置,支配着具有企业工作经历人员选择离开企业到高职院校就职。具体体现在以下两个方面。

---

①Wang P C,Xie X C,Wang X C,et al. The need to belong and adolescent authentic self-presentation on SNSs:A moderated mediation model involving FoMO and perceived social support[J]. Personality and Individual Differences,2018,128:133-138.

②王莹,邓慧,蓝媛媛.同事无礼行为对员工工作退缩行为的影响:基于归属需求理论视角[J].中国人力资源开发,2020,37(12):45-57.

③毛少华.马斯洛尊重需求视域下的教师生命观[J].中学政治教学参考,2014(21):92-94.

1. 教师职业体面、受社会尊重，可以获得外在成就的认可

根据国际劳工组织的定义，体面就业指的是就业不仅是获得一份工作，而且是获得一个能充分发挥其生产技能和得到尊重的职位。① 教师是关乎国家和民族未来的职业，尊师重教是中华民族的传统美德。《尚书·泰誓》中记载："天佑下民，作之君，作之师，惟其克相上帝，宠绥四方。"教师在人类文明初期就登上了历史舞台，与君主相提并论，具有同样的重要性。近年来，以习近平同志为核心的党中央高度重视教师队伍建设，努力提高教师的政治地位、社会地位、职业地位，在全党全社会大力弘扬尊师重教的社会风尚，教师正在成为越来越受社会尊重和令人羡慕的职业。具有企业工作经历教师作为社会成员，社会性是其为适应社会生活所表现出的心理和行为特征。有一些具有企业工作经历教师表示，他们希望自己所从事的工作是体面的、被尊重的，可以得到家人、亲戚、朋友的认可，获得社会上的名誉认可。相较原有的职业，教师这一职业更容易获得社会尊重，这为其选择教师这一职业提供了更多的动力。

我爸妈特别希望我当一名老师，觉得体面，他们认为其他的工作工资再高，也不能算是好工作。我考上高职教师后，我妈更是满面春风，见了邻里乡亲都会说起我。(T-Y-Q)

教师这个职业在很多人眼中，一直都是非常体面的工作，这跟我国的传统教育有很大关系，尊师重道，一日为师终身为父等，这也是我为啥在企业摸爬滚打了多年又选择来高职当老师的重要原因。(S-Y)

2. 教书育人更具有成就感，可以获得内在价值的肯定

工作成就感指在工作岗位上为自己所做的事情感到愉快或成功的感受②，是影响个体心理状态和工作效能的重要因素。如果个体工作成就感较高，会加强其对工作及工作周围环境的匹配认知。相反，如果个体工作成就感较低，就会产生消极反应和心理认知，在工作中就会丧失积极性甚至产生离职意向。访谈发现，很多具有企业工作经历教师在原有企业岗位无法获得满足感和成就感，时常感觉工作价值和能力得不到认可，缺少职业发展机会，所以选择转岗就职高职院校。成为教师带给他们的不仅是教书育人的成就感，更多的是一种幸福感，看到学生从"少不更事"到毕业时"像点样子"，感到很欣慰。

---

① 纪志耿，黄婧. 如何让农民成为一种体面的职业——基本条件、形成原因及政策建议[J]. 现代经济探讨，2014(08)：55-58＋77.

② Jackson S E，Schuler R S，Rivero J C. Organizational Characteristics as Predictors of Personnel Practices [J]. Personnel Psychology，1989，42(4)：727-786.

我原来的工作本身太过简单，没有挑战性，没有发展空间，一眼就能看到头，无法让人产生工作成就感。(L-C-X)

工作没什么成就感，感觉已经做到天花板了，所以不想在原有行业里干了。高职教师的成就感，是一种桃李满天下的幸福感觉，是用多少金钱也难以买来的。(C-R-L)

(四)志向优先型:以自我实现需求为主导

自我实现需求是最难被满足的一种需求。马斯洛认为自我实现者大约只占人口的1‰或2‰，他们能超越任何特定文化的限制，使自己的人格充分发展。志向优先型是指自我实现需求占核心位置，支配着具有企业工作经历人员选择离开企业到高职院校就职。他们渴望实现自己的理想、抱负，在工作中最大限度地发挥出自己的才能，充分实现自身的价值。具体体现在以下方面。

1.实现自己的职业理想

张海迪曾经这样说过:"每个人的生命都是一只小船，理想是小船的风帆。"职业理想是个体基于自身的职业兴趣、职业能力和职业情商等因素，对自己未来所从事的职业希望达到的预期目标，反映了个人的职业追求和价值取向。[①] 在访谈中，部分具有企业工作经历教师表示，成为一名教师一直是他们的职业理想。对他们而言，教师职业绝非仅仅是谋生的手段或追求世俗成功的阶梯，而是实现个人价值、践行理想主义的崇高路径。正如马斯洛所说，这类人能够充分开发和利用自己的天赋、才能和潜力实现自己的愿望，对自己力所能及的事情总是尽力去完成，使自己不断趋于完美。

高考的时候我就很想填志愿当老师，但是因为当时老师的待遇不好，我父母他们一定要我去当医生，我坚决不想去当医生，然后我就选了一个谁都不知道干什么的专业，毕业之后就一直在企业里工作，可是我想当老师的想法一直都在，后来学校招聘，我正好符合条件就来了。(T-L-Q)

尽管很多高管挽留，但我依旧觉得这并不是我想要的日子，我有自己的追求，应该为自己的追求付出行动，所以选择了离职。(W-G-F)

2.培育下一代回馈行业

人的价值分为社会价值和个人价值。其中社会价值以社会和他人为价值主体，通过个人自身的认识和实践活动创造物质和精神财富以满足社会和他人的需

---

①张继延，万勇华.试论职业理想及其实现途径[J].学校党建与思想教育,2010(35):77-78.

要。^①访谈发现,小部分具有企业工作经历教师放弃了企业的优厚待遇进入高职院校的原因是,他们希望将自己的技术技能教授给更多年轻人,培育下一代技术人才进入他所热爱的行业,实现更高的社会价值。他们知道什么样的人才是企业真正需要的,觉得自己有责任回馈行业,为培育下一代优秀人才做出自己的贡献。

作为一个行业前辈,我希望能够把自己学到的技术传授给更多的年轻人,让他们也能实现自己的技能梦想。(Y-S-R)

我在企业工作了20多年,有比较丰富的实践经验。我选择成为一名老师,也是想更好地利用自己"过来人"的身份,让更多的年轻人愿意学技能,看到发展和希望。(Y-L-H)

现在很多年轻人宁愿选择送外卖、送快递,也不愿进工厂当工人,这可能和年轻人接受的教育有很大关系,长远来看于国于民都不是好事。我在制造业这么多年,对这一行有感情。制造业需要更多朝气蓬勃的年轻人投身其中,我希望通过自己的言传身教,让更多年轻人走进工厂,爱上技能,加入制造业。(T-L-Q)

第二节 高职院校具有企业工作经历教师引进的主要举措

引进举措是引进工作的重要内容和工具,是关系到能否吸引优秀具有企业工作经历教师的重要因素。正如卡尔·雅斯贝尔斯(Karl T. Jaspers)所言,评判一所大学优劣的关键是其能否吸引优秀的人才。^②为了吸引更多的具有企业工作经历人员成为高职院校教师,各地高职院校立足实际,结合自身资源优势积极探索,采取各式各样的引进举措,走出了各具特色的引进道路。

一、软硬兼施:提供待遇和生活双重保障

"软硬兼施"是指提供优厚的薪酬待遇和良好的生活保障。待遇和生活的双重保障是最具激励性质的因素,在吸引人才方面发挥着重大的作用。无论是经济发展水平较高地区的高职院校,还是经济发展水平相对落后地区的高职院校,都把待遇保障作为吸引和留住人才的重要手段之一。在人才市场竞争激烈的背景下,为了吸引更多的高技能人才和高层次企业技术、管理人才,高职院校愈发重视加强人才待遇保障,释放求贤若渴的诚意。

---

① 胡万钟.从马斯洛的需求理论谈人的价值和自我价值[J].南京社会科学,2000(06):25-29.
② 卡尔·雅斯贝尔斯.大学之理念[M].邱立波,译.上海:上海人民出版社,2007.

(一)提供薪酬待遇保障

薪酬虽然不是衡量人才价值的唯一标准,却是引进优秀人才的先决条件。合理的薪酬待遇是高职院校从企业引进高技能人才的物质保障。调研发现,高职院校通常对高技能人才进行类别或层次划分,并以此为依据提供相应的年薪、购房补贴或安家费、科研启动经费、人才津贴等,可以说是"明码标价"[①]。

(二)给予良好生活保障

高职院校在提供薪酬待遇的同时,也注重给予良好的生活保障。调研发现,高职院校通常通过提供过渡房或租房补贴、安排配偶工作、解决子女受教育问题等方式,强化人才生活服务保障,解决引进人才的后顾之忧。在调研的高职院校中,所有的高职院校都采取了这一举措。

我们学校除了给他们购房补贴、科研启动经费、优越的待遇外,生活方面也给予了良好的保障,让他们毫无后顾之忧地在这里安家落户。(Z-H-F)

我原本打算去普通本科高校,虽然他们承诺解决家属工作问题,但不给编制。而我们比较看重的就是编制问题,所以经过慎重思考后,还是选择了高职院校。(W-G-F)

我当时正在纠结孩子上小学的问题,学校在我孩子上学的问题上给了我特别多的帮助,让我特别感动。(Q-K)

二、平台赋能:搭建高水平人才发展平台

平台是新一轮人才竞争的战略载体,也是高职院校贯彻落实新时代人才强校战略的具体抓手,更是人才发挥作用、施展才华的重要舞台。就像优秀的演员需要一流的舞台一样,高水平的人才要成就一番事业也需要高水平的平台。只有种好"梧桐树",才能引来"金凤凰"。近年来,为了从企业吸引高技能人才,一些高职院校开始强化人才平台建设。

(一)依托院士专家工作站

院士专家工作站是中国科协为提升自主创新能力、加速创新型国家建设进程,以及深入实施人才强国战略而精心策划并推行的一项创新举措。它不仅有效地组织和动员了广大的科技工作者深入基层、服务企业,还极大地促进了产学研的深度融合,已成为高职院校引进高端人才的重要平台。因此,一些高职院校以院士专家

---

①陈文博,郅庭瑾.高校教师失序流动的理性分析及制度规范——基于多维评价背景下理性选择制度主义的视角[J].复旦教育论坛,2021,19(06):72-79.

工作站为依托,从企业吸引高技能人才成为具有企业工作经历教师。比如,JH 职业技术大学于 2019 年建立了汪卫华院士专家工作站,并以此为依托,开展招才引智工作,吸引了众多优秀人才的加入。

学校当时就是以院士专家工作站为依托进行招人的,我虽然在质检院工作了 6 年,但我毕竟也是读了博士的,还是想做科研,这个平台还是很有吸引力的。(L-F)

(二)依托技能大师工作室

技能大师工作室以先进装备制造业、战略新兴产业、临港重化工产业、高新技术产业和传统优势产业为重点,以科技和技能含量较高的大中型企业为依托,是开展技术攻关创新和高技能人才培养的场所,对于高技能人才而言是一个施展才华的良好平台,也是高职院校从企业吸引高技能人才的重要抓手。比如,NJ 工业职业技术大学为了从企业引进一批高技能领军人才、紧缺急需高技能人才,在人才引进政策中明确规定为符合要求的高技能人才设立技能大师工作室[①]。

现在很多学校都意识到通过创建技能大师工作室来吸引具有企业工作经历的人员成为教师的重要性。这种创新的方式不仅为这些经验丰富的专业人士提供了一个展示才华和技能的平台,同时也极大地丰富了学校的教学资源和师资力量。(Q-K)

我当初也是奔着技能大师工作室来的,被这个平台吸引来的。(S-Y)

从上述中可以看出,采取此类举措的高职院校具有一个共性特征,即综合实力强、办学水平高。正所谓事业因人才而兴,人才因事业而聚。这些平台和具有企业工作经历教师是相互依赖、相辅相成、相互成就的关系,平台成就具有企业工作经历教师,具有企业工作经历教师创造更好的平台。

三、门槛下沉:打破一刀切门槛设置传统

《国家职业教育改革实施方案》《深化新时代职业教育"双师型"教师队伍建设改革实施方案》等文件明确提出,在招聘具有企业工作经历人员时"特殊高技能人才(含具有高级工以上职业资格人员)可适当放宽学历要求。"[②]在政策的指引下,许多高职院校改变了过去一刀切门槛的情况,学历和年龄不再是过不去的坎。

---

①南京工业职业技术大学官网. 人才引进政策[EB/OL]. [2024-12-20] https://www.niit.edu.cn/12/list.htm.

②中华人民共和国中央人民政府. 国务院关于印发国家职业教育改革实施方案的通知[EB/OL]. (2019-01-24)[2024-12-20]. http://www.gov.cn/zhengce/content/2019-02/13/content_5365341.htm.

(一)放宽学历和年龄限制

为了吸引更多具有企业工作经历人员加入高职院校成为教师,高职院校主动放宽学历和年龄限制,同时根据资格条件精准设置学历和年龄门槛。比如,JH职业技术学院在《招聘工作管理办法》中明确规定专业教师应具有硕士研究生学历且取得硕士学位,原则上有3年以上行业企业工作经历,35周岁以下(具有高级专业技术职务的可放宽至45周岁);具有市技能大师、市首席技师等市级以上高技能型人才称号,或具有高超技能、精湛技艺,能够解决关键技术工艺操作性难题的高级技师等高端技能型人才,应具有大学专科以上学历,45周岁以下;紧缺专业可放宽到大学本科学历且取得学士学位,35周岁以下。高职院校这一引进举措充分体现了不拘一格降人才的理念,有效疏通了具有企业工作经历教师的入职障碍,为具有企业工作经历教师增添了更多入职机会。

我觉得放宽学历和年龄限制是有必要的,在传统的招聘模式中,学历和年龄往往成为衡量人才的重要标准,这在一定程度上限制了人才的多样性和创新性。然而在现实生活中,我们不难发现,许多具有丰富实践经验和独特见解的人才,可能并不完全符合传统的学历和年龄要求。他们或许没有显赫的学历背景,但却在某一领域有着深厚的造诣;他们或许已步入中年,但依然保持着旺盛的创造力和学习能力。(S-Y)

我们学校针对具有企业工作经历教师的学历和年龄是降低要求的,就这样还是很难引进。(W-G-F)

(二)门槛让位于能力

近年来,高职院校在选才用人上更加注重能力优先,过去唯学历、职称的选才理念开始弱化,"人适其岗,人尽其才"的观念日益增强。越来越多高职院校将工作经验和技术技能水平作为录用、聘用的重要条件,有针对性地、有目的地引进一批更适用的具有企业工作经历教师。比如,XA航空职业技术学院在《高层次人才引进办法(试行)》中提出要根据学院专业建设的需要,以学院师资队伍建设规划为依据,本着"不求所有,但求所用"的原则,将学院紧缺的拥有较高学术造诣、较强专业技能、能准确把握学科和专业发展方向、具有创新构想和创新能力的人才引进学院。

对于具有企业工作经历教师而言,实际的工作能力和经验往往比学历和年龄等门槛更为重要。我们学校在引进教师时,会更加注重考察他们的实际能力和经验,而不是仅仅局限于学历和年龄等表面因素。(Z-B)

门槛根本没那么重要,能力是关键,我们学校就比较看重能力。(W-X-M)

四、情感牵引：用心维系，建立引进的纽带

情感因素深刻影响人的决策过程，通过对情感因素的有意控制，可在一定程度上达到影响决策的目的[①]。难以消除的薪酬差距、大相径庭的职称晋升标准等现实问题极大地削弱了高职院校对具有企业工作经历人员的吸引力，许多高职院校在引进过程中屡屡碰壁。为此，高职院校开始另辟蹊径，通过情感维系引进具有企业工作经历教师。这一举措需要以情感为纽带，而情感的产生是对社会性需要的满足，这种满足需要通过长期的、深入的认识才能实现。所以情感的建立不是一蹴而就的，相较于其他的引进举措，它需要长期的浸润和慢慢地培养。同时，情感具有内隐性、稳定性和深刻性，当具有企业工作经历教师与高校的情感一旦缔结，其稳定性尤为显著。调研发现，高职院校主要采取了以下举措与具有企业工作经历教师建立情感联系。

(一)师生情谊牵引

古人云：一日为师，终身为父。师生情谊是人类最朴素的感情之一。因此，高职院校以师生情谊为桥梁，充分发挥师生纽带作用，以真情实感主动引进从本校毕业到企业工作的学生。这类学生对母校和老师具有深厚的情感，对学校的情况也更加熟悉，这种情感牵引更容易让他们选择成为高职院校具有企业工作经历教师。在调研的高职院校中，很多院校表示采取了这一举措。

我们学校办学历史长，校友资源丰富。我们主要是打好师生"感情牌"，积极发挥师生情谊的作用，密切跟踪、关注、鼓励毕业生的事业发展，让他们感受到来自母校的亲切关怀和温情问候。通过这种方式让他们选择回到母校当老师，这些人都很优秀，我们也很了解。(L-J-Y)

我现在工作的院校是我的母校，在校期间我就得到了老师们的关爱和指导，并建立了深厚的师生情谊，毕业后也与老师一直保持密切联系，当老师告知母校面向具有企业工作经历人员招聘时，我就参加应聘来了。(L-C-Y)

(二)合作情谊牵引

合作情谊牵引在高职院校引进具有企业工作经历教师中有着不可替代的优势。一些高职院校主动搭建校企合作桥梁，与合作企业的工作人员建立深厚的合作情谊，努力为学校创造更多的引进机会。在访谈中发现，部分具有企业工作经历教师所任职的企业与高职院校建立了长期稳定的合作关系。在合作期间，他们对

---

① 邱晓雯，张钦.决策过程中情感因素影响主观概率估计的实证研究[J].浙江社会科学，2014(03)：85-89
+157-158.

教师这一职业逐渐经历了"了解－熟悉－向往"的情感变化。还有一些高职院校组建了企业兼职教师资源库,为企业兼职教师创造了良好的工作环境,与企业兼职教师建立了深厚的合作情谊,最终让有意愿、有能力的企业兼职教师成为全职教师。企业兼职教师熟悉企业的生产环节和操作工艺,了解企业的岗位设置、业务流程、技术信息及技术规范,同时又具有兼职上课的经验,对教学过程、教学环节、课堂组织活动等具有一定认识,能更快地适应高职院校工作环境,融入教师角色。

优秀的企业人才大多都不愿意来高职院校,我们没办法就得想办法,后来从合作企业里争取了一些,他们对我们学校更了解一些。(L-H-Q)

我们从兼职教师里引进,他们知根知底,和我们学校有着一定的合作情谊,想办法把优秀的留下来,这是一个相对简单、有效的办法。(J-X-L)

五、举才荐才:形成引才聚才葡萄串效应

2010 年,国家发布《国家中长期人才发展规划纲要(2010—2020 年)》明确提出:"健全举才荐才的社会化机制。"近年来,高职院校积极探索市场化引才机制,着力拓宽人才引进渠道,发挥举才荐才的正向效应。举才荐才是高职院校突破传统人才引进方式的创新尝试。该举措一方面利用举荐者视野宽广、了解业界、人脉深厚的优势,让更多人成为具有企业工作经历教师;另一方面也可以提升具有企业工作经历教师引进的成功率和稳定性。具体有以下措施。

(一)发挥人才"朋友圈"力量

在中国社会中,每个人都像被投入水中的石子,以自己为中心自内而外形成一圈圈波纹,这种波纹就是各种社会关系。调研发现,高职院校积极调动教师、行政管理人员等各方力量,通过"血缘""地缘""业缘"等各种人缘关系开展以才荐才,并注重发挥行业知名专家、校友在荐才中的积极作用,发挥人才"朋友圈"的力量。同时,高职院校还利用学术会议等契机宣传引才政策、挖掘引进人选。

为了引进具有企业工作经历教师,学校打破了传统引进人才的方式,倡导学校的教职工利用社会网络、地缘、人缘等资源优势,为学校招揽人才。(Y-H)

(二)建立人才举荐的激励机制

近年来,为健全并完善人才引进渠道,快速补充高职院校发展所需人才,一些高职院校建立了人才举荐激励机制。比如,WZ 职业技术学院设立了高层次人才引进"伯乐奖",通过以才引才聚集模式充分调动各方力量参与挖掘并推荐高层次人才的积极性。目前,激励机制主要面向高层次人才,针对具有企业工作经历教师的激励机制还有待完善。

我们学校每年都开展人才工作推进会,很重视以才引才,还在人才办法里设立

了举荐"伯乐奖",奖励荐才引才有功之人。(C-J-Y)

六、定向委培:建立精准性人才引进机制

定向委培是高职院校针对基本符合学校聘用标准,但学历层次有所欠缺的"储备教师"提供的学历深造支持项目。通过合同或协议的形式明确其毕业后的工作单位、职业责任和职业标准等,其毕业后直接按照合同到用人单位任职。虽然目前采取这一举措的高职院校相对较少,但它在引进具有企业经历教师方面显现出以下优势。

(一)提高引进的成功率

调研发现,参加定向委培的具有企业经历的"后备教师",大多已在职场摸爬滚打多年,不少已建立家庭。如果进一步深造,他们就不得不辞去企业工作,将承担家庭以及毕业后就业的双重负担。一方面,定向委培通过定期的经济资助,可以缓解他们的经济压力;另一方面,就业协议的签订也免除了其毕业后就业的压力,可以使他们全身心投入学习中,从而顺利地完成学业并取得相应的学位。因此,这一举措不仅增强了他们对学校的感恩之情,也极大地提升了他们毕业后自愿投身高职教育事业、成为教师的意愿与决心。

我之所以来学校工作,是因为在我读研阶段,学校每个月都给我发 800 块钱的补助,虽然钱不多,但是我真的很感动,感受到了学校对我的重视,所以毕业后不回来也不好意思啊。我从企业辞职去读研的那一年,学校还跟我签了一个协议。(Z-H)

(二)提升教师的胜任力

学历层次和科研能力是具有企业工作经历教师的一个短板。通过定向委培,具有企业工作经历教师不仅能提升自身的学历层次,还能借此弥补科研能力这一"先天不足"。企业工作经历赋予了他们丰富的实践经验和独到的行业见解,而学历深造则为他们提供了一个将这些实践经验与理论知识相结合、进一步升华的契机。在这个过程中,他们不仅能够掌握更加前沿的学术知识,还能学会如何运用科学的方法去分析和解决实际问题,从而逐步成长为技能和科研水平"双高型"教师。定向委培使具有企业工作经历教师能获得更长足的发展,更加胜任高职院校的教师岗位要求。

我真的很庆幸自己当时做出参加委培深造的决定。这个决定不仅让我有机会在职业生涯中迈出关键的一步,更让我的个人能力得到了前所未有的提升。我接触到了许多前沿的学术知识和实践技能,这些都是我在企业工作中难以接触到的。通过学习,我不仅拓宽了视野,还深化了对专业领域的理解。除了学术上的提升,

我还学到了很多关于团队合作、时间管理和沟通协调等方面的技能。这些技能不仅对我的个人发展至关重要,也对我未来的职业生涯产生了深远的影响。更重要的是,我结识了一群志同道合的同学和导师。他们不仅是我学习上的伙伴,更是我人生道路上的良师益友。他们的鼓励和支持让我更加坚定了自己的职业目标,也为我提供了宝贵的经验和建议。(Z-H)

第三节　高职院校具有企业工作经历教师引进的现实困境

具有企业工作经历教师是高职院校师资队伍建设的重要内容,是支撑新时期高职院校高质量发展的重要力量。高职院校引进具有企业工作经历教师,既是其教师来源选择多元化的特征表现,也是高职教育生态系统变革发展中的重要行动。受国家政策的强力驱动,诸多高职院校为引进具有企业工作经历教师"各出奇招",吸纳了一大批具有企业工作经历教师充实到教师队伍,为高职院校教师队伍注入了新鲜血液和活力。然而,从实践来看,高职院校在引进理念、引进机制、引进举措、引进效力等方面仍面临诸多困境。

一、理念困境:"功利主义"色彩浓厚

"理念是行动的先导,一定的发展实践都是由一定的发展理念来引领的。"[1]引进理念是否正确,从根本上决定着高职院校具有企业工作经历教师的引进成效。调研发现,在具有企业工作经历教师的引进过程中,高职院校表现出了不同程度的功利主义倾向,致使其落入"为引而引"的窠臼,存在"意行背离"的现象。

(一)落入"为引而引"的窠臼

近年来,各地高职院校掀起了一股引进具有企业工作经历教师之风,却出现了"为引而引"的怪象,导致教师队伍难以形成强劲的"人力资本"[2]。"为引而引"是行为功利主义的反映,主要体现在以下两个方面。

1.受到国家政策驱动盲目引进

随着《国家职业教育改革实施方案》和《深化新时代职业教育"双师型"教师队伍建设改革实施方案》等政策文件的出台,国家对引进具有企业工作经历教师的重视程度达到了前所未有的高度。这些政策旨在优化职业教育师资队伍结构,提升

---

①习近平.论把握新发展阶段、贯彻新发展理念、构建新发展格局[M].北京:中央文献出版社,2021.

②高岩.地方高校建设"双一流"的内在逻辑[J].中国高校科技,2019(12):49-52.

教育教学水平,以更好地满足社会对高素质技术技能人才的需求。然而,一些高职院校在执行国家政策时,陷入了盲目追求数量而忽视质量的误区。它们以"引进到手"为首要目标,过度关注引进教师的数量,而对引进后这些教师能否真正发挥作用、是否符合学校长期发展的需求考虑得较少。这种"重量轻质"的引进方式,导致一些具有企业工作经历教师在入职后出现了"策之不以其道,食之不能尽其材,鸣之而不能通其意"的尴尬局面。此外,还有一些高职院校在引进过程中缺乏对自身实际情况的清醒认识,不知"量力而行"。它们为了引进高技能人才,不惜给予过高的承诺和待遇,但无法提供相应的平台和团队支撑。这种"空口承诺"的引进方式,往往导致引进的教师"水土不服",无法适应学校的教学和科研环境,最终形成人才流失的恶性循环。

说实话,要不是国家政策要求,能主动去引进具有企业工作经历教师的学校不多。感觉国家出台政策的时候也没考虑我们高职院校的实际情况。没办法,只能硬着头皮去引进。(H-Y)

高职院校引进的具有企业工作经历教师的质量参差不齐,这都是因为过于追求数量,而忽视了引进后教师是否能真正适应学校的教学和科研环境,是否能发挥出他们的专业优势。(C-J-Y)

2. 呈现一定的形式化行动倾向

在当前的教育背景下,一些高职院校在引进具有企业工作经历的优秀人才时,其操作方式往往停留在表面上的热闹与喧嚣,而未能真正将人才引进政策的精神和意图贯彻到实际工作中。这种现象的根源在于高职院校对于人才引进的深层价值认识不足,以及对政策执行的敷衍与懈怠。具体来说,部分高职院校在面对国家关于引进具有企业工作经历教师的政策要求时,并没有真正领会其背后的战略意图和长远价值。它们往往只是为了应付政策考核、达到指标要求,而采取了一种急功近利、追求表面成绩的做法。在招聘过程中,这些高职院校可能会放宽"具有 3 年以上企业工作经历"的招聘条件,以快速补充师资力量,从而满足各类指标要求。深入分析这一现象的原因,除了受到"2020 年起基本不再从应届毕业生中招聘"等政策带来的压力外,更多的是高职院校在人才引进方面存在的"懒作为"和"慢作为"现象。这些高职院校认为引进具有企业工作经历教师是一项复杂而烦琐的工作,需要投入大量的人力、物力和财力,而且短期内难以见到明显的成效。因此,它们往往缺乏足够的动力和积极性去真正推动这一工作的深入开展,仅将引进具有企业工作经历教师视为一种形象工程,希望通过这一举措来提升学校的声誉和知名度。然而,这种功利主义的理念既忽视了人才引进工作的真正价值和长远意义,也缺乏对学校整体发展的全局考虑。

我觉得很多高职院校还是没有重视具有企业工作经历教师,也就只在招聘公

告上加上"具有企业工作经历优先"这几个字眼,对于引进工作还是存在应付心理的,只做表面工作。(Z-B)

(二)存在"意行背离"的现象

意愿是行为的驱动因素,能够有效预测行为,但并非所有的意愿都必然会转化为实际行动。[1] 调查发现,现阶段高职院校引进具有企业工作经历教师的意愿相对较高,而在行为的落实上存在明显落差,其引进行为与意愿背离的现象显著。这种现象背后隐含以下问题。

1.政府项目化管理的隐性诱导

项目化管理是一种完全受政府管控的"类市场治理模式"[2],客观上引导高职院校向上争取"象征性资本""政治资本"和"现金资本"[3]。在项目化管理下,项目获取数量成为政府以及社会评价高职院校办学质量的核心指标,迫使高职院校不得不以满足项目的要求、向上争取资源为发展导向,将办学目标瞄准"项目",背离了"社会平衡器"的功能定位以及面向市场、服务发展、促进就业的办学方向。具有企业工作经历教师的学历层次大多为硕士及以下,在科研项目申请、论文发表以及教学成果奖等标志性成果获取等方面不占优势,影响高职院校争取项目。高职院校出于利益动因而产生功利主义行为,导致引进行为与意愿相背离。

在引进具有企业工作经历教师方面,我觉得很多高职院校存在行为与意愿不一致的情况,导致这一结果的因素有很多,其中政府项目化管理的影响是不容忽视的。说实话,具有企业工作经历教师在获得项目方面还是不如应届博士教师。(W-X-M)

与具有企业工作经历教师相比,博士整体综合能力较强,在获取标志性成果方面具有一定的比较优势,有助于帮助高职院校谋取更多的项目。(W-J-G)

2.院校向上流动的发展诉求

高等教育场域呈金字塔形结构,受符号体系与观念的影响,处于塔基的高职院校出于生存发展需求会向塔尖的高校看齐。在高校普遍推行人才引进的压力下,某些高职院校由于对人才引进认识不足,而盲目模仿国内一流高校入局博士争夺战,不遗余力地向高层次人才伸出橄榄枝,逐步偏离职业教育本位。

不是我们不想招具有企业工作经历教师。高职院校的发展太难了,一直以来处于高等教育的最底层,谁不想像清华北大一样。现在国家允许高职院校升本了,

---

①许登云,乔玉成.公民体育锻炼意识与行为悖离的影响因素探析——计划行为理论视角[J].西安体育学院学报,2020,37(06):750-757.

②刘云波,杨钋.项目制下的高职院校分化研究[J].中国高教研究,2020(04):98-104.

③李政.项目制下的高职院校同质化:作用机制、问题表征与改革路径[J].高校教育管理,2022,16(02):100-109.

我们必须抓住机遇。学校现在好多专业的博士指标还不达标，当务之急是引进博士。(Y-H)

我们也想要引进具有企业工作经历教师，但是我们学校接下来的目标是申报硕士学位授权点，所以学校要集中精力招聘博士。(H-X-Y)

3.消极预期效应的掣肘影响

预期效应在行为决策中往往扮演着不容忽视的角色。当个体面临选择时，如果过度关注并放大行为的阻碍因素，就可能导致其意愿与实际行为之间出现背离。在高职院校与企业之间的竞争中，这种效应尤为显著。近年来，高职院校在师资队伍建设方面越来越重视引进具有企业工作经历教师，但我们也注意到，有些高职院校虽然表达了强烈的引进意愿，但在实际行动上却进展缓慢。随着人力资本市场日益"商品化"，薪酬成为吸引人才的重要筹码。然而，由于高职院校具有非营利性质和教育使命，其薪酬体系往往难以与企业相提并论。在这场"财力比拼"的抢人大战中，高职院校往往因为薪酬差距而处于不利地位。高职院校的价值主要体现在人才培养、科学研究和社会服务上，这些价值往往具有内隐性和滞后性，难以用金钱来直接衡量。这种价值的特殊性使得高职院校在吸引人才时面临着巨大的挑战。即使高职院校有着强烈的意愿去引进和培养优秀人才，但面对薪酬差距和难以量化的价值，他们往往难以达成目标。在这种情境下，消极预期效应就会发挥作用。当高职院校试图引进人才时，因为预见到招聘和留才的困难，导致其意愿与行为背离。

我们也想响应国家号召，都从企业里引进教师，但是实际操作中难度不是一般的大。高职院校也是有苦难言，就算有这个意愿，也没法去落实。(W-Y-F)

这些工作都需要耗费大量的时间和精力，而且效果往往难以立竿见影。因此，在面临诸多困难和挑战的情况下，我们虽然表达了强烈的引进意愿，但在实际行动上却难以迅速取得进展。(L-K-D)

二、制度困境:"制度惯性"束缚严重

制度存在惯性。当社会产生了对新制度的需求时，新制度不会立刻出现，因为制度供给是在与制度相关的利益相关者经过"讨价还价"之后完成的。因此，原有制度的惯性作用会一直持续到"讨价还价"结束之后的时间点，即新制度的出现点，也存在制度惯性。[1] 制度惯性容易引发旧制度或旧观念的自我强化机制，使其在一段时间内难以改变，变成阻碍观念革新与制度变迁的绊脚石。[2] 尽管国家倡导高职

---

[1]付志虎.城乡二元户籍制度惯性与农民市民化行为选择[J].农村经济,2019(01):97-103.

[2]道格拉斯·C·诺思.经济史中的结构与变迁[M].陈郁,罗华平,译.上海:上海三联书店、上海人民出版社,1994.

院校引进具有企业工作经历教师,但制度建设相对滞后,受制度惯性的影响,高职院校在引进实践中遭遇了多重制度阻力。

(一)企业与高职院校人才流动存在壁垒

早在 2016 年,中共中央印发的《关于深化人才发展体制机制改革的意见》就提出"破除人才流动障碍""为人才跨地区、跨行业、跨体制流动提供便利条件"。高职院校是公益性质的事业单位,与企业分属体制内外不同管理体系,两者之间的人才流动是一种典型的跨体制流动。由于传统观念和体制的影响,这种流动仍受到一定限制。

1. 引进渠道不够畅通,缺乏群体适用性

2022 年 12 月,中共中央办公厅、国务院办公厅联合印发《关于深化现代职业教育体系建设改革的意见》,提出"支持职业学校公开招聘行业企业业务骨干、优秀技术和管理人才任教"[1]。高职院校引进具有企业工作经历教师的渠道不够畅通,不仅影响了引进效率,还导致难以引进到合适的人才。①引进渠道相对狭窄。在引进具有企业工作经历教师方面,高职院校沿用传统的引进渠道(如招聘网站、校园招聘等),而这些传统渠道更适用于引进应届毕业生,缺乏针对具有企业工作经历教师的引进渠道,也限制了引进的覆盖范围。②引进信息发布渠道单一。大部分高职院校通常采用学校官网发布引进信息,这种传统方式具有很大的局限性,导致很多企业优秀人才没有看到信息而错失机会。③引进门槛带来阻隔效应。具有企业工作经历人员往往呈现实践动手能力强、学历相对偏低、理论文化水平偏弱的特点,虽然国家"职教 20 条"明确高职院校招聘"双师型"教师可以放宽学历标准和年龄限制,但在实际操作中,作为事业单位的职业院校还是受到一定的政策约束。

2. 职称转评存在壁垒,降低职业吸引力

职称是专业技术人才学术技术水平和专业能力的主要标志,是专业技术人才聘用、考核、晋升等的重要依据,对职业发展具有重要意义。由于企业人员的专业技术职务要求与教师要求有所不同,所以具有企业工作经历教师进入高职院校后需要职称转评且要满足一定的要求。现在很多高职院校对引进的具有企业工作经历教师实行职称降级转评的办法,这在很大程度上制约了他们的就职积极性。很多高职院校的人力资源管理体制和理念仍相对滞后,教师评价中重学历、重论文、重课题、重奖项的倾向尚未扭转,职务晋升"论资排辈"的现象仍然存在,也使得具有企业工作经历人员产生就职顾虑。

---

①中华人民共和国中央人民政府. 中共中央办公厅 国务院办公厅印发《关于深化现代职业教育体系建设改革的意见》(2022-12-21). https://www.gov.cn/zhengce/2022-12/21/content_5732986.htm.

我在企业的时候是高级工程师,来到学校后,我也没注意。我觉得自己是高工,我进来肯定就是高工了,后来我才发现原来是我自己觉得。结果我一直是按照助教来发工资的,这个我就不服了,他们竟然把我当成助教。然后我找人事处沟通,包括我们学院领导都找人事处沟通,后来才转评为讲师。(L-J-Y)

我们企业来的老师学历是硬伤,在发论文、报课题方面也没有优势,但这是学校评职称比较看重的。在企业工作这几年基本等于放弃了这些,到高职院校就得重新拾起来,对很多人来说都是挺难的。(H-X-Y)

(二)校院二级人事管理权限分配不均衡

校院二级人事管理是全面深化大学综合改革、完善大学内部治理体系的一项重要内容,其核心是降低校级管理重心,下放人事管理权力。然而,高职院校以往通常采取校一级集中管理制,由于制度惯性,这种行政化倾向和行政化管理模式一时难以消除,导致校院二级人事管理权限分配呈现失衡的状态。

1.学校层面:权力下放与约束的两难

调研发现,受自上而下行政管理制度惯性影响,很多高职院校普遍存在学校权力过大、院系自主性弱的现象,校院二级人事管理仍然是一种"不彻底的二级管理"。高职院校在简政放权上总是缩手缩脚,人事管理的重心仍在校级层面。这些学校只是将常规人员管理权力下放,使学校摆脱了日常繁杂的事务管理,而二级学院在关键资源和关键人事权上依然没有决策权,处于被动接受的状态。访谈发现,很多二级学院想要引进具有企业工作经历教师,但是碍于没有人事决策权而被动放弃;很多校级领导在推行权力下放时首先担忧学院能否用好这些权力,这反映了对学院的不信任的思维惯性。还有一些高职院校虽然下放了人事管理权,但忽视了对权力的监督和约束,导致二级学院在人才引进方面出现了一些无序的状态,引进的具有企业工作经历教师质量参差不齐。

我们今年想要引进具有企业工作经历教师,学院把计划都报到人事处了,但是人事处在发布进人计划的时候,将我们设置的具有企业工作经历这一条件给删掉了,我们也很无奈。(W-X-B)

学校有学校的规划,我们院系有院系的情况。在引进具有企业工作经历教师方面,我们与学校存在一定分歧,很多时候都是我们看中的人难以达到学校设置的门槛而不能引进来。(Z-M)

从我们学院来看,具有企业工作经历教师存在老龄化、青黄不接的问题,等这批老的退休了,我们很多专业就几乎没有具有企业工作经历教师了,所以我们是很急需的。但是,学校现在考虑升本,在引进具有企业工作经历教师方面收紧,名额都留给博士了。(Z-H-F)

2.学院层面:组织独立与依附的两难

校院二级人事管理应按照权责对等的原则赋予二级学院相对独立的人事自主权与决定权。然而,长期以来,二级学院作为学校的隶属机构,一直处于听从校级管理部门的被动状态,滋长了"等、靠、要"的思想,抑制了其主动性、积极性和创造性的发挥。当学校将人事权力下放后,二级学院由原来的被管理者转变为管理主体,尽管积极性和主动性得到了极大的提升,但对学院的管理能力也是一个极大的挑战和考验。有一些二级学院由于制度惯性以及责权范围界定不清,依然习惯于依附学校,在引进教师方面依然墨守成规,难以突破引进的传统框架,具有企业工作经历教师的引进依然受到学历、年龄、职称等限制。

在人事方面,我们给了二级学院很多空间,比如人才引进、工资发放、年度考核、职称评聘、评奖评优等。但是很多学院主要还是引进应届毕业生。(X-W-F)

在引进具有企业工作经历教师方面,很多学院在认识上还是滞后的。学校每年都会让二级学院上报人才引进计划,也鼓励引进具有企业工作经历教师,但实际上二级学院过于看重眼前,报上来的不是博士就是硕士。(C-J-Y)

三、举措困境:"路径依赖"问题明显

"路径依赖"概念描述的是过去的选择对现在和将来产生的影响[1],是一种锁定状态,即一旦进入某一路径就会沿着该路径一直发展下去,并锁定在该路径上。在引进具有企业工作经历教师方面,尽管高职院校采取了各式各样的引进举措,但现在最普遍的还是"守株待兔"式的被动引进和"按图索骥"式的低效引进,不能有效地对企业人才进行识别和引进。

(一)"守株待兔"式的被动引进

目前,高职院校引进具有企业工作经历教师大都采用"守株待兔"的方式,即在省/市人力资源和社会保障厅网站、学校官网、学校人事部门等网站发布人才引进信息。这种形式是被动的、单向的,难以应对日趋激烈的人才竞争,导致了以下两种结果。

1."绣球抛出无人接"

为什么总是招不到具有企业工作经历教师,这是很多高职院校所困惑的问题。高职院校在过去长期的传统引进模式中养成了被动式的引进方式,通过发布人才引进公告进行招聘,犹如站在高楼上不停地向外抛出"绣球",静待应聘者接住"绣球"。当被动式招聘遇上被动式求职,效果可想而知。应聘者只能通过招聘公告了

---

①时晓虹,耿刚德,李怀."路径依赖"理论新解[J].经济学家,2014(06):53-64.

解高职院校的人才需求、岗位要求等,无法深刻认识学校的办学特色、人才培养理念和发展规划,难以产生强烈的就职意愿。具有企业工作经历人员,特别是高技能人才是各地高职院校竞争的资源,单靠发布招聘公告的方式等待人才上门是不可取的,必须将"被动吸引"转变为"主动追求"。

我们很缺具有企业工作经历的教师,全年都在招人,但就是招不来,连报名的人数都很少,今年整个学校就招了一个。(J-X-L)

高职院校在招聘过程中可能过于依赖传统的招聘方式,如发布招聘公告等,这种被动等待的方式很难吸引到求职者。(C-J-Y)

2."兔子未至松鼠至"

随着市场经济的蓬勃发展和人才竞争的白热化,传统的招聘模式逐渐显露出弊端,这些弊端如同沉重的枷锁,限制了高职院校的持续健康发展。真正优秀的、拥有丰富企业工作经历的人才多数都处于一种"被动求职"的状态。他们在企业内拥有优渥的薪酬待遇,从事具有挑战性的工作,在现有工作岗位上相对稳定,并不急于寻找新的职业机会。而高职院校传统的"守株待兔"式招聘模式,显然难以与这些潜在的应聘者建立起有效的沟通桥梁。在现实中,高职院校往往面临这样的尴尬局面:期望引进的"兔子"(具有丰富企业工作经历的优秀人才)迟迟未能出现,而"小松鼠"(应届硕士毕业生)却络绎不绝地前来应聘。尽管高职院校在招聘公告中明确标出"具有企业工作经历者优先",但符合条件的求职者寥寥无几。这使得高职院校陷入了"想招的招不到,想进的进不来"的尴尬境地。

现实是要么望眼欲穿也遇不到一份理想的简历;要么简历有了,但面试中却发现不是我们专业想要的人。(Z-H)

这些优秀人才往往在企业中拥有稳定的工作和不错的薪酬,他们不会轻易放弃现有的职位去应聘高职院校的教师岗位。即使他们对教育工作有热情,也可能因为对高职院校的薪酬待遇、发展平台等方面存在疑虑而犹豫不决。这些人才在求职过程中可能面临信息不对称的问题。他们可能并不了解高职院校的具体需求、招聘流程以及发展前景,导致他们错过了与高职院校接触和了解的机会。(W-X-B)

(二)"按图索骥"式的低效引进

"按图索骥"出自《汉书·梅福传》:"今不循伯者之道,乃欲以三代选举之法取当时之士,犹察伯乐之图,求骐骥于市,而不可得,亦已明矣。"本义指按照画像去寻求好马,比喻办事拘泥成法,不知灵活变通。高职院校在引进具有企业工作经历教师时,也常常采用"按图索骥"的方式,即对具有企业工作经历教师的筛选有自己一套固定的界定标准,符合标准要求的才会引进,否则便拒之门外。"按图索骥"虽然可以提高人岗的匹配度,但也存在一定的弊端。

1."人才图"绘制"失真"

通过对招聘公告的梳理分析发现,高职院校普遍使用诸多限制条件(如性别、年龄、学历、学位、专业、职称、工作年限、工作经历、资格证书、职业证书等)为具有企业工作经历教师设定一个"人才图"。这种"人才图"主要存在以下三方面的问题:一是同质性高。一些高职院校制定的具有企业工作经历教师引进条件基本相似,明显存在同质化现象,缺乏专业之间的差异性。二是不够清晰。一些高职院校对具有企业工作经历教师的特征缺乏了解,设置的引进条件模糊,没有明确所需企业工作经历教师的具体特点和能力,导致来应聘的人员鱼龙混杂,引进效率低下。三是好高骛远。随着本科层次职业教育试点的推进,高职院校具有企业工作经历教师的引进门槛普遍越来越高,对六所高职院校引进政策文本中的学历条件分析发现,引进者不仅要具有企业工作经历,还要具有博士学历。过高的引进条件让具有企业工作经历人员望而生畏,敬而远之。

我们现在不同专业之间的引进条件差别不大,基本是按照国家来的,具有三年企业工作经历,我们这个"人才图"绘制的还是很不清晰的,这也就导致报名的人员乱七八糟。(W-G-F)

我之前企业的一些同事也都挺想来学校的,但就是条件不符合,学校还是定的条件太高了。我要不是博士也进不来。(Q-K)

2."人才图"使用"刻板"

"按图索骥"是一种错误的做法,在很多情况下会导致错误的判断和决策。很多高职院校在引进具有企业工作经历教师过程中,将"人才图"作为选才的固定模板,忽视了具有企业工作经历教师的群体特殊性和个体差异性。调研还发现,高职院校的"人才图"普遍设置了"冰山上"的门槛条件(如年龄、学历、学位、职称等),但对"冰山下"必备的素质要求(品德、知识、能力、性格等)很少涉及。高职院校仅仅依照"冰山上"的门槛条件来进行人才筛选和评估,忽视了对引进人才的品德、知识、能力和业绩的全方位考察,欠缺对引进人才适不适用的充分考虑,很容易造成人才缺乏与人才浪费现象共存、人才作用发挥不明显等问题。

我们现在的招聘往往会关注一些固定的指标,比如学历、职称、工作经验等。然而,具有企业工作经历的教师群体有其特殊性,他们往往拥有丰富的实践经验、行业洞察力和解决实际问题的能力,这些能力在模板中可能难以完全体现。(Y-H)

四、效力困境:"虹吸效应"尚未形成

"虹吸效应"原本是一种独特的物理现象[1],指由于液态分子间存在引力与位能

---

[1] 王振洪."虹吸效应"下中小城市高职院校的办学困境及破解策略[J].中国高教研究,2021(02):91-97.

差能,液体由压力大的一边流向压力小的一边。人才引进的"虹吸效应"决定了人才的流向与流量。自2019年以来,高职院校越来越重视具有企业工作经历教师的引进工作并取得了一定的成绩,但与政策要求还有很大差距,引进的效果不理想,尚未形成"虹吸效应"。

(一)高校分层发展下的"零和博弈"

高校的层级分化是高等教育运行过程中客观存在的一种现象。我国高等学校系统整体呈"金字塔"形结构,位于塔尖的只有为数不多的几所国内知名大学,位于塔基的是数量众多、类型各异的较低层次的大学[①]。随着高等教育大众化,高校的层级分化和竞争进一步加剧。处于塔尖和塔身的高校往往借助其自身所拥有的符号资本及雄厚的财力对数量有限的高层次人才展开争夺,形成高校之间人才引进的"零和博弈"[②]。

1.高职院校在人才争夺战中较为弱势

高职院校作为我国高等教育体系中的重要组成部分,长期位于"金字塔"的塔基,相较于处于塔尖和塔身的普通高校,在竞争中面临着诸多难以忽视的劣势。尽管我国高职教育在过去的三十多年里取得了显著的进步,但在提升社会地位、打破传统观念束缚方面仍面临诸多挑战。无论是学术界还是实践界一直都在呼吁提高高职院校的社会地位,但这一问题却始终没有得到根本性解决。长期以来,社会对高职院校的偏见和误解根深蒂固,常常将其与"低层次""低水平""低质量"等标签相联系。这种观念不仅限制了高职院校的发展空间,也影响了它们在社会中的形象和声誉。与此同时,高职院校在资源获取、政府支持力度以及学校平台建设等方面,相较于普通高校明显处于不利地位。这就导致高职院校对具有企业工作经历人员,特别是高层次的具有企业工作经历人员缺乏吸引力,在人才竞争和教育资源争夺战中处于弱势地位。

我们高职院校在人才引进方面还是弱势的,硕士层面的具有企业工作经历人员还是好引进的,博士层面的具有企业工作经历人员就难了。(W-X-B)

在当前的人才争夺战中,高职院校往往处于较为弱势的地位。首先,从社会认知和声誉上来看,高职院校相较于普通高校往往受到更多的质疑和偏见。许多人认为高职院校的教育质量、科研水平等方面相对较低,这种观念在一定程度上影响了高职院校在人才市场上的吸引力。其次,从资源获取和政府支持来看,高职院校相较于普通高校存在明显的劣势。普通高校往往能够获得更多的政府拨款、科研

---

①李文亚,林佳树.试论高等学校分层及其意义[J].煤炭高等教育,2002(05):19-21.
②孙贵平,郑博阳,商丽浩."双一流"大学何以吸引人才?——来自模糊集定性比较分析的证据[J].高教探索,2021(12):30-38.

项目和资金支持,而高职院校则相对有限。这种资源分配的不均衡使得高职院校在人才吸引和培养方面缺乏足够的保障。从人才流动的角度来看,高职院校也面临着诸多挑战。许多具有企业工作经历的高层次人才往往更倾向于选择普通高校而非高职院校,因为普通高校往往能够提供更高的薪酬、更好的职业发展机会和更广阔的研究平台。这导致高职院校在人才争夺战中处于不利地位。(J-X-L)

2.高职院校内部存在着两极分化现象

当前,我国高职院校之间发展不平衡、不充分的问题依然比较突出。这种不平衡不仅体现在地域差异上,更在院校内部形成了明显的分层发展现象。这种分层现象的背后是政策因素导致的平台落差。以教育部和财政部于 2019 年联合公布的中国特色高水平高职学校和专业建设计划建设名单为例,其中仅有 56 所高职学校被遴选为高水平学校建设对象,另有 141 所高职学校被纳入高水平专业群建设,这些学校还被进一步细分为 A、B、C 三个不同的发展档次。这一政策的实施,本意是希望通过打造一批高水平的高职院校和专业群引领整个高等职业教育质量的提升。然而,在调研中发现,这一政策实际上加剧了高职院校之间的发展不平衡。高层次的具有企业工作经历的人员,往往更倾向于向经济发展基础较好、办学实力较为强劲的京津及东南沿海地区的"双高"院校聚集。这种人才资源的流动,使得原本就具有优势的学校进一步扩大了与其他学校的差距,形成了明显的"马太效应"。具体而言,"双高"院校由于拥有更多的政策支持和资源倾斜,能够吸引更多优秀的教师和企业人才加入,形成良性循环。而一些地处偏远、经济基础薄弱、办学实力相对较弱的高职院校则面临着人才流失、资源匮乏的困境,发展动力明显不足。

从引进的角度来看,那些处于优势地位、资源丰富的"双高"院校,由于有着良好的教学科研环境、完善的实验设备和充足的经费支持,更容易吸引和留住高层次的具有企业工作经历人员。然而,对于那些资源相对匮乏、发展滞后的高职院校来说,它们在引进方面就面临着很大的困难。由于缺乏必要的支持和保障,它们很难吸引到优秀的具有企业工作经历人员加入。(W-J-G)

(二)"引不来""留不住"的双重难题交织

具有企业工作经历教师的引进工作是一项系统性工程,"引""留"两个环节环环相扣、相辅相成,任何一个环节做得不到位,都会影响引进的效果。因为"前期的人才引进只是基础性工作,后期的管理发展才是真正关乎人才引进后是否'留得住、发展好'的关键要素,也是发挥高职院校纳才效能的根本保证。"[1]调研发现,高职院校普遍面临着具有企业工作经历教师"引不来""留不住"的难题。

---

[1]徐珍珍.高职院校高层次人才引进:误区、阻力与突围[J].金华职业技术学院学报,2022,22(05):1-6.

1."引不来":陷入了"高不成、低不就"的尴尬境地

优质充足的师资是确保教育优质均衡发展的关键。近年来,我国各高职院校都在强化具有企业工作经历教师队伍建设,师资绝对缺额逐渐缩小,但依然面临具有企业工作经历教师供给不平衡、不充分的问题。教育部职业技术教育中心研究所 2020 年开展的全国职业院校教情调查显示,48.4%的高职教师不具有任何与所教专业相关的企业工作经历[①]。一些高职院校在引进具有企业工作经历教师方面存在追逐高学历、高职称的偏好,出现了一定程度的"攀高结贵"的现象,这与地方事业单位人事管理制度有一定的关系。我国绝大多数地区的高职院校处于政策适用面的交界带,政策匹配度不高、针对性不强,对增强院校具有企业工作经历教师引进的竞争优势助益有限。高职院校在引进程序上受人事管理制度影响,从人才报名、资格审核到考察面试、政审体检再到公示备案,整个过程往往需要两三个月的时间,较长的时间成本对具有企业工作经历教师引进的成效具有一定消极影响。同时,由于待遇薪酬、办学层次、办学地域等各方面原因,高职院校难以吸引优秀的高层次的具有企业工作经历教师,导致"引不来"的尴尬处境。

几年人事工作干下来,引进的具有企业工作经历教师不到 20 人,引不来给我的感触非常深。真正优秀的谁愿意来高职院校?大多情况是我们想要的引不来,不想要的偏偏来。(J-X-L)

2."留不住":在内卷中选择"躺平"或是"逃离"

"骏马能历险,力田不如牛。坚车能载重,渡河不如舟。"引才贵在适用,贵在找到其最佳的发挥之地。然而,在实践中,一些高职院校却陷入了"捡到篮子里都是菜"的误区。在引进具有企业工作经历教师之后,高职院校却忽视了对他们的后续跟踪培养和使用。这种做法无疑是将这些教师"一引了之",而没有真正发挥他们的专长和价值。因此,这些教师在高职院校中往往"困足于御厩,安居在槽头"。他们感到自己的才华无法得到充分的展示和发挥,价值无法得到充分的体现。在这种情况下,他们往往会选择"逃离"这个环境。不可否认,高职院校中具有企业工作经历教师选择"逃离"的现象背后,隐藏着多重复杂的原因。然而,追根溯源,其中最为根本的因素在于他们未能得到应有的重用或存在使用不当的情况。正如古语所说:"盖天下未尝无贤,以不用亡;不必多贤,以见用兴。"一个组织或机构能否兴旺发达,关键在于能否善用人才。如果一个高职院校不能善用其引进的具有企业工作经历教师,那么这些教师最终只能选择"逃离",这对整个教师队伍的稳定和发展都是极为不利的。因此,对于高职院校来说,要想

①教育部职业技术教育中心研究所课题组.全国职业院校教情调查报告[N].中国教育报.2020-10-16(010).

留住具有企业工作经历教师,就必须改变"捡到篮子里都是菜"的老观念,真正做到"引才贵在适用"。在引进人才时,要充分考虑其专业性和适用性,确保引进的教师能够真正为学校的发展做出贡献。同时,在引进之后,也要加强对这些教师的跟踪培养和使用,为他们提供一个良好的发展环境和平台,让他们能够充分发挥自己的专长和价值。只有这样,才能真正留住这些宝贵的人才,为高职院校的发展注入新的活力。

我整天工作忙得晕头转向,职称晋级却毫无希望,都想离职。(F-J-H)

到了学校以后发现学校的工作也没有想象的那么轻松,就感觉个人心理落差大,另外就是待遇或者说职称的评定问题,尤其是像有一些本来在原单位已经是副高的,到我们这儿来是没法转评的,还需要重新评定,我印象里好像是有几个老师因为职称没法评就走掉了。(Z-H-F)

我们学院就有离职的,这个人业务能力很强,在我们学院也是公认的。挺可惜的,学院没有留住他。(L-J-Y)

第四节　高职院校具有企业工作经历教师职业发展的过程

职业发展是具有企业工作经历教师基于理性或非理性选择,对组织环境与个人意愿的权衡,以期在新的职业环境中寻求适应并有所发展的持续性行动。实质上是这类教师基于个人的能力基础、职业志向、优势特长与发展意愿,在高职院校特定的制度环境和教师职业规范下,与高职院校通过互动、博弈实现彼此相适应的过程。

本节着重从高职院校、二级院系、教研室及专业组、具有企业工作经历教师等不同主体的视角,分别考察高职院校制度环境对具有企业工作经历教师职业发展的影响;高职院校、二级院系、教研室及专业组,为促进具有企业工作经历教师职业发展所采取的行动;具有企业工作经历教师的起始特征及为适应与融入新职业环境所采取的个体策略。通过对相关主体间的互动与适应的分析,呈现具有企业工作经历教师职业发展的现实场景。

一、高职院校具有企业工作经历教师职业发展的制度规约

高职院校是高等教育的重要类型,具有多重属性,承担着多重功能。具体而言,高职院校因承担培养高素质技术技能人才的职责而具有教育性,因传承传统文化和技能文化、提升国民素养和职业能力而具有公益性,因开展产教融合、服务行业企业、提升劳动生产力而具有经济性。这决定了高职院校需要承担应用型人才

培养、应用技术研发及社会服务三大社会功能。这些功能在很大程度上规定着高职院校的行为方向，要求其将这些组织目标进一步细化，通过规章、政策和制度，转化为教师的工作要求与能力要素，以此引导教师职业能力建设，支撑高职院校组织目标和社会功能的实现。为实现高职院校组织目标与教师职业生涯发展目标相互促进，在组织社会化理论和职业生涯价值链管理思想影响下，高职院校需要引导教师在满足组织需求与实现个体生涯发展之间寻求最佳结合点。从高职院校实现办学目标和发挥自身功能的现实需要看，具有企业工作经历教师的职业发展，实质上是高职院校通过明确、具体、规范的制度，对具有企业工作经历教师设定明确的角色期待以提供价值引导，并规约其行动方向。

（一）学校需求优先：具有企业工作经历教师职业发展的价值导向

高职院校引进具有企业工作经历教师既有国家相关政策支持的推动，更有追求高质量发展的内在驱动。前者主要表现为引进具有企业工作经历教师是落实国家对高职院校新进专业教师相关要求的具体体现，国家相关政策加大了从行业企业引进具有实践经验和能力的教师的力度；后者主要表现为引进具有企业工作经历教师是高职院校优化师资队伍结构、强化实践教学能力、深化产教融合校企合作等持续发展的内在需要。在政策层面，高职院校引进具有企业工作经历教师不仅已获得国家层面的政策支持，而且形成了地方各级政府和高职院校共同推动的合力。尽管整体引进效果并不理想，并且存在区域间和院校间的差别。然而，是否具有企业工作经历已成为高职院校引进专业教师时的重要考量。这与高职院校对具有企业经历教师的经验优势、价值定位和工作职责的理解和认识密切相关。如 QD 港湾职业技术学院以往的教师招聘主要以高校应届毕业生为主，然而这种情况已在慢慢转变：2019 年招聘的 26 位专任教师中，11 人为应届毕业生，另外 15 人来自企业。近 10 年来，该校共从企业引进了 126 名专业对口并且实践水平高、管理经验丰富的高级工程师、技师担任学校专职专业课教师和实训课教师。与此同时，该校还聘请企业一线专业技术人员担任学校兼职教师，兼职教师年授课量达 7 万余课时，讲授专业课时比达 52.7%[①]

1. 以发挥高职院校组织功能为价值取向

从教育系统看，高职院校既是职业教育的高级阶段，也是高等教育的职业类型。职业教育的类型定位决定了高职院校的人才培养目标，应有突出的应用性、职

---

① 新华网.中国"双师型"教师短缺 从哪里来又该如何培养？［EB/OL］.（2019-11-12）［2024-12-20］. http://www.xinhuanet.com/politics/2019-11/12/c_1125219338.htm.

业性和实践性;高职院校与区域经济社会发展具有天然的联系,意味着其需要立足区域经济社会发展实际,面向行业企业培养高素质技术技能人才。高职院校社会功能的发挥,需要在明确高素质技术技能人才内涵实质的基础上,寻求具体的实现路径。该类人才不仅应具备职业岗位所需的基本理论知识、技术标准和操作规程,还应具备面向工作现场的问题解决能力、沟通交流能力、统筹管理能力。为此,需要具备专业实践经历和知识与技能的企业生产、技术和管理人员参与教学,为学生综合职业能力培养提供支持。

2.以满足高职院校现实需要为核心任务

高职院校引进具有企业工作经历教师既有国家的政策导向,更有优化现有教师结构的内在要求,是多种因素共同作用下的必然选择。访谈发现,无论是学校、二级院系还是专业教师,普遍存在这样的共识,即逐步从企业引进具有企业一线生产、技术研究和管理经验的人员到高职院校充实师资队伍,是当前较为可行且有效的选择。

从高职院校人事部门、二级院系分管教学领导和专业负责人的访谈可以发现,高职院校在引进具有企业工作经历教师的力度上虽有一定的差异,但却有着相近的动机。一是优化师资结构。一位分管招聘工作近八年的某高职人事处副处长谈到:"我们从企业引进人才的目的很明确,强化教师的实践教学能力。我们培养的人才到企业后要能适应岗位的需要,换句话说,要能做实际工作,而不仅仅是知道是什么。我们之前探索过聘请兼职、外派企业进修,但因种种原因,效果不理想。现在好了,国家出台了明确的政策,为我们创造了条件,我们花了不少功夫,有望通过几年的努力,让我们现有教师结构有很大改观。"(Y-H)进一步访谈发现,一方面,年轻教师在到企业实践锻炼方面普遍面临不愿去、无法去、去不了等突出难题,致使年轻教师中能胜任实践教学的越来越少;另一方面,随着年长的、具有丰富实践经验的教师逐渐退休,引进具有企业工作经历教师越加紧迫。二是提升人才培养适应性。具有企业工作经历教师在人才培养中发挥了积极作用。某机械制造与自动化专业主任明确表示:"近年来,从学校到我们学院,非常重视从企业引进高层次人才。我们之前引进的老师,在实训场地改造、实训设备开发、技能竞赛指导、技术研发方面都有不俗的表现。他们已成为专业改革的引领者,培养出来的学生岗位能力强、适应工作快。"(Y-S-R)一些专业因为既拥有理论研究较强的博士、硕士教师,又拥有技术研发、成果转化较强的高级工程师,将专业建设、人才培养、技术研发、社会服务有机结合起来,人才培养质量得到大幅提升。三是促进校企合作稳定化。具有企业工作经历教师长期深耕于某一行业,对企业需求、行业发展、前沿技术、工艺流程、生产管理等较为熟悉,而且积累了人脉、平台和渠道等资源优势。访谈中,一名受访教师提及:"由于我刚从企业出来,学校让我负责联系学生实习单位的工作。这对我来说很简单,因为原来待过两三家企业,对行业比较熟。之前有同事也是自己办厂的。后面我就积极联系,不仅联系实习,还推荐学生就业。最后,我把企业领导请到学校来,对学生进行有针对性的宣传,学生在校学习阶段就进入企业去实践锻炼,毕业后一部分学生就在实习企业就业了。这样一来,学校满意,企业高兴,学生也受益"。(Y-S-R)这类教师在联系行业企业、建立产教科研合作关系、服务本土企业发展、促进技术转化等方面均有着明显的优势。

3.以服务高职院校教育教学为行动准则

制度环境是高职院校发展环境的重要维度,高职院校教师职业发展制度为具有企业工作经历教师的职业发展提供了行动框架。高职院校师资队伍的制度建设,外受国家教师相关法律、规章、政策和制度约束,内受学校办学历史中形成的教师发展制度惯性的影响。调研发现,在国家及各级政府政策支持和牵引下,高职院校已将具有企业工作经历教师视为新招专业教师的重点,充分利用校企合作、校友等资源,想方设法引进企业生产、技术和管理人才。从对具有企业工作经历教师的职业发展而言,高职院校现有制度的影响主要分为两类:一类是积极影响,表现为激励和支持具有企业工作经历教师承担教育教学任务,这些任务的要求与他们具备的能力具有一致性。一位在实习基地负责体检业务的受访者在谈及工作时,激动地说道:"我们学院分管教学工作的领导熟悉我以前的情况,知道我敢说话、不怕沟通、能担当,到学校后不久就让我负责体检中心的工作。没多久,我就能适应了。自己做起来轻松,业务量大幅增加,增收比较多,他们也满意。"(L-C-Y)另一类是消极影响,比较典型的是要求具有企业工作经历教师承担与其专长不匹配的任务。一位二级学院负责人曾谈道:"企业来的老师尤其是年龄相对大一些的老师,不愿意承担班主任工作。因为没有经验,与学生有年龄上的差距,感觉压力比较大。但职称文件中明确规定,教师职称晋升必须要有班主任经历,这是政策要求。说清楚这些后,他们也只有承接下来,毕竟他们还是希望在职称上有所发展的。"(L-J-Y)值得注意的是,无论是学校鼓励支持还是硬性要求的任务,均以学校工作需要为导向,而且属于教师的本职工作。具有企业工作经历教师作为高职院校教师队伍的一员,制度环境对他们的影响是深远的,至于产生何种影响,取决于其对制度的看法及应对行动。

(二)制度规约牵引:具有企业工作经历教师职业发展的行为准则

随着职业教育高质量发展的推进,尤其是在"双高计划"等高职教育高质量发展项目带动下,通过提高人才培养质量以增强高职院校的适应性已成为普遍共识。提升高职院校人才培养质量的关键在于建设一支知识结构合理、教学能力突出、熟悉行业发展、了解企业需求的"双师双能"师资队伍,以适应高职院校教学改革需要。在这一认识的引领下,高职院校普遍重视具有企业工作经历教师的引进和发展,将其纳入师资队伍建设中加以谋划。为促进具有企业工作经历教师的职业发展,高职院校逐步构建起"学校—院系—教研组织"的三层组织支持引导体系,为这类教师的职业发展提供了组织保障。

1. 学校层面:适应性支持与发展性规约

高职院校师资队伍建设是一项涉及面较广、涵盖教师类型多元、时间周期较长的复杂工程。具有企业工作经历教师是其中的一个重要组成部分。从实际调研结果看,东、中、西等地区受访的高职院校并未制定独立的政策制度,而是通过以下两个方面推进相关工作。

一是促进职业适应的组织支持。具体表现为高职院校组织的统一入职培训。该类培训通常安排在正式入职前,由学校相关职能部门组织实施,是学校主导的最常见的组织社会化策略。该类培训一般具有时间短且较为集中、涉及部门多涵盖内容广、培训内容宽泛不够深入、参会人员多样复杂等特征。该类培训旨在让所有新入职教师熟悉学校环境、组织架构、规章制度、发展空间、职业通道、相关条件等,对所有新入职人员均适用,具有很强的普适性。因为该类培训主要对象是所有新入职教职工,没有分层分类,具有企业工作经历教师与其他教师一道参加培训,并无特殊性可言。总之,入职培训面向所有新入职人员,由学校主导实施,能向新入职人员展示高职院校各个方面的情况,尤其是管理制度要求,具有促进新入职教师适应新环境的作用。

二是明确职业生涯的发展方向。具体表现为高职院校借助国家职称评聘相关政策,通过设定具有企业工作经历教师职业发展的通道、资质、条件和程序,实现对该类教师职业生涯发展的价值链管理。这种规划外化为高职院校职称评聘的系列政策文件,贯穿于具有企业工作经历教师职业发展的全过程。对于具有企业工作经历教师而言,这种管理的最大诟病在于对原有职称的否定或矮化,他们需要重新适应高校的职称体系。很多受访者对此深感不满,但也无奈。一名具有高级工程师职称的工程造价专业老师抱怨道:"来到学校评职称的时候才知道,我在企业的高级工程师是不认的。需要转评,而转评是要降级的。这样,我又从讲师开始申报。这对于我们来说是很不公平的。毕竟,我们在企业评高工也是很难的。"(L-J-Y)进一步访谈发现从企业引进的教师,需要从原来的职称系列转评到高校专业技术人员的职称系列。职称的转评意味着这些教师需要参加相应的考试,并取得相应的资格,而这些都是现有的职称管理制度所要求的。

值得一提的是,由于人才培养的内在需要和具有企业工作经历教师职业发展的实际情况,部分高职院校已经突破现有职称评聘制度,为具有企业工作经历教师的职业生涯发展提供新的渠道。比如浙江的 H 职业技术学院和 J 职业技术学院开设了"职业技能型""社会服务型"教授,为在社会服务、应用技术研发及转化、实训教学及指导技能竞赛等方面有特长的教师开辟特殊通道。不过,这种职业通道仍以完成高校职称系列转评为前提,且通过该通道晋升到教授的教师为数甚少。

2. 院系层面:在行动中适应,在压力中成长

在高职院校治理体系中,院系是极其关键的治理层级。院系向上对接学校层面各职能部门,向下连接师生、教学和专业,向外连接企业、实习就业,是高职院校教育教学有效运行的重要保障。更为重要的是,院系是师资资源的实际配置、使用和管理者。具有企业工作经历教师的引进通常由二级院系的专业组提出,通过学院向学校人事处汇总,进而进入招聘程序。同样,这些教师入职后,通常被安排在二级学院某一专业组内,有着相对固定的组织归属。在此过程中,院系和基层教学组织成为学校代言人,承担促进具有企业工作经历教师职业发展的职责。

由于院系和专业(群)需要处理繁重的工作任务,难以遵循规划性的运行逻辑,常常按照工作导向、任务导向的逻辑运行。在促进具有企业工作经历教师发展方面,普遍认为这些教师具有多年工作经历,积累了一定工作经验,可以直接上手承担教育及其他相关工作。这样一来,院系层面的组织社会化呈现很强的工作切入和能力导向特征。在谈及对具有企业工作经历教师的工作安排和支持时,一名电子商务专业主任明确指出:"对于从企业来的教师,因为他们有专业相关的工作经验,我们直接安排他们承担课程教学。因为我们最缺的就是专业教师,特别是实训教学这一块。而他们刚好有优势。至于专业成长,在做中便能够很快得到提升。我也是从企业过来的,我也是这样成长起来的。"(Z-H)由于普遍缺乏专业教师,考虑到具有企业工作经历教师具有工作经验,很多受访者在入职培训结束后便立刻开始承担教育教学及相关工作。其中所用到的教育学、教育心理学、教学方法等知识,则大多通过边做边学的方式获取。

院系通常会面临各种各样的考核。为达到上级及学校的考核要求,学院内部同样会将各类工作任务层层分解,并将每一项工作及相应的指标分配给相应的教师。新入职教师因其任务较少自然会成为这些任务和指标承担者的优先考虑对象。一名工作近十年的会计教师谈及当年带学生参赛的感受时还记忆犹新,她说道:"现在想想都还后怕,让刚刚进校的我指导学生参加省赛。之前完全没有接触过的工作,领导定了就是我。没办法,我开始顶着压力设计竞赛方案,并迅速展开训练。真是功夫不负有心人,我带的学生居然取得了省赛一等奖。自己的能力和自信一下子就上来了。"(W-H-H)在对二级学院分管教学领导和专业负责人的访谈中,进一步探清了对具有企业工作经历教师压任务,让其担重任的缘由。在实际教学中,专业层面普遍缺乏专业教师,尤其是具有企业实践经验的教师,老教师手头

上一般都有相对固定的任务,将新任务安排给新来的教师,既方便可行,又能促进这些教师的适应和成长。在他们看来,这也是没有办法的办法。

3. 教研组织层面:立体化支撑与渐进式进阶

前述已知,学校层面主要关注具有企业工作经历教师的适应性,并提供职业发展的远景目标;院系层面则秉持做中学的理念,安排具有企业工作经历教师工作,让他们通过工作得以成长。具有企业工作经历教师所在的专业组、教研室等组织,则是其专业能力成长的关键保障和资源支撑力量。一名电子商务专业主任对此深有感触:"新入职教师的专业成长基本要由教研室来支撑。具有企业工作经历教师在专业理论与现场案例结合方面有优势,但在教育教学理论知识、教学设计、组织、实施方面却存在明显的短板。我们的任务就是,通过教研室、专业组帮助他们扬长补短,尽快提升教学能力。"(Z-H)从教研组织促进具有企业工作经历教师职业适应与成长的具体策略看,主要有以下三个方面。

一是提供成长路径。从调研情况看,结合具有企业工作经历教师的实际情况,教研组织提供的促进职业适应与专业成长的路径大同小异。比如,要求新入职的具有企业工作经历教师带着问题旁听本教研室同一专业教师和学院教学名师的课,通过观摩别人的课堂,优化自己的教学设计;选派他们参加省级、国家级师资培训,从更广阔的视野了解职业教育的教学理论和教学方法;鼓励他们参加各级各类教学竞赛,以赛促教。虽然路径各不相同,但均围绕教师教学能力提升展开,且随着教师成长而逐步拓展和深化至科研、专业建设、课程开发、资源建设等。

二是选配成长导师。为具有企业工作经历教师选配指导教师既是高职院校学校层面的制度要求,也是教研组织层面通常的做法。这种师徒制模式在新教师培训中成效显著。实际调研发现,在具有企业工作经历教师积极主动参与的情况下,指导教师的作用更大、师徒关系更深更稳定、新教师成长更快。一名中药专业的主任动情地说道:"我原来就是从这里毕业的,从医院出来到这里工作,算是回娘家了。到学校后我的指导教师就是我当时的老师,她对我的帮助不只是业务,还有家庭、生活、发展等方面。我不仅学习她的业务能力,还努力学习她的为人处世。如今,我的老师退休了,而我则成长为专业的主任,这也得益于老师对我的信任和支持。"(Z-H-F)师徒制在高职院校师资队伍建设中应有更大的发展空间。当前的师徒结对局限于以老带新,针对具有企业工作经历教师的优势和特色,可积极探索他们和专业理论教师结对互促的有效路径。

三是激活成长动力。访谈中,超过三分之二的受访者承认,"高职院校教师只需上几节课比较自由轻松"是他们入职前对高职院校教师的理解。然而,当他们入职以后,通常会承担各个方面的工作,不仅如此,一些新增加的临时性工作更可能首选安排给他们,形成了适应困境。由于入职初期对职业生涯发展极其重要,教研室层面会为具有企业工作经历教师安排说课、听课、公开课、示范课等专业发展任务，以促进其尽快走上成长轨道。正如一名入职一年多的制药专业教师所说："这一年是最艰难的一年，从入职培训开始，各类培训要持续一年。培训几乎放在周末，时间压迫感很强。学院安排的班主任工作、教研室安排的教学能力大赛，还有准备教师资格等各种工作，有的任务压力非常大，压得喘不过气来。"(H-X-Y)由于各种培训、各项工作都集中于入职初期，这对具有企业工作经历教师的职业发展构成了较大的压力，这些教师都是在压力中适应和发展的。

二、高职院校具有企业工作经历教师职业发展的个体应对

在现有制度环境下，具有企业工作经历教师基于对高职院校职业发展制度环境的感知和理解，形成对教师职业的认识。在逐渐发展的过程中，这类教师通过分解职业任务、探索个体策略、积累个体经验，以适应新的职业要求，融入新的职业环境，最终构建出个性化、多样化的职业发展路径，具体体现在以下几个方面。

(一)动态化的职业参与

具有企业工作经历教师进入高职院校后，需要快速适应新的职业岗位，承担起各个层面的职业任务。几乎所有的受访者均表示，他们在进入高职院校工作前对高职院校教师已有基本了解。然而，当进一步追问高职院校教师要承担哪些工作任务时，部分受访者表示，其实他们对高职院校教师的理解更多的是基于自己上学时表面观察而得。比如，部分受访者认为高职院校教师的工作任务就是上课，最多担任班主任，再没有更多事情了。他们认为的高职院校教师，不会有繁重的工作量，也不会有太大压力。然而，实际体验后，他们普遍坦言，繁杂的职业任务，改变了他们原先的职业预期。基于现实体验，具有企业工作经历教师形成了独特的职业参与过程。

1.入职初期的全面性职业参与

全面性职业参与主要存在于具有企业工作经历教师新入职阶段。高职院校虽然拥有引进具有企业工作经历教师的明确目标，然而由于办学规模扩张较快、专业教师极为紧缺，现实中希望具有企业工作经历教师直接上岗的应急性倾向较为明显。部分高职院校的人事部门甚至认为，只需要对这些教师进行较为简单的培训，便可以让他们直接走上教育教学岗位。这也是部分高职院校至今还未形成针对这些教师的专项培训方案的重要原因。在此情形下，具有企业工作经历教师往往未经系统化培训便进入全面承担岗位工作任务的实战状态。从组织与个体的互动进行分析，具有企业工作经历教师缺少选择空间，面对新的职业要求，只有选择全面接触和参与，才能满足所在教学基层组织的期待。

高职院校教师,特别是新入职的具有企业工作经历教师需要承担多重角色并发挥多重功能的现实,决定着他们在实际工作中需要参与各个方面的工作。一名入职不到一年的机械加工与自动化专业教师抱怨道:"这学期我承担了三门专业课、一个班的班主任、一个项目的技能竞赛指导教师、一个专业人才培养方案的修订,还要准备教师资格证等各类考试。"(L-F)受访者普遍存在同时承担教学、班主任、技能竞赛指导教师、教学能力大赛等多项工作的现象。即便是专业课教师也要承担各类项目申报、各类材料汇报等工作。具有企业工作经历教师由此形成了接触各类工作的职业现状。

2. 发展中的选择性职业参与

选择性职业参与主要存在于具有企业工作经历教师的职业发展过程中,尤其是明确职业发展方向后。在繁重的任务压力下,具有企业工作经历教师通常会基于先前处理任务的经验和自身发展需求,对所承担的任务进行排序,以确定轻重缓急。访谈发现,入职初期,与职称晋升和对考核起决定作用的任务,通常被排在优先次序,其他任务则视教师自身精力情况选择性参与。实际上,这是一种以自身利益为标准的任务选择模式。随着工作时间的增加,高职院校具有企业工作经历教师会选择那些他们更有优势的任务。主要原因是,学院或教研室在安排工作时,会考虑每名教师的能力特长,并据此安排相应的任务。在此背景之下,具有企业工作经历教师更能发挥自身优势。一名曾在多家企业做技术研发的机电专业教师讲述了他走上特色发展之路的案例:"刚来学校的时候,还是比较迷茫的。除上课之外不知道该做些什么。后来,领导让我带过大赛,而且在全国比赛中曾获得过一等奖,创造了非常好的成绩,领导和学院的同事很认可。之后,我就专心指导学生参加技能大赛。再后来,年轻教师成长起来以后,我又发现自己在专业方面有优势。就这样,我就一直往技术研发与专利开发这个方向发展了。我的职称也是往这个方面评的。"(Y-S-R)这种选择性突破的特色发展方式不仅提升了具有企业工作经历教师的职业成就,而且促进了他们的职业生涯发展,让他们在职业领域取得了较大的成功。

(二)多元化的职业适应

职业适应是个体在职业生活中与职业要求之间的关系状况[1],是个体与环境相互作用的动态发展过程和平衡状态[2]。具有企业工作经历教师职业适应的实质在于:对照高职教师职业角色要求和相关条件,通过自身有意识地行动以与这些角

---

① 张春兴.张氏心理学辞典[M].上海:上海辞书出版社,1992.

② HERSHENSON D B. Work adjustment: A neglected area in career counseling [J]. Journal of Counseling & Development,1996,74(5):442-446.

色要求和相关条件保持动态平衡。适应高职教师的职业环境、职业任务、职业要求、职业能力等,要求具有企业工作经历教师对照新的职业要求采取行动,形成适应职业要求、符合个体实际的职业适应策略,并逐渐形成具有个性特征的经验。

1.多元化的职业适应内容

对于具有企业工作经历教师而言,进入高职院校后,不仅开启了全新的职业生涯,更需要适应高职院校专业教师这一新的角色,这与他们对职业适应的理解与认知不无关系。一项针对高职院校专业教师的研究发现,高职院校专业教师职业适应的内涵包括学校工作胜任、职业环境适应、社会服务适应和人际关系适应四个维度[①]。虽然具有企业工作经历教师属于高职院校专任教师的一部分,但由于受之前的企业职业经历和进入高职院校后职业体验的双重影响,他们对高职院校教师的职业适应认知是在实际工作过程中逐步构建起来的。基于访谈资料的分析发现,具有企业工作经历教师在学校工作胜任维度上普遍注重工作的效率和质量,但在其他适应维度,由于个性特征不同,他们所采取的策略也具有较大的差异性。整体而言,具有企业工作经历教师在职业适应内容方面呈现多元化与个性化交织的特征。

一是学校工作胜任。这是具有企业工作经历教师职业适应的核心内容,要求这类教师能够保质保量地完成教学任务、班主任工作、技能竞赛指导等工作任务。工作胜任力是影响具有企业工作经历教师工作质量的重要因素,既能反映这些教师的职业能力,也是学校考核这类教师工作情况的重要依据。具有企业工作经历教师大多具有较强的效率意识和质量意识,通常较为重视工作胜任力的提升,即便存在一些不足,也会主动想办法提升能力以确保工作任务的按时完成。

二是职业环境适应。职业环境适应包括学校文化、管理模式、职业氛围等方面的适应。具有企业工作经历教师长期在企业中工作、学习和生活,转行到高职院校后,他们要面临如何适应新环境的问题。从实际情况分析,由于具有企业工作经历教师的流动大多是在同一个区域(从当地企业到当地高职院校的区域性流动),自然环境和生活适应方面存在较少问题。对于他们而言,比较有挑战的是学校文化、管理模式、职业氛围和人际交往的适应。原因在于,企业和学校具有不同的组织属性、工作对象和工作内容,对员工的要求也存在较大差距,这就需要具有企业工作经历教师尽快转向教书育人的角色。

三是社会服务适应。社会服务适应主要指具有企业工作经历教师发挥自身在

①王琪.高职院校专任教师职业适应调查研究[C]//中国高等教育学会.学生·教师·课堂:高等教育现代化——2016年高等教育国际论坛论文集.宁波职业技术学院高教研究所,2016.

技术研发和成果转化方面的优势,积极参与学校组织的校企协同攻关、联合研发项目,主动拓展服务企业的技术服务、技能培训等社会服务项目,拓宽校企合作空间,特别是通过教师企业实践、学生实习等项目深化校企合作。这些项目大多以学院团队对接企业,实施难度相对较小。在企业工作多年的教师积累了一定的企业资源,在服务社会和校企合作中,能从不同角度、不同层面发挥积极作用。很多具有企业工作经历教师会积极参与其中,试图在企业和高职院校间架起互相促进、彼此反哺的桥梁。一名曾任企业技术副厂长的教师深情地说道:"我在企业成长,深知企业需要什么样的人才。来到学校后,我一直在探索如何培养这样的人才。在我心里,一直想通过培养人才来反哺更多的企业。这是我从教的初心。"(T-L-Q)进一步访谈发现,该教师长期穿梭于学校和企业之间,具有较强的服务企业能力,在行业领域有一定的影响力,能有效地整合本地企业与学校的资源,对深化产教融合具有引领性作用。

四是人际关系适应。与企业相比,受访者普遍认为高职院校人际关系相对单一,同事之间较少有直接的利益冲突。通过教研室、专业组、教学团队、师徒制等形式形成的紧密关系,为具有企业工作经历教师提供了宽松舒适的人际环境。尤其是在同一个教研室或专业组内,同事互相帮助和支持已是常态。

2.多元化的职业适应能力

具有企业工作经历教师进入高职院校后,经过入职培训便被安排到具体的工作岗位。此时,面对全新的职业环境,他们需要主动构建融入新职业环境的行动体系,以促进他们适应并融入新职业环境的进程。

通过访谈、文献查阅和观察发现,相较于从高校毕业后直接参加工作的教师,具有企业工作经历教师在融入职业环境时更务实、更主动,通常会将积累的经验与新环境结合,快速形成适应新职业环境的行动策略体系。他们采用的行动策略主要体现在以下几个方面。一是建立良好的人际关系,尤其注重与同一个教研室或专业组的教师及业务领导保持良好的沟通,以便工作协调顺畅;二是建立非正式学习机制,他们通常会向在教学、科研、学生管理等方面有特长的同事请教,形成除学校安排的导师之外的非正式学习机制。这种学习机制目的性很强,需要什么学习什么,缺什么补什么,以解决工作中的实际问题;三是工作协调,通常在工作出现矛盾或安排的任务难以完成的情况下发生,他们大多会及时和领导沟通;四是参加与工作相关的额外活动,比如参加同事间的社交活动,以保持与同事间的良好沟通;五是积极的自我暗示,尤其是在工作面临困难时,以积极的心态鼓励自己,特别是用先前职业中的成功事例激励自己,以获取战略困难的心理力量;六是自我行为管理,严格按照教师的职业操守和行为准则要求自己;七是观察和模仿,学习身边优秀同事的典型做法,以提高自己的专业能力。

需要强调的是,不同的教师往往会结合个人职业适应的具体实际,采用不同的行动策略,但不同的策略却有着共同的目标,即促进个体融入新的职业环境。随着职业适应程度的提高,具有企业工作经历教师会及时调整相关策略。访谈发现,具有企业工作经历教师在职业发展上明显优于直接从学校毕业的教师。

3.多元化的职业认知调适

具有企业工作经历教师进入高职院校后,基于个体在承担教育教学任务、指导教学竞赛、申报课题、发表论文等职业实践中的亲身体验,结合他人经验分享和职业成长感知等,逐步形成对高职教师的职业认知。该认知指导教师的职业实践,成为个体职业价值观和职业理念的基础。事实上,具有企业工作经历教师的职业认知既源于其高职教师岗位任务的职业实践,又会影响职业实践。由于高职院校具有企业工作经历教师入职初期职业任务较重、组织支持不足、培训支持不强等原因,他们的职业认知处于动态调整和持续优化的过程。这种调整和优化过程如下所述。

一是入职初期职业认知偏差较大。具有企业工作经历教师刚入职便需要接触各个方面的工作,较大的工作量加上全新的职业环境,往往会给这些新入职教师带来巨大的挑战。"当初就是因为在企业工作压力较大,没有精力照顾家庭才选择到这来的,没想到当时自己最看重的工作压力小、时间自由、可以多照顾一下家庭,现在倒好,一个都没顾上。只能怪自己当时没有好好了解。"(Z-H)调研中发现,有少数新入职教师因为承担的工作任务较重而离开。访谈发现,与原有职业预期相比,新入职教师对高职教师职责内容之宽泛、上班与下班边界之模糊、假期与非假期淡化等难以接受,这些情况在一些"双高计划"院校更为突出,这些学校往往承担着更繁重的建设任务。从根本上分析,具有企业工作经历教师缺乏对新职业环境的了解,而且个体追求与职业要求之间存在冲突。

二是在职业适应过程中,职业认知偏差逐步缩小。由于个体职业背景、所在工作环境、基层组织支持等方面存在差异,具有企业工作经历教师的职业体验是有差异的。这种差异可以从两个层面加以描述。第一,在职业相似性层面,原职业与新职业越接近,具有企业工作经历教师的职业认知偏差越小。比如,医疗行业的医师、护理专业技术人员进入高职院校后,因新职业与原职业极为相近,所以能快速适应新职业。第二,在个体职业经历层面,经历越丰富的具有企业工作经历教师越能适应新职业。较为典型的是在企业里担任过一线生产职务、技术研发职务和管理职务的企业人员,因具有从事不同层面工作的能力和经验,更能适应高职教师的相关工作,职业认知偏差也相对较小。随着对职业差异的认知逐渐深入,具有企业工作经历教师职业认知偏差也逐渐缩小。

三是职业认知随时间推移而改善。具有企业工作经历教师对教师职业的认知随着时间的推移、实践的深化,尤其是个人职业发展方向的明确而逐渐改善。这种改善具体表现在三个方面:第一,随着具有企业工作经历教师对高职教师岗位的逐渐适应,尤其是当他们意识到自己的工作是在培养对经济和社会发展有贡献的人才时,他们对高职院校教师职业的价值和意义的认知会越来越深。这种认知使他们的职业定位逐渐贴近教师职业的核心价值,职业满意度和幸福感会随之显著提升。访谈中,多位工作十余年的教师频繁提及自己所带的学生,当他们谈到学生取得的成绩时,脸上自然流露的喜悦之情便能证明这一点。第二,在从职业适应转向职业发展的过程中,具有企业工作经历教师开始主动追求教师职业的内在价值和意义,职业的幸福感也随之增加,尤其是个人的成就和学生的成长能给他们带来非常强的幸福感,该体验增强了他们的工作责任感,最终形成了持续发展的良性机制。第三,在融入新的职业环境后,具有企业工作经历教师更容易适应教师这一职业,也更能理解教师职业的意义和价值。

(三)递进式的职业发展

高职院校具有企业工作经历教师来自各行各业,具有丰富的行业背景、多元的实践经验和多样的文化背景。多样的文化背景通常能激发出更活跃的创造能力与突破性思维①,具有企业工作经历教师的职业经历及其多元文化背景,充分体现在专业发展方向锚定、专业发展策略构建、专业发展目标抉择上,最终形成了各具特色、丰富多样的职业发展策略。

1.锚定生涯目标:多元化的职业发展取向

关于具有企业工作经历教师选择高职院校原因的多项研究发现,其入职动机主要体现为:转换职业环境以缓解职业倦怠或消减职业压力;寻求更有规律、更安稳的工作以兼顾家庭照顾;执着于教育教学工作以实现内心教师梦等方面,这与他们对高职教师较为轻松的职业预期是相吻合的。然而,面对高职教师多重角色、多重任务和沉重压力的实际情况,为了适应、融入新职业,并在新职业赛道上向上发展,他们需要根据新环境重新锚定发展方向。

具有企业工作经历教师基于经验积累和能力优势,结合高职院校发展需要和教师职业岗位要求,经过反复权衡和深入思考后,选择并确立职业发展方向。访谈发现,他们在职业发展方向上主要形成以下类型:①职业导向型。该类教师不仅能够较快适应新环境、胜任新职业,还能将企业经验与教育教学相结合,开展创新性工作。其职业发展始终围绕专业任务且逐步深入。该类教师入职初期会聚集于专业教学,随着工作的推进,逐步拓展至专业课程开发和专业发展规划,在职业范围

---

①(德)马库斯·布伦纳梅尔.韧性社会[M].余江,译.北京:中信出版社,2022.

逐步拓展和职业深度逐渐提升过程中,实现教师职业能力的提高。②事业导向型。与职业导向型教师相比,该类教师会更积极地响应教研室、专业(群)建设的需要,职业发展呈现从专业教学向专业开发建设跨越式发展趋势。如专业课程教学→专业开发建设→教研室、专业(群)负责人→院系分管教学领导→学校分管领导。在此过程中,该类教师会从专业技术教师成长为专业管理者。③兴趣导向型。该类教师大多擅长于技术研发、技能应用、市场推广等,进入高职院校后,经过适应与调整,会更专注于自身擅长的工作任务。这些教师由于内生动力较强,往往能够取得较为突出的成绩。④岗位导向型。该类教师通常因个人内在发展动机不足、适应与融入新环境困难等,难以在新环境中确立发展方向,于是呈现出岗位要求什么就完成什么,被动适应岗位的特征。

2.构建实施路径:分阶段的职业发展任务

进入高职院校后,具有企业工作经历教师往往基于自身的能力特长和优势,选定长远的职业发展方向。为逐渐向这一方向迈进,他们常常通过向指导教师等人寻求专业成长和职业发展的建议,逐渐构建职业生涯发展的路径。职业生涯规划是指个人在对职业生涯主客观条件进行测定、分析、总结的基础上,确定合理的职业奋斗目标,并制定相应的工作、培训和教育计划,然后按照一定的时间安排,采取必要的行动完成职业生涯目标的过程。[①] 从推进职业生涯发展的现实需要进行分析,具有企业工作经历教师通常要经历三个阶段。

一是初识生涯阶段,重点在于对职业发展信息进行收集整理并与日常工作衔接。新入职的具有企业工作经历教师虽然对高职教师的职称晋升有大致了解,但对高职教师的发展类型、申报条件、自身匹配程度等关键信息缺乏足够的了解。为此,具有企业工作经历教师会利用各种渠道,收集权威性的职称评审政策制度,将制度信息分解为具体的条件,并将其与日常所承担的工作关联起来,为职业发展提供明确的方向。

二是生涯启航阶段,重点在于对照职称申报条件明确职称申报重点。随着对职称申报条件的深入了解,大多具有企业工作经历教师在确定职业发展方向后,会对照职称评审制度中的申报条件要求,结合自身所具备条件和资质,梳理出个体应增补的条件,并将其与日常工作联系起来,从而指导实践。访谈发现,对于从企业引进的教师来说,在跨行职称互认存在诸多障碍的条件下,他们需要增补的条件主要有三大类:①职业准入类,如高校教师资格证。对于年龄相对较大的企业人员,获取高校教师资格证具有一定的难度。②业绩条件类,如教科研项目、立项课题、发表论文。由于行业间差别较大,这一方面的业绩对从企业引进的教师而言存在

---

①蒋晓虹.教师职业认同程度和教师职业发展[J].东北师大学报(哲学社会科学版),2012(01):231-233.

较大难度。③必备条件类,如班主任工作经历。这些更多是引导高职院校教师切实履行教书育人职责,主要是参与性要求,较少设定高标准和高要求。

三是生涯发展阶段,重点在于根据职称等级的提升动态调整职业发展的条件。随着工作年限的增加,具有企业工作经历教师从初级职称、中级职称向高级职称逐渐晋升,他们需要根据所要申报的职称等级,具体准备相应的资质条件,以确保自身职业发展的顺利实现。由于职业发展通道相对固定、职称政策相对稳定,相较于其他高职教师,具有企业工作经历教师在职业发展中所面临的问题并无明显不同。

3.更新发展目标:与职业环境的动态平衡

职业发展是一个长期的过程,由于内外部环境的变化,具有企业工作经历教师往往需要根据学校改革的新需求和其在职业发展中积累的优势,重新评估自身的职业发展机遇,从而改进和优化职业发展目标,实现个体条件与职业环境的动态平衡。这种动态平衡既能发挥个体优势,又能让教师获得更多职业发展机会。优化职业发展目标的方法如下。

一是基于个体积累的优势优化职业发展目标。更新职业发展目标是职业生涯发展的重要体现,也是个体与职业环境互动的外在表现。具有企业工作经历教师的职业发展目标更新,既是其经历职业适应与探索后的主动选择,更是他们实现更高价值目标的路径。具体表现为两个方面:①职业发展目标向深向细。较为典型的是一些选择在专业领域深耕的教师,从最初追求成为优秀的专业教师逐渐发展为能统筹专业教学、专业开发和专业资源建设的专业带头人。这种转变既满足了学校的需要,又实现了个体的价值;既拓展了自身的专业深度,也拓宽了自身的职业发展空间。②职业发展目标向高向远。较为典型的是随着职业实践的深入,具有企业工作经历教师沿着同一职业目标,在职业视野、业务范围和管理权限等方面,均有了更大更远的思考,比如从专业教师到专业带头人再到分管专业的领导。

二是基于高职院校新需求优化职业发展目标。在组织发展中寻找个体发展方向、确立个体发展目标,早已成为组织与个体协同发展的重要原则。从高职院校实际情况看,若具有企业工作经历教师能围绕高职院校教育教学改革新动向,立足自身能力特长,在融入高职院校改革发展中寻求职业发展空间,往往更能受到各级各类组织的支持。访谈发现,那些职业发展较为顺利的教师,往往也是学校和各级组织较为关注、支持和重视的教师。这些教师大致可以分为两类:一类以组织需要为导向,能主动融入学校改革发展,通过寻求制度性支持实现职业发展。比如积极参与各级各类竞赛、主动承担重难点任务的教师,其在职业发展资源集聚、个体资质条件积累上具有突出优势。这与教师评价体系中层层筛选的制度相契合。另一类则具有明确的职业发展方向,而且能够矢志不渝地坚持下去。比如一直与企业保持密切联系、注重国家产业政策、服务区域产业发展的教师,他们在高职院校产教合作、企业技术攻关中具有不可替代的作用,往往会成为高职院校社会服务团队的负责人、学院派驻企业的技术副总、行业组织的负责人等,为高职院校开展社会服务提供重要支撑。

三、高职院校具有企业工作经历教师职业发展的过程构建

前文分别从高职院校的制度环境、具有企业工作经历教师的个体策略考察了从企业引进的生产、技术和管理人才的职业发展过程。需要注意的是,高职院校和具有企业工作经历教师并非彼此孤立存在,在职业发展过程中,两者密切联系、互相影响。具体而言,具有企业工作经历教师以个体身份、个人视角,将企业经验投入高职专业教师的职业实践中,通过个体的行动,致力于尽快融入高职院校的日常工作中,并实现长远的发展。在适应新环境和胜任新职业的过程中,这些教师逐渐发展出个体性策略,最终实现与高职院校制度环境的动态平衡。在高职院校系列制度环境规约之下,具有企业工作经历教师基于对职业的理解和认知,有效权衡组织需求与个体意愿,采取一系列措施以适应新的职业要求和融入新的职业环境。

(一)职业压力与调适

从企业转行到高职院校的具有企业工作经历教师,面对新的职业环境和教育教学要求,首先面临的是职业适应压力。教师职业压力是指当工作状态无法有效应对或满足预期,或工作威胁到自尊和健康生活时,产生的一系列心理、生理和行为反应,或不愉快的、消极的情绪经历。[①] 具有企业工作经历教师进入高职院校后,必然要经历从入职初期的职业适应到职业发展中的逐渐融入,这一过程不仅反映出高职院校与这类教师的互相适应,而且体现出这类教师对新环境的认知及行动反应。

1. 具有企业工作经历教师的职业压力

具有企业工作经历教师的职业压力是高职院校对他们的职业要求和职业期待与他们所具备的能力和所能承担的实际工作之间的差距。相关研究表明:高职院校教师职业压力总体较高,职业压力因素由大到小依次为管理环境压力、科研压力、工作负荷与自我发展压力、学生行为压力和人际关系压力。[②] 与之相比,具有企

---

①Kyriacou C, Sutcliffe J. Teacher stress: prevalence, sources and symptoms[J]. British Journal of Educational Psychology, 1978,48(2).

②张菊霞.高职院校专任教师职业压力实证研究——基于全国14所高职院校的调查[J].职业技术教育,2020,41(06):56-60.

业工作经历教师因其前期职业经历和经验积累,其职业压力的内容和严重程度等具有特殊性,主要表现在以下几个方面:一是工作任务过重产生的压力。这里的工作任务并非教育教学等核心工作,而是指与本职工作没有紧密关系的行政类、临时性琐碎工作,这类工作挤占了教师大量的业余时间,入职初期的压力往往会比较突出。二是管理制度差异产生的压力。企业管理主要是目标导向管理,具有明确的工作与生活边界,任务领域相对单一;高职院校主要是任务导向,涉及多个领域且工作与生活的边界模糊。这种差异造成的压力在职业适应中长期存在。三是职业发展产生的压力。该压力主要来源于年度考核、聘期考核、职称申报等所需要完成的工作量及工作标准,是一种持续性的压力,伴随着职业生涯的全过程。四是职业认知反差产生的压力。主要表现在进入高职院校前,具有企业工作经历教师对高职专业教师存在模糊和过于简单的认识,对高职院校的学习基础、学习状态缺乏应有的了解,对高职院校的教学理念、方法、课程和教学要求缺乏理解与认同。实际接触高职教师工作后,他们发现教师职业任务广泛、职业要求较高、工作压力较大,与原来的职业预期形成反差。尤其体现在入职初期,面对全新而繁重的职业任务,职业压力较为明显。

2.具有企业工作经历教师职业压力的成因

具有企业工作经历教师进入高职院校主要担任专业教师,因此需要面对三重角色期待:一是社会对高校教师的角色期待;二是高职院校对专业教师的角色期待;三是教师个体对自身教书育人的角色期待。多重角色期待对具有企业工作经历教师提出较高标准、职能广泛、涵盖面广等多方面要求,因而产生职业压力。具体而言,对具有企业工作经历教师职业压力的成因分析,应重点考虑以下方面:一是高职教育的特殊性决定了其与经济社会联系紧密,教学改革要随着经济转型而进行调整,以探索适应经济发展的人才培养模式,持续变化的职业要求给教师带来了压力。二是高职院校管理上的量化考核越来越严格,不仅有年度考核、聘期考核等不同周期的考核,还有各类专项考核,尤其是在教学、科研、社会服务等方面,较多的量化考核容易引发教师的焦虑或抵触情绪,尤其是对从企业引进的教师而言,他们大多年龄相对较大、缺乏正规的科研训练,考核带来的压力更为显著。三是高职院校职称评审标准套用问题增加了具有企业工作经历教师职业发展的压力。从高职院校教师职业发展角度看,职称评审制度缺乏具有职业教育类型特色的评价体系,普遍存在的标准套用现象不仅制约高职教师的专业发展,而且成为阻碍高职教育内涵建设的障碍。① 对于具有企业工作经历教师而言,还要面临重新适应高职

---

①俞启定,王为民.审视与反思:我国高职教师职称评审标准的套用问题[J].教师教育研究,2013,25(01):17-21+16.

院校职称评审体系的现实问题。以上多重因素交织在一起,明显增加了具有企业工作经历教师的职业压力。

3.具有企业工作经历教师职业压力的调适

适当的压力可以激发教师潜力、提高工作效率,然而过重的压力会对教师身心健康和工作表现产生消极影响。具有企业工作经历教师面对职业压力,通常会调动各种资源以形成多元化的调适策略。一是寻求非正式的支持。由于具有企业工作经历教师会被分配到基层教学或科研组织中,当日常教育教学实践遇到个性化问题时,他们通常会向指导教师、教研室同事等寻求经验性支持。由于处于共同的职业环境,这些建议对解决职业实践中的具体问题(如班级管理、师生交流等)效果较好。二是寻求正式的支持。当工作任务较重、日常工作冲突等外部因素引起的压力较大时,具有企业工作经历教师通常会向教研室主任、专业主任或学院分管领导寻求帮助。由于具有前期工作经验,在面临具体问题时,他们大多会主动沟通。三是个人寻求解决的方法。当面对的问题或压力不便向其他人寻求支持时,具有企业工作经历教师会通过网络及各种平台寻找知识支持、经验支持和信息支持,以解决个人隐私问题。总之,具有企业工作经历教师会根据压力来源和问题性质选择相应的调适策略。值得注意的是,当面临压力时,他们较少会选择专业机构或学校层面的支持。

(二)职业适应与融入

具有企业工作经历教师进入高职院校后,必然要经历从入职初期的职业适应到职业探索的职业融入过程。高职院校与企业工作经历教师互动的实际过程更多表现在教师通过调整个体认知、态度和行为,以适应高职院校的职业要求。

1.具有企业工作经历教师的职业适应

对新入职教师的研究发现,职前的能力锻炼、职后培训的针对性、学校的期望、家人的支持、教师亲友的帮助以及新教师自身的努力,都是影响新教师入职适应的重要因素。[①] 对具有企业工作经历教师而言,其职业适应的核心在于处理好职业要求与个人意愿、能力、动机之间的内在张力,在高职院校的制度框架内,积极寻求职业适应的实现路径,具体体现在以下方面:一是职业理念适应,需立足高职院校教师的职业规范,牢固树立教书育人的职业理想,将职业理想与职业规范转化为教育教学的具体行动。二是职业角色的适应,需从生产者、服务者的生产逻辑和产品导向转向教育者、引领者的育人导向,实现从以物为主到以人为主、从标准化到个性化的转变。三是管理模式适应,需从企业注重结果和效益的管理向高职院校注重

---

① 邓红艳.小学新教师入职适应影响因素研究[J].中国教育学刊,2011(03):65-68.

过程和价值的管理转变,职业适应是通过理解和适应新环境,进而实现与新环境和谐相处的过程。

2.具有企业工作经历教师的职业融入

在前期的职业适应阶段对高职教师的角色定位、功能职责、价值意义等有了一定的了解和认识后,具有企业工作经历教师在职业融入阶段的关键在于进一步提升职业要求与个体资质和条件的匹配度。换言之,需要从职业理念、职业准则、职业能力等方面与高职教师的职业要求相适应,从而提升职业胜任力和教师职业素养。这类教师的职业融入主要通过以下方式实现:一是工作融入,即通过承担教学任务、广泛接触师生、体验职业意义,逐渐融入教师团队并获得被接纳感;通过帮助学生解决问题、见证学生进步而获得价值认同感。二是情感融入,即通过获得专业认同、能力认同、工作认同,与同事、领导、学生建立可依赖的紧密关系,增强组织归属感和职业成就感,这对教师职业承诺的形成和后期的发展有着关键性影响。三是荣誉融入,即通过长期潜心某一领域,获得代表性荣誉或取得标志性成果获得他人的认可,进而实现融入。教师职业融入的过程是多元而富有特色的,也是漫长而曲折的,不同的教师会采取不同的融入策略。他们的共同特征在于:在服务高职院校发展的过程中实现个体的职业融入,既符合组织与个体互动的规律,也契合中国高职教育治理的实际情况。

综上所述,通过与组织制度、环境的互动,具有企业工作经历教师经历着从职业适应、融入进而迈向职业发展的过程。由于具有前期的职业经历,他们大多能够较快地确定自己的职业发展目标,并找到具体的实现路径。

(三)职业发展与抉择

职业发展是从业者职业成长的重要表征,也是个体与组织良性互动的根本目标。具有企业工作经历教师的职业发展过程既要主动满足高职院校发展的组织需要,又要拓展和提升自身专业能力。随着具有企业工作经历教师适应并融入新的职业,他们对自身职业发展的理解和认识更加深入、定位更加精准、目标更为长远。这为他们的职业发展夯实了基础,提供了新的可能。在既定的组织职业通道内,具有企业工作经历教师往往通过将职业发展机会与个体能力、特长相结合,从而实现职业发展。

相关研究发现,影响教师专业发展的因素包括:教师发展的培训机制不成熟、教师自主发展和合作发展的意识淡薄、"双师型"教师队伍建设薄弱、现存的评价体系不利于教师的专业发展等[①]。教师发展模式的选择既要考虑现有的发展环境,也

---

①宁晓静.转型背景下新建地方本科院校教师专业发展的影响因素及策略[J].教育与职业,2016(03):64-66.

要考虑自身职业发展的条件。具有企业工作经历教师对职业发展的选择,是在综合考虑国家职业教育的职业发展制度、高职院校的职业发展机会及个体条件后作出的选择。前文已有所提及,高职院校具有企业工作经历教师通常会形成多元化的职业发展方向、阶段性的职业发展步骤和动态化的职业目标调整。深层的原因在于,组织的期待与要求和个体的能力与意愿是动态发展变化的,具有企业工作经历教师需要根据环境变化更新职业决策,不断优化职业生涯规划。从具有企业工作经历教师选择职业目标的依据来看,可以将其归纳为以下两种模式。

一是无自身特长或优势因而选择常规发展模式。多数具有企业工作经历教师选择该模式,这些教师虽然有前期的企业工作经历和专业实践经验的积累,然而没有形成特殊的能力与特长。进入高职院校后,他们在前期的职业探索和适应过程中,也未形成明显的个体职业优势,导致其在职业发展(尤其是职称晋升)方面,并不具备相对优势。基于此,他们主要依托现有职业体系,通过逐步积累职业发展的资质与职称晋升的条件,按常规路径参与职称评审。值得注意的是,部分教师获评副高职称后,认为自己不具备正高职称的条件,加上家庭或个人原因,因而进入顺其自然发展的状态。极少数教师更是进入高职院校后选择了"躺平",认为只要能完成基本工作便可,放弃了在事业上的追求,没有发挥自身所具有特殊才能和优势。

二是借助自身特长或优势而选择特色发展模式。少数具有企业工作经历教师选择此模式,这些教师大多在进入高职院校前,便形成了明显而独特的能力优势(如技术研发、尖端技能、专利转化等),或在进入高职院校后,在新的工作中形成了新的能力优势(如参加技能竞赛、指导学生参加技能竞赛、服务企业技术等),而且这些优势恰好与高职院校职称晋升体系中的加分项相契合。对于这些教师而言,由于之前便有职业发展的经验积累,他们往往将现有职称政策与个人能力优势相结合,实现职业的快速发展。具体而言,这些教师大多因为具有标志性科研成果、特色工作项目等优势而实现职业发展。与其他教师相比,这些教师在学校内具有独特性和稀缺性,不仅在职称上晋升较快,而且还获得了诸多的社会荣誉和社会地位,常常是教师们中的佼佼者和业内的"明星级"教师。

第五节　高职院校具有企业工作经历教师职业发展的主要问题

从职业转型视角看,具有企业工作经历人员从企业的生产、技术和管理岗位转型为高职院校专任教师,面临全新的职业环境与要求,涉及职业理念、职业观念、职业行为、职业能力等各方面的转变。部分从行业企业到职业院校任教的教师,存在学历不高、专业理论水平不足、教育教学能力不强等问题。[①] 面对新的职业环境,这类教师在职业发展的过程中,普遍面临角色转型困境、能力结构困境和职业发展困境等问题。以上困境与具有企业工作经历教师职业身份跨界转换、职业能力要求更加多元、个人知识能力储备不足、职业环境发展变化等原因密切相关。

一、角色转型困境:多重角色与多种期待叠加的压力

企业技术人员和职业院校教师是两种不同的职业角色,它们的职业内涵存在巨大的差异。在身份转换过程中,转型者会面临角色冲突、角色差异、角色紧张、角色失衡等问题,这些问题不仅会制约教师角色的成功转换,而且会影响职业教育人才培养的质量。[②] 与企业中以产品和服务的提供者、技术研发者或管理者为主的单一职业角色相比,高职院校具有企业工作经历教师需要满足多重角色期待。互相交叉甚至互为矛盾的角色期待构成了职业转型的困境,成为职业发展的重要阻碍。

(一)多重角色叠加产生的职业角色转换困境

教师是历史较为悠久、专业化水平较高、社会期待趋高、准入标准严格且较为成熟的职业类型。教师职业的制度建设也较为成熟和完善。《中华人民共和国教育法》《中华人民共和国教师法》《中华人民共和国高等教育法》等国家法律对高等学校教师的职业地位、任职条件和岗位内容等做出了明确的要求。与普通高校专业教师相比,高职院校专业教师的职业角色更加多元,且不同角色间存在不同程度的交叉重合甚至矛盾,导致职业角色转型较为困难。

1. 具有企业工作经历教师的主要职业角色

一方面,由于职业转换的跨度较大,原先积累的经验难以支撑新的职业要求,具有企业工作经历教师进入高职院校后,需要承担多种职业角色。访谈发现,新入职的具有企业工作经历教师大多需要同时承担以下角色:一是专业教师,需要承担一门或多门专业课程教学任务;二是班主任,在实际工作中履行班级管理者、学生思想政治教育工作者、心理健康指导者等职能;三是学生,需要学习教育学、心理学等理论知识,弥补自身短板;四是考生,需要参加教师资格证、普通话等级证书等相关考试,以取得从业资格证书;五是徒弟,需要向自己的指导教师学习教育教学的方法和技能,以弥补专业能力的不足。这种角色集中现象既有职业转换跨度较大

①任友群.优化职业教育类型定位 建设高质量职业教育教师队伍[J].中国职业技术教育,2023(05):5-11.
②彭媛媛.职业转型何以可能? ——Y市职业技术学校企业背景教师的转型困境研究[D].南京师范大学,2021:24.

与教师能力储备不足的客观原因,又有高职院校对具有企业工作经历教师职业成长规划不足的主观原因。

另一方面,由于职责范围跨度较大,高职院校专业教师承担较多的职业角色。相较于普通高校的专业教师,高职院校的专业教师除承担校内教育教学工作外,还要定期到企业实践研修、联系学生顶岗实习企业、参与企业技术研发、承担社会培训鉴定任务等方面的工作。一些具有企业工作经历教师长期往返于学校和企业之间,频繁切换自身角色。

2.具有企业工作经历教师的职业角色冲突

个体同时承担多种社会角色容易引发角色冲突。由于职业转换跨度大和职业教育本身的跨界教育特性,具有企业工作经历教师无论是在入职初期还是职业发展阶段,都会遇到角色冲突的问题。这些问题在一定程度上影响了教师角色的实现和职业功能的发挥。从实际看,具有企业工作经历教师职业角色冲突具有共性特征,对其加以梳理可以更好地把握他们所面临问题的实质。首先,入职初期所面临的角色冲突主要表现为职业任务与能力提升之间的矛盾,即"工学矛盾"。时间有限但各种任务高度集中,职业任务与能力提升之间的内在紧张关系,给新入职的具有企业工作经历教师带来了角色转型的挑战。其次,职业适应阶段面临的角色冲突主要集中于角色拓展与角色转换的张力,即"选择困境"。前者指沿着同一方向持续向前发展,后者表现为角色范围拓展或角色层级升级。这种冲突与个体意愿与选择、高职院校需求及二级院系对专业教师的引导等因素密切相关。最后,职业发展中面临的角色冲突主要集中于角色深化、维持与衰减之间的张力,即"发展瓶颈"。在职业发展到一定阶段后,如从专业教师到专业负责人、从讲师到教授、从普通教师到管理者,这种角色冲突便会显现出来。

3.多重角色冲突对具有企业工作经历教师的影响

对于遭遇角色冲突的具有企业工作经历教师而言,其受影响程度存在差异。这与教师本人对冲突的认知及所采取的策略、所在教学组织的支持程度等多方面因素相关。总体而言,职业发展中的角色冲突主要有以下方面的影响:一是重新评估职业发展的难度。对于偶尔经历角色冲突、能够自己解决且对职业保持比较乐观的具有企业工作经历教师而言,他们更多是从职业本身出发,寻找导致角色冲突的根本原因,较少归因于自身。他们会从职业任务安排是否妥当、工作任务是否繁重、工作标准是否过高等方面寻找原因,并主动调整对高职院校教师的职业认知。这种应对方式对教师本身并没有产生明显负面影响,不会阻碍职业发展。二是重新评估职业能力和职业目标。这种情形主要发生在多次经历职业角色冲突,未能及时解决且持续时间较长的教师身上。他们容易形成自我归因模式,即将冲突归咎于自身工作方法、职业能力、知识结构等主观原因。在这种情况下,角色冲突越多,他们的压力就越大,有些教师甚至会怀疑自己当初对高职教师职业角色的判断和预期。辩证地看,具有企业工作经历教师遭遇的角色的冲突,既有职业转换跨度大、职业教育对教师要求较高等客观原因,也有教师个体主动性不足、职业发展动机薄弱,甚至主动选择"躺平"等主观原因。对于多数教师(尤其是新入职教师)而言,客观原因是主要因素。当前高职院校重使用轻培养的制度,客观上加重了具有企业工作经历教师入职初期的角色冲突,对其职业适应和发展造成了不利影响。高职院校应重视这一现象,积极寻找相应的解决办法,为具有企业工作经历教师的职业发展营造良好氛围,为他们的职业生涯持续发展提供有力支持。

(二)多种角色任务引发的角色胜任困境

高等职业院校教师的基本特征是由高等职业教育的培养目标和办学性质决定的。[①] 育人属性、职业属性、跨界属性和高等属性是高职教育的根本属性特征,[②]其核心目标是培养生产、管理、服务一线的应用性和技术性人才,高职院校教师的所有工作必须服从这一目标。在高职院校基层教学组织复杂化、内部改革加快和办学规模快速扩张的背景下,一线教学管理和教师岗位配置并未严格遵循"人职匹配"原则,而是呈现出"应急逻辑",导致教师工作量持续增加。在此背景之下,具有企业工作经历教师并未被安排在那些他们较为擅长的任务上,而是如同职场新人般承担多重职业角色。每一种角色意味着承担相应的角色任务、角色功能和角色期待。由于承担多种角色,这类教师需要统筹协调多个角色任务,才能满足学校、院系、领导、同事、学生等多维度的期待。这种角色转换困境引发的角色期待压力,最终演变为角色胜任忧虑。

1.具有企业工作经历教师的主要角色期待

一项针对美国社区学院教师的研究发现,该类学院专业教师的主要职责包括实施教学、教学发展、教学管理、课堂管理、学生指导与咨询活动、学院或社区服务、专业活动以及领导和服务。[③] 与之相似,我国高职院校专业教师需要满足多个主体在多个层面的角色期待,这种多维的角色期待在促进具有企业工作经历教师从各个方面适应高职教育教学的同时,也在一定程度上引发了角色胜任的困境。相较于普通教师,高职院校具有企业工作经历教师面临的角色期待涵盖内容较广、标准

---

①叶小明.高等职业院校教师专业发展研究[D].武汉:华中科技大学,2008:19.

②贺星岳,曹大辉,程有娥,等."双高计划"建设背景下高职院校教师专业发展的逻辑及推进策略[J].现代教育管理,2019(09):96-101.

③Thornton A B. Understanding the socialization experiences of new technical faculty:A transition from industry to the technical college[D].University of New Orleans,2010.

要求较高、内容存有交叉。

首先,角色期待涵盖内容较广。最为典型的是,具有企业工作经历教师除了教育教学核心工作外,还需要承担诸多与专业工作关系不大或很少有关联的任务。访谈中受访教师提及较多的是参与所在院系的行政管理工作、招生工作、毕业生跟踪调查工作等,而且参加这些工作大多缺乏相应的培训,需要通过"边做边学"的形式来适应。从事此类工作挤占了大量的时间,使得具有企业工作经历教师入职初期的职业压力加大,延长了其职业适应的时间。

其次,角色期待标准要求较高。一名具有15年工程咨询经验的教师曾说道:"我多年在咨询公司做咨询,对工程管理现场较熟悉,在这方面有优势。然而,刚到学校不久,我就主要承担理论课程教学,这方面我是没有准备的。导致备课和教学任务压力都非常大。后面,学院领导又将新建专业的任务交给我。这样的任务对我的压力太大了。"(L-J-Y)相较于原有的职业经验,要做好专业建设负责人需要较深的专业理论知识、行业发展背景知识和教育教学知识,这对刚刚入职的教师而言,显得有些不尽情理。此外,很多受访教师认为指导学生参加技能竞赛的标准过高。一名技能大赛指导教师说道:"记得我第一年带学生参加职业技能竞赛,当时学校领导认为我们学院的基础好,要求省赛中要(获得)一等奖。这样的要求简直太不合理了,我自己也觉得是不能完成的任务。"(F-Y-S)

最后,角色期待内容存有交叉。问题主要集中在具有企业工作经历教师入职初期,由于部门之间缺乏有效的统筹协调、多头安排部署任务、工作点多量大面广,加之具有企业工作经历教师普遍需要参加岗位培训、准备教师资格证书考试等个体性工作,导致他们疲于应付。在这种情况下,具有企业工作经历教师没有精力及时补充教育教学理论和方法,也难以提升教学能力,在工作中会出现迷失感,对他们的职业发展具有不利影响。事实上,这与高职院校(尤其是二级学院)缺乏系统规划的培训和管理是密切相关的,由于没有针对性的职业任务安排,导致具有企业工作经历教师很难将自己的优势与高职院校的教育教学工作结合起来,偏离了高职院校引进具有企业工作经历教师的初衷。

2.满足多重角色期待引发的消极影响

科学合理的角色预期无疑有利于具有企业工作经历教师明确自身角色定位,在明确的角色岗位中发挥自身特长和优势。从管理科学的角度看,科学合理的角色预期是对"人职匹配"基本原理的遵循,根据具有企业工作经历教师的优势,精准有效地分配职业任务,并与其他教师形成人才培养上的互补,这样可以充分发挥他们开展实践性教学、实施应用技术研发、推动科研成果转化等优势,从而更好地服务于高职院校高素质技术技能人才培养目标。对于个体而言,有利于生成积极的职业体验感,进而增强职业自信。不过,在现实应急性管理导向下,具有企业工作经历教师并没有承担他们更有优势的专业领域工作,而是承担行政管理、招生就业、心理健康等涉及不同领域的工作。这使得他们既不能发挥自身的能力优势,又因为不具备多岗位工作的能力而陷入自我能力怀疑和角色困境中。

二、能力结构困境:能力储备与能力需求的结构性失衡

具有企业工作经历的教师在企业工作中所积累的知识、技术和经验对适应高职教师工作具有重要作用。然而,进入高职院校后,由于职业对象不同、职责范围拓宽、能力要求提升,原有的能力储备已很难完全满足新的职业需要。在此背景之下,跨界转行的具有企业工作经历教师至少面临增加新型职业能力、转化原有职业能力和生成复合性职业能力等三个方面的挑战,以解决职业能力不足的难题,实现从适应到胜任的转变。

(一)教育教学与教研科研能力短板如何补足

从职业能力结构要素来看,企业生产、技术和管理人才与高职教师在能力要素和能力要求上存在较大差异。从相关企事业单位调入的人员,虽然实践经验比较丰富,但他们在教育理论知识、教学实践和教学基本功等方面比较缺乏,而且他们所掌握的专业理论也存在很大的局限性,与专业理论的新发展脱节。[①] 正因如此,对于具有企业工作经历教师而言,由于具有基于专业的企业理论知识、实践经验和操作能力,进入高职院校后在教学的素材、案例、资源等方面具有明显的优势。然而,企业侧重操作和实践,但高职院校对教学、科研等职业能力提出了更高要求,由此形成了能力需求与能力储备间的结构性矛盾,其表现为教育教学与教研科研能力的严重缺乏,需要经过较长时间的训练和实践才能补上这一短板。

1.高职专业教师的教育教学与教研科研能力需求

从企业进入高职院校的教师,虽然原先积累的专业知识、实践经验、操作能力、沟通管理等能力是开展教学(尤其是实践性教学)所需要的,然而由于职业跨度较大,从工作内容和能力要求看,具有企业工作经历教师面临的最大能力短板在于教育教学与教研科研能力的缺失。因此,具有企业工作经历教师的能力并不能完全满足高职院校教学、科研等专业能力要求。具有企业工作经历教师由于不具备基本的教育教学技能和经验,缺乏适合职业教育的人才培养理念、教育教学方法和能力,在进入初期承担教育教学工作时较为吃力。随着职业生涯的推进,教研科研所需的研究能力会在职业发展中较为薄弱。访谈发现,受访者在进入高职院校前没有接受过正规的、有效的教育专业知识和技能训练,并且几乎没有接触过教育教学

---

①叶小明.高等职业院校教师专业发展研究[D].武汉:华中科技大学,2008:74-75.

相关工作,而企业承担的科研与学校的科研有较大差异,前者侧重于具体生产和技术问题的解决,后者侧重于应用技术的研究。在具有企业工作经历教师看来,高职院校人才培养最主要的是培养学生的动手操作和企业实践能力,很少思考培养学生的批判性思维、开发学生的智力和启迪学生的心灵等教育基本问题。教育理念、知识和技能的不足直接导致了高职院校有关人员的负面评价,特别是学生的满意度较低。受访者普遍认为他们在教学案例和素材上具有较多积累,也能够与教材有机结合,从而提升课堂的现场感,让学生更好地了解所学专业未来的职业场景。不过,由于缺乏基本的教育教学理论和实践训练,入职后又没有得到及时的指导,导致他们在入职初期基本是在没有相应能力支持的情况下投入教学活动。虽然一些受访教师反映的课堂乱象可能是由于学生自身的原因导致,但主要原因仍在于具有企业工作经历教师缺乏先进的教育理念、知识和技能。值得注意的是,由于很多非具有企业工作经历教师甚至很多资深教师也存在这些问题,导致具有企业工作经历教师把课堂乱象全部归因于学生素质和学校管理。这些客观原因给他们的教学工作增加了诸多难度,也让他们很难有效地参与专业建设、专业调研、课程开发等带有研究性的专业工作。随着职业活动的深入,他们在教研科研方面的能力不足也逐渐暴露。

2.具有企业工作经历教师能力储备的结构性短板

经过访谈梳理发现,具有企业工作经历教师前期工作中积累的能力储备是后期从事教学工作的重要能力基础。然而,也必须看到,由于在进入高职院校后至正式入职前,缺乏系统且有针对性的培训,具有企业工作经历教师普遍面临适应新工作的能力结构性短板。这些能力短板主要表现在以下方面:一是教育学、心理学、课程论、教学论等基本专业理论。由于引进的具有企业工作经历教师大部分是非师范专业的,他们在大学或研究生阶段未曾学习过教育学相关的理论知识。他们在这些方面的能力储备几乎为零,在入职培训不到位的情况下,他们主要凭自己上学时所喜欢教师的上课方法,以及通过网络学习到的方法开展教学。二是教学设计、教学组织、教学实施、教学评价等实际运用能力,由于之前既没有接触过相应的系统训练,入职前也没有获得相关的培训,具有企业工作经历教师只能通过“做中学”的方式加以解决。在企业承担过员工培训、在医院带过实习医生的教师在这方面则较少遇到问题,因为他们之前的经验可以迁移到高职教育教学中。三是教研科研项目申报、实施、结题等的组织实施能力。访谈发现,从具有企业工作经历教师在企业时的科研参与情况看,他们要么较少参与科研项目,要么参与的科研项目多为技术开发或技术项目攻关,侧重技术应用环节。进入学校后,更多参与纵向的、偏理论的科研项目。这些项目思路、研究重点、研究目标各有侧重,而且在立项、管理、结项等环节上也有诸多不同。由于两类科研在方向和模式上差异较大,前期或没有积累,或所积累的经验可迁移、可转化性不高,难以形成对当前科研工作的有效支撑与经验储备,亟待进一步补充相关理论知识和完善科研能力。

3.能力需求与储备不足的原因及其负面影响

对于跨界转行的具有企业工作经历教师而言,个体所具备的能力基础与新的职业能力要求之间的"供需失配"是普遍性问题,客观上难以避免。目前,我国还没有社会化的制度安排,但在职业教育较为发达的国家(如德国),针对此类群体已形成了有效支持跨界转行的机制,即通过职前培训解决教育教学能力缺失的问题。进入高职教师岗位后,教育教学能力的不足直接影响课堂教学的质量和效果,引发学生负面反馈,进而降低教师的职业满意度。教研科研能力的缺失直接制约着具有企业工作经历教师职业发展,比如教改实施、课题申报、项目开展、论文撰写等研究性工作,均要求教师具有一定的教研科研能力。目前,以上两个方面的能力缺失主要通过职后培训以及工作中的学习和反思来弥补,这不仅加重了具有企业工作经历教师的工作任务,而且也增加了他们职业发展的压力。

(二)现场案例与实践经验如何向教学转化

对于具有企业工作经历教师而言,无论是企业的生产、管理和服务,还是高职院校的教育教学工作,均以相同或相近的专业知识、专业技能及相关实践经验为基础。就此而言,虽然经历了职业上的跨界转型,但在职业能力上却有着某些方面的相似性。相较而言,企业工作侧重于将专业知识和专业技能运用于具体的生产和服务过程,目的是将其转化为产品或技术服务,重点是具体运用。高职教师的工作虽然也强调专业知识和专业技能的运用,但其运用并非直接展开,而是基于科学的设计和严密的组织,依托理论教学和实践教学展开。因此,能否将原有职业中积累的现实案例和实践经验转化为教育素材,是一项重要的能力。事实上,很多具有企业工作经历教师虽然知道技术原理和操作流程,但如何将其转化为学生能理解、听得懂的课堂教学,依然是一个较大的挑战。

1.具有企业工作经历教师的实践经验优势

具有企业工作经历教师积累的案例素材与经验,是其对先前职业体验的梳理、提炼和反思,既有具体职业场景、典型职业任务、通用职业知识的呈现,又有个体性的体验。这些经验的形成,与具有企业工作经历教师在企业工作期间的岗位经历及自我反思密切相关。从受访的具有企业工作经历教师的实际看,他们原先在企业工作中积累的案例与经验主要有:①工作场景的知识与经验,即对职业环境、工作对象、工具设备、操作步骤和注意事项等方面的基本知识和个体认知,能够呈现具体职业场景的现场感;②典型工作任务的知识与经验,即完成职业实践中常规性和典型性工作任务所需要的专业知识和专业技能,以揭示职业核心能力;③职业实践中的常见问题及其应对方案,即基于个体的职业实践,梳理出的职业实践中常常出现的各种职业问题及解决方案;④职业成功案例与启示,即经过整理和加工后形成的个体性知识;⑤职业失败案例与反思,即对从业者具有警示性作用的经验。一位在工程管理咨询公司做过技术总监的教师这样说道:"我是做建筑材料检测的,工地是我的工作地。随时需要到工程现场查看和检查,正因为这样,我对工作中的每个环节、每项流程以及相应的注意事项都非常清楚。这样,我的工作就会非常熟悉,而且效率会非常高。"(L-J-Y)该教师认为,这些经验是未曾在企业工作过的教师所不具备的,但这些经验对于高职教师的教学是有较大帮助的,前提是要能够将这些经验转化为教师教学的资源。进一步分析发现,具有多个岗位工作经历的教师,他们积累的经验涵盖范围更广;而长期在同一岗位上的教师,他们积累的经验更深、更透。

2.原有经验优势如何转化为教育教学的资源支撑

波兰尼认为人类的知识有两种:通常被描述为知识的即以书面文字、图表和数学公式加以表述的只是其中一种类型,而未被表述的知识(如我们在实践行动中所拥有的知识)是另一种类型。[1] 具体而言,默会知识是指我们知道但难以言传的知识。[2] 从知识属性看,具有企业工作经历教师积累的经验具有很强的默会知识特性,要将这些知识转化为教育教学的资源具有一定难度。一些受访的教师反映,虽然他们在企业实践中已经积累了专业知识、操作能力和专业经验,而且业务表现优异,但在将其转化为课堂教学的资源时仍有较大难度。一名受访教师甚至抱怨说:"我在企业时业务是最出色的,我既能将专业理论贯穿于具体实践,又能根据不同的职业场景选择有效的职业实践策略,积累了很多案例和经验。上课时我也将这些内容原原本本地讲给学生。可我就是不明白,学生投入度还是不太高。"(T-Y-Q)进一步了解发现,面临该问题的并非个例,很多教师在将原有经验转化到教育教学中时,往往面临两大共性问题:一是原有经验与学情分析缺乏融合。主要表现为选用的案例与专业结合不够紧密,与学生的学习需要不够吻合。主要原因是具有企业工作经历教师对高职院校学生来源较为复杂、学习基础相差较大且具有多元学习需求的群体特性认识不够充分。二是原有经验缺乏教学化处理。主要表现在运用企业素材和案例时注重案例讲述而缺乏案例分析。事实上,若没有经过一定的分析和提炼,企业故事很难获得学生的认可,也难以激发学生的兴趣。简单的案例讲述甚至让学生觉得教学缺乏理论深度,引发学生反感。

---

①Polanyi M. The Study of Man:The Lindsay Memorial Lectures 1958[M]. London:Routledge,2013.
②郁振华.波兰尼的默会认识论[J].自然辩证法研究,2001(08):5-10.

3.优势难以转化的成因及其后果

具有企业工作经历教师的教育教学经验具有明显的默会知识特征,将其转化为教学资源需要借助默会知识的习得机制。该机制通过三个转化过程实现:①社会化过程,即默会知识通过共同活动在个体之间得以共享;②外化过程,即默会知识以便于他人理解的形式得以表达;③内化过程,即通过做、实验、使用与练习等实践活动,将显性知识转化为默会知识。[①] 具有企业工作经历教师虽然积累了一定的专业知识、专业技能和实践经验,但能否将他们的职业知识(尤其是经验)转化为教育教学资源,还涉及不同工作场景下的默会知识外化。这显然是异常复杂的过程。他们需要通过入职后的反复训练、反思与改进,才能实现职业经验与高职教学的有机融合。而且职业经验本身还面临职业环境变化和技术更新所引发的滞后性困境,需要具有企业工作经历教师有针对性地防范和化解。

对于具有企业工作经历教师而言,若未能将其在企业工作期间所积累的经验转化为教育教学的资源,一方面会造成与其他教师的同质化,甚至会导致其在职业适应与胜任方面处于劣势,因为其他教师通常在学历、教育教学知识和技能上更有优势;另一方面会影响他们对自身发展的定位,由于找不到自身发展的相对优势,职业发展的自信心和预期会受到影响。对高职院校而言,若不能将具有企业工作经历教师的企业背景和经验优势发挥出来,那么学校引进这类教师的政策将会失去相关意义,提升实践教育教学的目标将难以达成;对学生而言,学校教育教学与企业联系的紧密性也将受到影响。概言之,企业工作经验转化困境将对具有企业工作经历教师、高职院校、学生等多个主体产生多方面的负面影响。

(三)教育教学活动与行业前沿如何再接轨

具有企业工作经历教师经过多年的行业、企业和岗位实践,积累了较为丰富的一线实践知识、经验及技能。但技术变革、行业发展和职业变化的交织发展,使得具有企业工作经历教师面临着原先积累的知识、经验及技能与行业发展脱离的风险。这便提出了一个新问题,即在职业发展过程中,具有企业工作经历教师应如何保持并加强与行业企业的联系,实现自身教育教学与行业前沿和企业实际再接轨。

1.外部环境变化催生能力更新

面对快速变化的技术形态、行业形态和职业形态,具有企业工作经历教师所积累的相关知识、经验和技能面临诸多挑战。诚如研究者所提出的,"即使只从企业引进'双师型'教师,其职业能力很快也会因为知识老化而'过时',需要不断到企业

---

①贺斌.默会知识研究:概述与启示[J].全球教育展望,2013,42(05):35-48.

进行实践、学习,如此循环往复。"[1]这些挑战具体表现为:对专业领域技术跟进不足而引发的技术滞后,对技术变革冲击下的行业形态把握不足而引发的行业知识落后,以及对职业形态变革了解不足而引发的职业知识和职业技能错配等三个方面。这些挑战将直接影响具有企业工作经历教师教学的有效性和其与行业的一致性,最终影响人才培养与市场需求的适配性。值得注意的是,即便一直在企业工作,员工也需要通过内外部的在职培训和学习掌握行业发展中的新技术、新工艺和新设备,以保持职业适应性。当具有企业工作经历教师进入高职院校后,因工作重心转向人才培养,其与行业企业的联系减少,要想保持教育教学工作的有效性则面临着更大的挑战。因此,高职院校需完善制度保障与资源支持体系,鼓励具有企业工作经历教师通过"回企研修"、项目合作、技术服务等方式加强与企业的联系,帮助教师及时更新行业知识、生产工艺和职业能力,确保其教学的适应性。

2.能力更新不足及其成因

进入高职院校后,具有企业工作经历教师与行业企业的联系由于工作环境变化和自身主观原因明显减少。由于与原行业企业的联系减少,其对行业前沿、发展趋势,以及新工艺、新材料、新流程的理解明显不足,导致能力更新相对滞后。在受访的具有企业工作经历教师看来,引发这一后果的原因可归结为以下四个方面:一是学校层面。进入高职院校后,具有企业工作经历教师的重心已全部转移到教育教学和人才培养方面,与企业的具体合作更多是院校和二级院系层面的组织行为。这些教师由于曾在企业工作,通常不会被优先视为到企业实践锻炼的对象,但在寻找学生实习企业和安排教师到企业研修时,往往会让具有企业工作经历教师参与进来,以发挥他们与企业熟悉的优势。二是工作层面。具有企业工作经历教师进入高职院校后,承担多个领域较为繁重的工作任务,难以抽出时间再到企业实践研修。三是个体层面。很多受访者坦言,由于照料家庭、与企业的关系淡化等方面的原因,他们"回企研修"的动机不强。四是社会层面。具有企业工作经历教师进入企业实践研修的社会支持制度尚未建立,缺乏社会性的制度保障。基于以上原因,具有企业工作经历教师进入高职院校后,与行业企业的联系受到一定程度的影响,致使原先形成的行业企业知识、技能和经验优势有弱化的风险。

3.能力更新滞后的不良后果

相较于高职院校的其他教师,具有企业工作经历教师拥有现场实践能力及以此为基础而形成的专业经验,可以较好地弥补高职院校教师企业实践能力和经验不足的结构性缺陷,这也是高职院校引入这类教师的初衷。然而,具有企业工作经

---

①新华网.中国"双师型"教师短缺 从哪里来又该如何培养?〔EB/OL〕.(2019-11-12)〔2024-12-20〕. http://www.xinhuanet.com/politics/2019-11/12/c_1125219338.htm.

历教师进入高职院校后,在与行业企业保持密切联系、持续参与产品研发、技术转化等方面受到诸多限制。比如过多的教育教学任务使得他们精力不足,制度和激励措施缺失使得他们参与动机不足。随着进入高职院校工作时间的延长,具有企业工作经历教师原先所具有的实践经验和技能优势有削减的风险。其可能引发的后果主要包括:一是具有企业工作经历教师所特有的优势很可能受到削弱,导致高职院校教师队伍同质化风险增加,进而影响实践性教学能力的政策目标实现;二是制约具有企业工作经历教师的职业发展。具有企业工作经历教师拥有跨界的职业体验和职业技能,本应发挥连接学校与企业、教育与产业的桥梁与纽带的作用。然而,无论是国家层面还是学校层面,目前较为关注具有企业工作经历教师的引进阶段,而较少注重具有企业工作经历教师引进后职业发展的制度支持。整体而言,具有企业工作经历教师进入高职院校后,如何与行业企业保持良好的沟通仍然面临不少挑战,教育教学及人才培养如何与行业企业新的职业场景保持一致仍然是一个重要的问题。

三、生涯发展困境:新赛道与新规则下的职业生涯再启航

从企业引进的生产、技术和管理人才经过多年的积累,已经具有相应的专业技术职称,他们中的不少人员还担任过行政职务,成为企业生产、技术和管理领域的骨干。比如不少受访教师具有高级工程师、高级会计师、主任医师等职称,有的受访者则担任过企业的技术副厂长、总工程师、总会计师、项目经理等职务。然而,由于行业间在职称互认、职位衔接上存在诸多阻隔,在职业流动尤其是跨行转换职业时,原先获得的职务职称资质难以在不同行业间直接衔接和聘用。为此,从企业引进的生产、技术和管理人才进入高职院校后,不得不回到原点从头再来,在专业技术职务上需要转评转聘、资质条件上需要重新准备、发展规划上需要再设计。概言之,在新的职业赛道和新的发展规则下,具有企业工作经历教师需要面对如何适应高职教师职业发展新规则、如何激活教师职业生涯发展新动能、如何确立新规划以引领生涯再启航等现实难题。

(一)如何适应高职教师职业发展新规则

教师职业发展具有较强的政策约束,这既与教师职业发展体系较为成熟有关,也与教师职业发展相关政策制度的完善相关。高职院校教师职业发展是在国家教师治理相关政策制度(尤其是高职教育师资队伍建设政策)引导下,在围绕高职教育人才培养、教研科研和社会服务等环节形成的内部规章制度框架下展开的,需要遵循特定的规章制度、适应特定的职业发展规则。为此,对于具有企业工作经历、拥有专业技术职务的教师而言,他们进入高职院校后,面临的首要任务便是如何适

应高职教师职业发展的新规则。能否尽快熟悉和了解这些新规则,并按照其规定指引自身职业发展,决定着他们后期的发展前景。下面将以职称晋升为重点分析具有企业工作经历教师适应新规则时的困境。

1. 熟悉职业发展新政策

职业发展是在一定的制度框架下实现的。由于从企业转型到高职院校,具有企业工作经历教师需要在了解新的职业发展政策、明晰新的职业发展路径等基础上,重新思考和谋划自己的职业发展规划。大多具有企业工作经历教师进入高职院校后,经过短期职前培训便开始逐渐融入教育教学工作。他们对自己的专业能力如何提升、专业职称申报、职业发展道路选择等问题并不是很清楚。事实上,他们大多是从学校人事部门的介绍中接触相关信息。多数受访教师是在日常工作中,通过与自己的指导教师、身边的同事等的接触了解相关知识。也正是在此基础上,具有企业工作经历教师逐步扩展对相关政策和知识的学习和了解,并将其与自己的职业发展有机结合起来。

不少受访教师表示,他们平时虽然会了解一些相关政策,但没有进行过细致深入的系统学习和梳理。为此,不少教师在申报专业技术职务时,通常会遇到不满足某些条件的情况,耽搁了职业发展的时间。还有一些教师对学校支持教师专业发展的政策了解不多,大多从同事那里了解到这些政策。总体而言,具有企业工作经历教师对职业发展政策的熟悉存在零散性和滞后性,缺乏系统的培训和有针对性的学习资源。

2. 适应职业发展新规则

相较于原来企业的职业发展,具有企业工作经历教师进入高职院校后,受到新政策、新制度的约束,需在适应新的职业发展规则推进职业发展。受访教师普遍表示,由于高职院校的职业发展制度是参照其自身相关制度设计的,他们需要舍弃原来的积累和优势,重新开始。这种新规则对于具有企业工作经历教师而言,在一定程度上是不合理的,主要体现在以下方面:一是原先企业的专业技术职务未能获得认可,进入高职院校后,许多具有企业工作经历教师不得不在具备相关条件后通过重新申报、转评转聘或低聘等方式来实现职业发展;二是对于具有企业工作经历教师普遍面临能力储备不足的问题(比如专业知识、教育教学知识和技能、教研科研能力等没有获得组织层面的支持),使他们在适应工作和履行岗位职责时面临更多的挑战。

以上问题的出现至少有两个方面的原因:一是现有职业发展制度是按照高校毕业生的实际情况设计的。当引进具有企业工作经历教师上升为国家政策、具有企业工作经历教师成为高职院校新增专业教师主要来源时,原有的职业发展政策亟需相应调整,然而目前改进举措较少。二是高职院校内部的教师专业发展政策尚未真正将具有企业工作经历教师纳入,缺乏专门的制度安排,常将其与高校毕业的博士、硕士生统一培训,或让他们自己解决职业发展中的现实难题,对这类教师缺乏专业能力发展的有效支持。

3.满足职业发展新要求

面对高职院校教师职业发展新规则,具有企业工作经历教师唯有了解新政策、适应新规则,将其转化为自身应具备的能力、资质条件,才能满足职业发展的能力要求、资质条件和必要标准,从而获得职业发展。从受访教师的切身经历看,在满足职业发展新规则方面,有以下方面的困境:一是工与学的矛盾,主要表现在进入高职院校初期,具有企业工作经历教师承担的教育教学任务较重,而且需要参加各级各类的培训以提升专业理论知识、教育教学知识和技能。为能尽快申报或转评专业技术职务,他们通常需要参加各种培训和考试。二是发展条件存在不同群体间的差异。具有企业工作经历教师反映最为突出的是在申报高级专业技术职务时,在课题、论文上有较高的标准和要求,这对具有企业工作经历教师而言是不合适的。因为相较于从高校毕业便进入高职院校的教师而言,部分具有企业工作经历教师学历较低、科研训练相对不足,要满足科研要求显然非常艰难。

相关研究表明,与其他教师相比,具有企业工作经历教师在工作时间相同的情况下,他们的专业技术职务往往低于学历较高的教师。这一问题的根源在于,高职院校的职称评审制度是借鉴普通高校的职称评审制度,缺少对职业教育特殊性的考虑。访谈发现,虽然一些具有企业工作经历教师能将企业实践与专业理论相结合,使课堂教学更受学生欢迎,然而由于在教研科研方面相对薄弱,在现有专业技术职务评审制度下缺乏晋升优势。这样的制度设计背离了高职院校以人才培养为中心的办学宗旨和定位,应引起足够的重视。

(二)如何激活教师职业生涯发展新动能

内源动力是驱动具有企业工作经历教师实现职业发展的核心动力。具有企业工作经历教师的职业发展内源动力至关重要。原因在于,他们进入高职院校初期,既要面对全新的教育教学工作所引发的职业适应困境,又要面对繁重的工作任务带来的职业转换困境,以及面对职业能力储备不足导致的职业发展挫折。多重困境叠加很可能引发退缩心理或职业倦怠,进而丧失职业生涯发展的动能。对于进入新职业轨道的具有企业工作经历教师而言,亟须对高职教师职业抱有信心,以此形成支撑生涯发展的强有力的内源动力。

1.面对全新的教育教学工作引发的职业适应困境

面对职业转换,需要适应新的职业环境、承担新的工作任务、处理新的人际关系等,容易引发职业适应困境。因此,该阶段是职业生涯发展的关键期,入职初期能否顺利度过,对个体后期的职业适应和发展有着决定性影响。具有企业工作经历教师进入高职院校后,其并不承担大量的单项工作任务,但工作范围较广,涉及不同的职业能力,而且每一方面的工作均需要相对独立且较高水平的工作能力。具有企业工作经历教师承担的绝大多数工作是没有相关知识和经验基础的,需要通过探索和实践逐渐学习与提升。访谈发现,具有企业工作经历教师普遍对班主任工作、说课比赛、教学能力大赛等工作感到焦虑。一方面是因为他们承担的工作内容较为繁杂、涉及面较广、缺乏时间和精力;另一方面是因为这些工作的标准和要求比较高,对于入职初期的教师而言具有较大的挑战性。加之新环境带来的不确定性担忧心理,使得他们在承担岗位工作时倍感压力。值得注意的是,当具有企业工作经历教师面临职业压力和适应困境时,很少获得院系或高职院校层面的有效支持,更多的是通过与同伴的非正式沟通或独自探索解决问题。

职业适应困境如若长期存在,他们对课堂教学的畏难情绪便会陡增,改进教学的动机便会减弱。比如有的教师在没有经过教育教学相关培训的情况下便匆匆走上讲台,经历多次课堂挫败后,即便经过一段时间的努力,其课堂教学效果依然没有得到改观。新入职的教师难以树立起职业自信,会消解他们在高职教师岗位上实现发展的信心。

2.面对繁重的工作任务压力产生的职业转换困境

随着具有企业工作经历教师逐渐适应教育教学工作,一方面因其对所承担的工作从探索走向熟练,完成这些任务的压力有所减轻;另一方面,随着职业发展,具有企业工作经历教师所涉及的工作范围得到拓展,不再是入职初期仅限于教育教学,随着职业发展,对工作标准的要求也会逐渐提高。这意味着对具有企业工作经历教师的要求是随时间的推进和环境的变化而动态调整的。为适应新的要求,具有企业工作经历教师始终要保持持续学习的状态。为促进教师继续学习和提升自身业务能力,高职院校会提供各级各类、校内校外的培训学习机会。在工作与学习提升之间保持动态的平衡始终是具有企业工作经历教师要持续面对的问题。

这种动态平衡的过程,使得具有企业工作经历教师的职业转换会伴随职业生涯发展的全过程。这已经得到多种教师职业生涯发展理论的验证。所不同的是,具有企业工作经历教师所经历的职业转换至少具有两个特性:一是入职初期的职业转换往往非常困难,主要原因是职业跨度大、外界支持少,而且社会期望较高。在较高的社会期待和较少的有效支持下,职业转换定然异常艰难。二是职业生涯发展后期职业转换进程缓慢,主要原因是晋升副高职称后,部分具有企业工作经历教师由于前期在教育科研方面的专业训练有限和积累不足,在职称申报所需的教育科研方面难以达到要求,只能长期徘徊在副高职称,甚至一直延续到职业生涯终点。

3.职业发展内生动力究竟如何生成

面对职业发展过程中的诸多不确定性,以及在各个阶段均会经历的职业转换与适应困境,如何能够让具有企业工作经历教师始终保持对职业生涯发展的内源动力,无疑是极为重要的问题。原因在于,内因是事物发展的根本原因,外因只有在内因的作用下才能发挥应有的作用。具有企业工作经历教师入职初期,通常对高职教师抱有新鲜感、充满期待和激情,是建立职业情感的绝佳时期,应从长远发展的角度出发,为他们提供有针对性的支持。遗憾的是,目前只有师生比合理、招生比较平稳的院系,能够坚持让初入职的教师尽量不上课,而是进行充分且必要的职前培训,这些教师往往能够专注于基本功训练,能较为顺利地度过入职初期的适应期,并建立较深的专业认同感,为他们后期的发展奠定坚实的基础。

然而,这些做法也面临着现实的挑战。比如,新入职的教师因为没有承担教学任务,在奖励性绩效工资制度下,工资收入较低,直接影响到他们的生活质量和水平。很多教师对此感到不满。为此,即便是可以确保新入职的具有企业工作经历教师专注于培训的院系,也会适当增加他们的工作任务,以此保证这些新入职的具有企业工作经历教师获得一定的收入。

(三)如何确立新规划以引领生涯再启航

从企业生产、技术或服务人员转变为高职院校教师,意味着新的职业发展起点、通道和规则。如何基于新的职业环境、能力要求、个人条件、特长优势等综合分析,形成目标明确、路径清晰、切实可行的新职业生涯规划,以此引领职业生涯发展,是高职院校具有企业工作经历教师职业发展中最为根本的问题。解决好这一问题,需要处理好组织需求与个体追求之间的平衡,即新的职业生涯规划需要在服务高职院校发展的框架内,实现个体价值追求与高职院校组织期待相匹配的长远目标。为此,具有企业工作经历教师的职业生涯发展既要考虑个人的基础条件,又要将个人禀赋条件、能力优势与高职院校的具体发展有机结合起来,并在服务高职院校改革发展的目标引导下促进自身职业生涯发展。反观现实,具有企业工作经历教师进入高职院校后,尤其是在职业发展初期,在建立新的职业生涯规划方面面临较多挑战,主要体现在以下方面。

1.如何确立符合现实的高职教师发展目标

生涯发展目标引导着生涯发展的方向。高职院校教师生涯发展目标取决于高职院校办学定位、人才培养目标、教育教学要求。具有企业工作经历教师进入高职院校后,需要根据高职院校对专业教师的要求,调整并重新确立职业生涯发展的目标。对于具有企业工作经历教师而言,进入高职院校前对高职教育的了解较为有限,甚至对自己将要从事的专任教师工作,也只是有诸如"高职教师就是上上课"

"没有考试压力很自由轻松""有很长的假期可以休息"等非常表层的理解,对其主要职责和相应能力并没有相应的认识。

进入高职院校后,具有企业工作经历教师工作参与的范围越来越广、程度越来越深、要求越来越高。与他们原先"理想化"的预期相比,实际的教育教学无论在覆盖面、工作量还是难度上均超过原先的预期。很多受访教师入职初期普遍经历了发展方向迷茫、职业适应不良、职业自信不足等职业困境,这些经历在一定程度上增加了具有企业工作经历教师重新确立职业生涯发展目标的难度。加之高职院校尚未建立对教师系统的职业生涯发展教育和支持体系,使得他们的生涯发展目标并未及时确立。

访谈发现,对于具有企业工作经历教师而言,与对教育教学"做中学"的模式一样,他们对职业生涯发展的理解与把握,同样是在逐步熟悉工作的过程中,通过培训学习、同事交流、自我探索等方式实现的。他们所获得的与职业生涯发展相关的知识,既不系统也不完整,并呈现随着了解的深入而逐渐增多的趋势。不过,受访教师在首次参加职称申报时,往往会系统地了解职业发展的政策、申报条件、具体程序,而且会将这些要求与自己的日常工作建立联结。因此,一旦了解职业发展的标准,他们便会形成明确的职业生涯发展目标,而且会迅速调整自己原有的不符合实际的想法,从而步入生涯发展的正轨。

2.如何构建支持高职教师职称晋升的策略

职称晋升既是高职教师职业发展的指挥棒,也是其专业能力发展的重要体现。高职教师职称申报条件随着申报级别的提高而愈发严格,教师面临的压力也越来越大。具有企业工作经历教师大多可以通过转评后获得高校教师初级职称或中级职称,在此阶段,他们主要的任务是满足岗前考试成绩、高校教师资格证书、教育教学工作量、班主任工作经历等必备条件。由于该阶段的要求相对较低,经过适当努力便可达成。

随着职称等级的提高,申报条件的要求也越来越高,不同背景的具有企业工作经历教师面对同样的要求时也存在差异,原因在于他们的优势和基础存在个体差异。此时,具有企业工作经历教师需要解决两个方面的问题:其一,在现有职称评审体系里面找到适合自己的职称晋升通道,当前职称评审机制改革总体有利于具有企业工作经历教师发挥自身优势;其二,系统梳理评审条件与自身现状的差距,以便针对性补足短板。

3.如何突破职业发展的瓶颈限制

对于具有企业工作经历教师而言,进入高职院校后,与普通高校毕业便进入高职院校的教师相比,既有重新适应职业环境的共同性,也有适应过程中各不相同的优势与劣势。具有企业工作经历教师面对新的职业环境时,在职业发展过程中,通常会在不同的阶段面临职业发展的瓶颈。若这些瓶颈未能得到有效解决,很可能会影响具有企业工作经历教师的职业生涯发展。如何有效突破具有企业工作经历教师在职业生涯发展不同阶段遭遇的困境,便成为他们职业生涯发展的关键问题。

进入高职院校初期,具有企业工作经历教师最为常见的发展瓶颈往往是由职业转型引发的。主要表现为难以适应新的职业环境难以胜任新的职业任务、难以满足新的职业能力要求。比如很多具有企业工作经历教师在进入高职院校初期,难以适应上下班边界不清晰工作制、胜任教育教学任务、承担教研科研工作等。少数教师在较长时间段内未能突破这些发展瓶颈,长期处于适应与退缩阶段。甚至有极少数教师职业发展内在动力不足,在遭遇职业发展瓶颈后选择消极应对,导致专业能力和职业发展长期停滞。

在职业发展中,具有企业工作经历教师常常面临职称晋升困境或职业倦怠引发的瓶颈。前者主要表现为在晋升高级职称(尤其是正高级职称)遭遇挫败后,通过维持现状或放弃职称发展来消解不良影响,比如工作方面求稳、进取心减弱;后者主要表现为获得相应职称或职务达到一定阶段后,由于没有太多发展空间,又不能找到新的发展方向,逐渐陷入应付性工作状态。

综上所述,具有企业工作经历教师在职业发展过程中,面临着角色转型困境、职业能力胜任困境和职业发展困境。根据已有研究,与其他教师相比,具有企业工作经历教师所遭遇的困境既有共性,又有特殊性。前者表明进入高职院校后,各类新入职教师在适应新的工作时均会面临的普遍性问题;后者表明,具有企业工作经历教师和普通教师在能力储备、专业知识、职业能力等方面是有差异的,因此他们在适应新的职业时所面临的困难和问题各不相同。

第四章 高职院校具有企业工作经历教师引进与发展的影响因素

在当今职业教育快速发展的背景下，高职院校对具有企业工作经历教师的引进与发展日益重视。这类教师不仅拥有丰富的实践经验，能够将行业前沿知识融入教学，提升学生的实践能力和职业素养，还能为高职院校的产学研合作、课程教学改革注入新的活力。然而，高职院校在引进与培养具有企业工作经历教师的过程中并非一帆风顺，其成效受到多种因素的影响。因此，深入探究高职院校具有企业工作经历教师引进与发展的影响因素，对于优化人才引进机制、促进教师职业成长具有重要意义。本章将从引进和职业发展两个维度出发，详细分析相关影响因素，为高职院校的人才队伍建设提供有益参考。

第一节 高职院校具有企业工作经历教师引进的影响因素

师资力量是保证人才培养质量的先决条件，是衡量一所学校办学水平的重要指标。具有企业工作经历教师是高职院校教师队伍的生力军，是建设高职教育类型发展生态的重要力量。引进，包括招募、选择、录用、评估等一系列环节，是高职院校具有企业工作经历教师队伍建设的入口关，具有举足轻重的地位。正如马修·钦戈斯（Matthew M. Chingos）和保罗·彼得森（Paul E. Peterson）基于教师有效性的研究指出，选择一位好教师往往比造就一位教师更重要。[1] 然而，当前高职院校具有企业工作经历教师的引进在理论层面和实践层面都较为薄弱，亟须引起重视。本书借助推拉理论，以高职院校具有企业工作经历教师的引进影响因素为研究对象，通过构建推力-拉力模型，对其进行深入分析。

一、基于推拉理论构建具有企业工作经历教师引进的影响因素模型

高职院校具有企业工作经历教师的引进是一种"双向选择"和"双向奔赴"，并

---

①Chingos M M, Peterson P E. It's easier to pick a good teacher than to train one: Familiar and new results on the correlates of teacher effectiveness[J]. Economics of Education Review, 2010, 30(3): 449-465.

体现或遵循着人口迁移流动中的"推拉原则"。本书在厘清推拉理论内涵及其发展的基础上,深刻剖析推拉理论对高职院校具有企业工作经历教师引进的适用性,从流出企业、流入院校、中间阻碍三个维度构建了高职院校具有企业工作经历教师引进的"推-拉-阻"模型。

(一)推拉理论的内涵及其发展

推拉理论(Push-Pull Theory)最初是研究人口迁移流动的理论。英国社会学家拉文斯坦(E. G. Ravenstein)被公认为是推拉理论的先驱,他在 19 世纪 80 年代总结的人口迁移规律——"迁移法则"[①]体现了推拉理论的早期思想。1938 年,赫伯尔(R. Herberle)正式提出推拉理论,他认为人口迁移是由一系列"力"引起的,一部分为推力,另一部分为拉力,且推力和拉力不是单一因素,而是若干因素的综合。[②] 20 世纪 50 年代末,唐纳德·博格(D. J. Bogue)对推拉理论进行了系统的阐述,认为人口迁移的目的是改善生活条件,迁入地有利于改善生活条件的因素是拉力,而迁出地不利的生活条件就是推力。[③] 1966 年,埃弗雷特·李(E. S. Lee)在《迁移理论》(*A Theory of Migration*)[④]中对推拉理论进行了修正和完善,提出了更为系统的推拉理论。他认为人口迁移是推力、拉力、中间阻碍三个因素综合作用的结果,且迁入地和迁出地都存在推力和拉力,能否发生人口迁移主要取决于推力和拉力的大小对比(见图 4-1)。

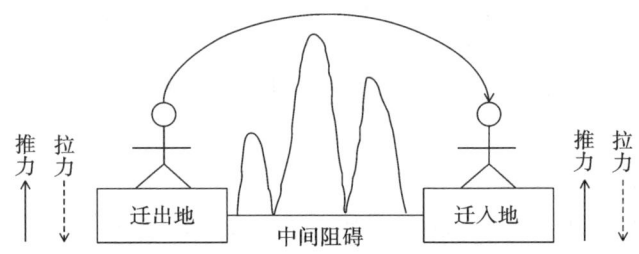

图 4-1　埃弗雷特·李推拉理论的推力和拉力

随着研究的深入,推拉理论不再只是社会学领域用于解释人口迁移流动的基础理论,而逐渐成为一个被广泛接受和应用的理论框架。因其较强的解释力,现已被应用到社会学、人口统计学、旅游学、教育学等多个领域,用来解释各类现象或行

①许恒周,殷红春,石淑芹.代际差异视角下农民工乡城迁移与宅基地退出影响因素分析——基于推拉理论的实证研究[J].中国人口·资源与环境,2013,23(08):75-80.

②李竞能.现代西方人口理论[M].上海:复旦大学出版社,2004.

③Hauser P M, Duncan O D. The study of population:An inventory and appraisal[M]. Chicago:University of Chicago Press,1959.

④Lee E S. A theory of migration[J]. Demography, 1996,3:47-57.

为发生的原因,比如农民工乡城迁移与宅基地退出①、养老旅游意愿②、高校人才流动③、大学生留学选择④、教师轮岗交流意愿⑤等。

(二)推拉理论对高职院校具有企业工作经历教师引进的适用性

根据联合国国际人口学会组织编写的《人口学词典》(1992年),人口迁移是指"人口在两个地区之间的地理流动或者空间流动"。⑥ 高职院校具有企业工作经历教师的引进是从企业到高职院校的流动过程,同样具有空间流动的特征,究其本质也属于人口迁移流动的范畴。因而,从推拉理论视角出发,分析高职院校具有企业工作经历教师引进的影响因素具有较强的理论适切性和解释力。

1.参与主体的多样性与推拉理论相符

推拉理论一般将迁出地、迁入地、移民个人和政府作为迁移流动行为的参与主体。⑦ 在我国高职院校具有企业工作经历教师的引进过程中,流出企业、流入院校、具有企业工作经历教师个人是主要的参与主体。同时,政府作为国家宏观政策的调控者,在统筹高职院校具有企业工作经历教师的引进方面具有总揽全局、协调各方的作用,通过制定政策为高职院校引进具有企业工作经历教师提供支持和引导。

2.引进过程的多方博弈性与推拉理论一致

推拉理论的中心思想是迁移行为由迁入地和迁出地的各种推力和拉力综合作用共同决定,迁入地和迁出地一直处于推力与拉力的博弈状态。高职院校引进具有企业工作经历教师使参与主体多样化,其引进过程是多方力量综合博弈的结果。

3.引进影响因素的复杂性与推拉理论相契合

人口的迁移流动是一个十分复杂的社会现象,受制度、经济、文化和政策等多方面因素的影响。⑧ 推拉理论认为,人口迁移流动的影响因素是错综复杂的、不确

---

①许恒周,殷红春,石淑芹.代际差异视角下农民工乡城迁移与宅基地退出影响因素分析——基于推拉理论的实证研究[J].中国人口·资源与环境,2013,23(08):75-80.

②莫琨,郑鹏.养老旅游意愿影响因素实证分析:基于推拉理论[J].资源开发与市场,2014,30(06):758-762.

③黎庆兴,李德显.推拉理论视域下高校人才流动困境及其治理路径[J].江苏高教,2021(10):46-52.

④潘昆峰,蒋承.我国大学生留学选择的影响因素分析[J].中国高教研究,2015(03):15-20.

⑤杜屏,张雅楠,叶菊艳.推拉理论视野下的教师轮岗交流意愿分析——基于北京市某区县的调查[J].教育发展研究,2018,38(04):37-44.

⑥赵永春.关于"人口迁移"、"移民"及其相关概念[J].史学集刊,2012(02):24-28.

⑦黎庆兴,李德显.推拉理论视域下高校人才流动困境及其治理路径[J].江苏高教,2021(10):46-52.

⑧刘风,葛启隆.人口流动过程中推拉理论的演变与重塑[J].社会科学动态,2019(10):26-31.

定的,并不是单一因素所影响,也不是各种因素的简单相加,而是多种因素的交互作用。高职院校具有企业工作经历教师的引进也会受到流出企业、流入院校、中间阻碍等多个方面的影响,这些影响因素之间存在错综复杂的关系。

(三)高职院校具有企业工作经历教师引进的"推-拉-阻"模型构建

本书在埃弗雷特·李的推拉理论基础上,结合高职院校具有企业工作经历教师引进的特点,从流出企业、流入院校、中间阻碍三个维度构建了高职院校具有企业工作经历教师引进的"推-拉-阻"模型(见图4-2)。

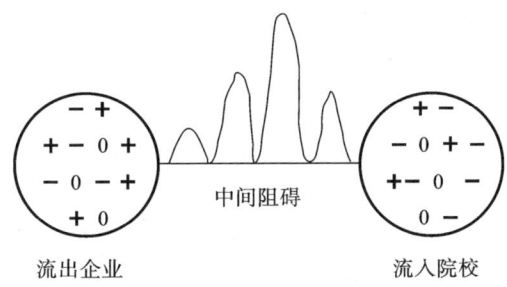

图 4-2　高职院校具有企业工作经历教师引进的"推-拉-阻"模型

该模型的核心思路是,高职院校具有企业工作经历教师引进受到诸多因素影响,是流出企业、流入院校、中间阻碍三个维度共同作用、博弈权衡的结果。根据埃弗雷特·李的推拉理论,迁出地和迁入地都既有拉力又有推力,推力是迁出地和迁入地不利于人口居住、生活、工作等方面的因素,拉力是迁出地和迁入地吸引人口迁入的有利因素。因此,为了便于区分,该模型将企业促使企业工作人员流出的因素称为推力,在图4-2中用"－"表示;将企业阻碍企业工作人员流出的因素称为黏力,在图4-2中用"＋"表示。将高职院校促使企业工作人员流入的因素称为拉力,在图4-2中用"＋"表示;将高职院校阻碍企业工作人员流入的因素称为斥力,在图4-2中用"－"表示。还有一种因素具有中性调节作用,在图4-2中用"0"表示。该模型中的中间阻碍是影响高职院校具有企业工作经历教师引进的一种中间变量,主要包括政策的外摄驱动、家庭的支持影响、个体的抉择取舍等。推力和拉力是成对且平行的一组概念,它们是促进高职院校具有企业工作经历教师引进的积极因素;黏力和斥力也是成对且平行的一组概念,它们是阻碍高职院校具有企业工作经历教师引进的消极因素。只有当推力大于黏力、拉力大于斥力、中间阻碍力较小时,高职院校具有企业工作经历教师引进的成功率才会达到最高。

二、影响高职院校具有企业工作经历教师引进的推力因素与黏力因素

企业是高职院校具有企业工作经历教师的流出地,其对高职院校具有企业工作经历教师引进的影响体现在以下两个方面:一方面是推力的有利影响,另一方面是黏力的不利影响。研究发现,企业的推力和黏力是一对反作用力,二者不是单一因素,而是若干因素的综合所得。

(一)推力因素

推力对于企业来说是一种消极因素,它促使企业工作人员离开企业,造成人才流失。而对于高职院校来说,推力是一种积极因素,它促使企业工作人员流入高职院校。企业的推力因素主要包括工作环境、企业前景和人际关系三个方面。

1.工作环境:长期高压

当工作要求超过个人能力及可利用资源,并危及其心理平衡与生活步调时,个体就会产生压力。研究表明,不良工作环境与离职意愿呈正相关,不良的工作性质、工作压力和职业紧张会提高焦虑和抑郁水平,[1]致使个体产生离职意愿。当前,我国大部分企业的工作具有高负荷、高强度的特点,员工的工作压力长期处于一个高位的状态。伴随行业竞争的加剧,极端工作(Extreme Job)越来越多,部分学者将其称为"过劳时代"。[2] 比如 2019 年发生的"996. ICU 事件"(指每日工作早 9 点至晚 9 点、每周 6 天,健康损耗可能致使入住 ICU 的职场危机)彻底暴露了中国互联网企业通过延长工时,强化考核等手段加剧员工身心损耗的问题。[3] 在我国,不只是互联网企业,大部分企业的员工工作环境差、劳动强度大,员工长期处于疲乏状态,高薪也意味着要承受高压(高强度压力),职场人光鲜亮丽的背后是幸福感垫底的缺憾。湖南××信息技术有限公司的一份关于员工离职调查的数据显示,19.02%的人因工作强度太大,无法平衡工作和生活而选择离职。访谈发现,大部分具有企业工作经历教师选择从企业离职正是因为之前企业的工作强度大、压力大,工作与生活长期处于失衡的状态。

2.企业前景:经济下行

经济下行是指衡量经济发展的各种指标值均处在不断下跌的态势。在经济下

①姜学文,鞠巍,常春.职业人群焦虑和抑郁状况与工作环境的通径分析[J].中国心理卫生杂志,2019,33(05):375-380.

②Ann H S,Buck L C; Luce Carolyn Buck. Extreme jobs: the dangerous allure of the 70-hour workweek[J]. Harvard Business Review,2006.84(12):49-59.

③郑小静,黄岩,李敏.行业竞争、企业策略和雇员主体性:基于互联网企业雇员加班现象的多案例研究[J].中国人力资源开发,2021,38(11):106-124.

行的形势下,大部分企业经营成本不断增加,产品销售价格因市场原因相对走低,利润空间被进一步压缩,许多企业陷入经营困境,出现了"大企业在熬,小企业在撑"的局面。根据对江苏、山东、广东、浙江等地的调研了解到,房地产市场不景气拖累了建筑、建材、装潢、物业等关联行业,导致这些行业企业效益下滑甚至亏损,行业洗牌加快,引发了失业、裁员、劳动者权益受损等方面的问题。经济下行的压力、企业发展前景的不确定性和工作的不稳定性迫使多数在企业工作的人员想找一份长期稳定的工作。访谈发现,有一些具有企业工作经历教师选择从企业离职正是因为之前的企业没有发展前景,行业不景气。

3.人际关系:复杂紧张

受地理、政治和历史传统的影响,中国社会具有显著的集体主义特征和人情社会属性。人际关系作为一种社会资本,在社会和经济活动中扮演着重要角色,能影响个体在组织中的行为表现以及个体和组织的工作产出。[1] 企业人际关系是人际关系的特殊形式,是指在企业这一特定环境中的人与人之间的交往关系,主要分为纵向的上下级关系和横向的同事关系。[2] 我国企业内部普遍存在盘根错节的人际关系,如若企业内部人际关系出现不和谐,最主要的原因即利益关系产生问题。有研究表明,"面厚心黑"在企业人际关系中盛行,为了使自身利益达到最大化,有些人琢磨领导心意与想法,投机取巧,运用不正当手段进行人际关系公关;有些人表面和和气气,但背后却总出言诋毁、偷偷使绊子。[3] 这种企业人际关系会让信任危机不断扩大,相互之间防范意识增强,内耗严重。美国盖洛普公司一项覆盖全球 100 万工作者的调查指出,"处理不好与同事的关系"是导致离职最重要的原因。[4] 人际关系的状态是影响工作状态的关键因素之一,也是导致人们流出企业的重要原因之一。

(二)黏力因素

对于企业来说,黏力是一种积极因素,它促使企业工作人员留在企业。而对于高职院校来说,黏力是一种消极因素,它阻碍企业工作人员流入高职院校。企业的黏力因素主要包括工资待遇和职称晋升等方面。

1.工资待遇:具有比较优势

具有企业工作经历人员是具有经济理性的个体决策者,企业的工资待遇是阻

---

①林炳坤,吕庆华,谢碧君.创意人才、工作特性与工作繁荣——基于同事关系的调节效应[J].山西财经大学学报,2019,41(04):63-77.

②于桂兰,付博.上下级关系对组织政治知觉与员工离职倾向影响的被中介的调节效应分析[J].管理学报,2015,12(06):830-838.

③曹莉.我国企业人际关系构建中存在的问题及解决对策[J].企业改革与管理,2021(05):121-122.

④人际关系成多数职场白领离职导火线[EB/OL].(2013-05-16)[2024-12-20].https://www.careercn.net/yggxgl/3725.html.

碍其流向高职院校的重要因素。研究表明,工资收入对个体的流动意愿有显著的负向影响,即工资收入越低,其流动意愿越强烈;工资收入越高,其流动意愿越低。[1]对于企业工作人员而言,企业的工资待遇对他们的吸引力非常明显。一方面,很多企业给员工(特别是博士)开出的薪水远超高校数倍,如华为公司2019年7月宣布对8位2019届顶尖学生实行年薪制,薪酬达89.6万~201万元;[2]另一方面,我国很多企业出台了员工持股计划,截至2024年11月27日(以披露日为统计口径),我国A股市场2024年以来已有252家上市公司发布了259份员工持股计划,其中格力电器、美的集团、恒逸石化、海尔智家、三一重工、TCL科技的计划持股金额均超过5亿元,[3]通过员工持股提高企业工资待遇的竞争力,从而增加员工的组织认同感和工作努力程度,减少人员的频繁流动,实现企业价值与员工财富同步增长。国外研究也发现,员工股权的激励可以在短期内防止员工离职、长期内延缓员工离职时间。[4]与高职院校相比,企业的工资待遇普遍具有比较优势,这有利于企业吸引和留住优秀人才,彰显出较强的人力资源竞争优势。

2. 职称晋升:条件容易达标

职称是专业技术人才学术技术水平和专业能力的主要标志。中共中央办公厅国务院办公厅联合印发的《关于深化职称制度改革的意见》明确提出,继续沿用工程、卫生、农业、经济、会计、统计、翻译、新闻出版广电、艺术、教师、科学研究等领域的职称系列,各职称系列均设置初级、中级、高级职称,其中高级职称分为正高级和副高级。[5]然而,由于我国以职业属性和岗位需求为基础分系列制定职称评价标准,企业工作人员与高职院校教师属于不同系列,因此二者的职称评价标准有所不同。《人力资源社会保障部办公厅关于进一步做好民营企业职称工作的通知》明确提出,民营企业专业技术人才职称评审应"突出工作能力和业绩考核,注重市场认可和对企业的实际贡献""对论文、职称外语等不做限制性要求""建立职称评审'绿色通道'或'直通车',民营企业高层次专业技术人才、急需紧缺人才、优秀青年人才

---

①赵忠平,秦玉友.谁更想离开?——机会成本与义务教育教师流动意向的实证研究[J].教育与经济,2016(01):53-62.

②祝军,沈文钦,赵颖,等.工科博士毕业生到企业就业的状况及影响因素分析[J].教育发展研究,2021,41(17):25-34.

③证券日报网.年内252家上市公司发布员工持股计划[EB/OL].[2024-11-28](2024-12-20).http://www.zqrb.cn/gscy/gongsi/2024-11-28/A1732723109913.html.

④Aldatmaz S,Ouimet P,Van Wesep E D.The option to quit:The effect of employee stock options on turnover[J].Journal of Financial Economics,2018,127(1):136-151.

⑤中华人民共和国中央人民政府.中共中央办公厅 国务院办公厅印发《关于深化职称制度改革的意见》[EB/OL].(2017-01-08)[2024-12-20].http://www.gov.cn/xinwen/2017-01/08/content_5157911.htm#2.

直接申报相应级别职称"。[①] 与企业相比,高职院校更注重论文和科研成果,而企业则更注重岗位绩效、市场贡献等实际表现,由上可知企业的职称申报条件相对简单。

三、影响高职院校具有企业工作经历教师引进的拉力因素与斥力因素

高职院校是具有企业工作经历教师的流入地,其在影响具有企业工作经历教师引进的诸多因素中起着非常重要的作用。其影响有两方面:一方面是拉力的有利影响,另一方面是斥力的不利影响。研究发现,高职院校的拉力和斥力也是一对反作用力。

(一)拉力因素

拉力是高职院校吸引企业工作人员离开企业到高职院校成为具有企业工作经历教师的有利因素。现代推拉理论认为,拉力是流入地的吸引力量。高职院校最有效的拉力因素主要包括以下三个方面。

1. 学校环境:相对宽松自由

工作环境是指从业者在职场中感知的工作氛围与工作状态。[②] 与企业相比,高职院校相对宽松自由的工作环境是吸引企业工作人员离开企业到高职院校成为具有企业工作经历教师的关键因素之一。在激烈的企业职场竞争中,长期处于高强度工作压力下的个体容易出现工作倦怠现象,渴望有一个相对宽松自由的工作环境。霍兰德(John L. Holland)提出职业选择是个体职业兴趣与职业环境适配的过程。[③] 工作压力是由个体能力和工作环境要求不匹配产生的。

当个体觉得与工作环境不匹配时就会寻找与之相匹配的工作环境。大部分具有企业工作经历人员属于已婚群体,往往面临着平衡工作与生活的问题。高职院校教师享有弹性的工作时间和较长的假期,工作环境相对宽松,工作压力相对较轻,有更多时间照顾家庭,能实现工作和生活的平衡。此外,良好的人际环境也是吸引企业工作人员离开企业到高职院校成为具有企业工作经历教师的一个重要因素。高职院校教师是人力资本密集行业,成员受教育水平较高,与企业的人际环境相比,高职院校的人际关系要相对简单和规范。

---

①中华人民共和国人力资源和社会保障部.人力资源社会保障部办公厅关于进一步做好民营企业职称工作的通知[EB/OL]. (2020-03-02)[2024-12-20]. http://www.mohrss.gov.cn/SYrlzyhshbzb/rencairenshi/zcwj/zhuanyejishurenyuan/202003/t20200302_361089.html.

②张彦,李汉林.治理视角下的组织工作环境:一个分析性框架[J].中国社会科学,2020(08):87-107+206.

③Holland J L. Explorations of a theory of vocational choice and achievement:Ⅱ A four-year pre—diction study[J]. Psychological Reports,1963,12(2):547-594.

2. 工作性质：编制保障稳定

2004 年，国务院颁布的《事业单位登记管理暂行条例》明确规定，"本条例所称事业单位，是指国家为了社会公益目的，由国家机关举办或者其他组织利用国有资产举办的，从事教育、科技、文化、卫生等活动的社会服务组织。"①高职院校属于事业单位，教师被纳入事业单位编制管理，具有终身身份的固化特征，被称为"吃国家饭的铁饭碗"。在当前职场竞争激烈的环境下，教师是一个相对稳定的职业，与企业相比，高职院校的事业单位编制优势较为明显。事业单位编制是指国家为创造或改善生产条件，增进社会福利，满足人民文化、教育、卫生等需要而设置的人员编制②。在当今社会，事业单位编制已被标签化为"身份象征"，不仅是国家职业身份的标志，更是个人终身工作的有效保障，正所谓"宇宙的尽头是编制"。工作稳定意味着长期可靠的收入、较高的风险应对能力和避免为谋生而东奔西走的窘迫③。相比企业，高职院校编制内的教师工作稳定、福利保障完善，基本上不会遇到被辞退的风险。工资属于财政拨款，不仅不会受到市场波动的影响，还会随着工龄和职称的变化不断提高。同时享受事业险（机关事业养老保险、职工医疗险、公务员险、工伤险、失业险等）、职业年金、住房公积金、带薪休假等福利待遇。

3. 职业地位：备受社会尊重

教师是教书育人的职业，是社会地位较高的职业之一。根据联合国教科文组织与国际劳工组织发布的《关于教师地位的建议》(Recommendation concerning the Status of Teachers)，教师地位"既指赋予教师的身份或对他们表示的尊重，即社会对教师职能的重要性及其行使职能水平的肯定，也指与其他职业群体相比给予教师的工作条件、报酬及其他物质利益"④。在我国，由于传统社会建构起的礼制规约体系，形成了尊师重教的优良传统，国家一直大力营造尊师重教的社会氛围，提高教师社会地位，使其成为最受社会尊重、最令人向往的职业之一。根据瓦尔基基金会(Varkey Foundation)编制的 2018 年《全球教师地位指数》(Global Teacher Status Index 2018)，我国教师社会地位在参与调查的 35 个国家中排名最高⑤。社会地位是决定教师职业是否有吸引力的一个重要因素，因为人们在选择工作时往

---

①中华人民共和国教育部. 事业单位登记管理暂行条例[EB/OL]. (2004-06-27)[2024-12-20]. http://www. moe. gov. cn/s78/A04/rss_left/zcywlm_gbjyjd/201001/t20100129_180703. html.

②劳凯声. 教师法律身份的演变与选择[J]. 中国教育学刊，2020(04)：5-14.

③张鹏飞，徐继存. 落差与逃离：县域高素质青年人才流动的质性研究——以高学历青年教师离职为例[J]. 中国青年研究，2021(07)：5-14.

④ILO/UNESCO recommendation concerning the status of teachers，1966[EB/OL]. (2011-08-30)[2024-12-20]. https://www. ilo. org/resource/ilounesco-recommendation-concerning-status-teachers-1966.

⑤Dolton P，Marcenaro O Vries R，Po-Wen She. Global Teacher Status Index 2018[R]. London：Varkey Foundation，2018：18.

往更加倾向于社会地位相对较高的职业。职业吸引力是职业发出的讯息是否契合在职人员和求职人员的生存性或者发展性择业需求,进而引发其去留意愿和应聘参与程度。[①] 因此,高职院校教师职业的社会地位优势,本身就是其吸引企业工作人员离开企业成为高职院校一员的一个拉力因素。

(二)斥力因素

对于高职院校来说,斥力是一种消极因素,是高职院校具有企业工作经历教师引进的阻力。高职院校斥力因素主要体现在以下四个方面。

1.学校地位:处于边缘

在我国,职业教育长期被视为"次等教育",是普通教育的"衍生物"和"附属品"[②],与普通教育"同台竞技"时一直处于不利境况或弱势地位。[③] 作为职业教育的办学主体,高职院校也一直处于边缘地位,其社会地位偏低、吸引力偏弱,这对具有企业工作经历教师的引进是一个不利的影响,具体体现在以下三个方面。一是固有观念的惯性束缚。早在 1985 年发布的《中共中央关于教育体制改革的决定》就曾指出:"历史遗留的鄙薄职业技术教育的陈腐观念根深蒂固"。即使过去多年,人们鄙薄职业教育的观念仍未消除。[④] 人们之所以鄙薄职业教育,主要是因为职业教育的社会地位较低。在这种观念的影响下,人们对高职院校存在认识偏见甚至歧视,导致具有企业工作经历人员对高职院校望而却步。二是出身低微的刻板印象。造成我国高职院校社会地位低下的首要原因是其出身低微。目前,我国大部分高职院校都是由中职升格而来,抑或由其他本身地位低下的高等院校转办而来。[⑤] 高职院校的这种出身在我国已经形成了刻板印象,加剧了具有企业工作经历人员对高职院校的心理拒斥和反感。三是质量低下的强化效应。高职院校的生源是高考筛选下来的"落榜生",存在整体学习氛围不足、办学质量偏低、"低水平就业"和"低质量就业"等问题[⑥],导致高职院校的社会声誉进一步受损,使其社会吸引力和认可度降低,陷入"质量差—不被认可—质量更差—更不被认可"的恶性循环,进一步加剧了具有企业工作经历人员对高职院校的偏见和排斥。

①周兆海.薪酬激励与制度吸纳:农村教师职业吸引力的提升路径[J].当代教育科学,2016(06):20-23.

②吕玉曼,徐国庆.从强化到优化:职业教育类型属性确立的实践路径[J].现代教育管理,2022(02):111-118.

③卢晓中.基于"职普融通"的现代职业教育体系构建[J].河北师范大学学报(教育科学版),2022,24(01):6-14.

④俞启定.论制约我国职业教育发展的主要矛盾[J].国家教育行政学院学报,2017(08):77-83.

⑤徐国庆.职业教育要走出社会地位低下结构化的困境[J].职教论坛,2017(03):1.

⑥李兴洲,赵陶然,王鲁艺.论职业教育的交换权利——兼论职业教育"同等地位"及其实现路径[J].教育发展研究,2022,42(09):38-44.

2. 工资待遇：过于平稳

工资待遇差距会影响具有企业工作经历人员的流动选择，因为工资待遇直接关系到他们的生活水平。在我国，高职院校教师的工资待遇虽稳定、但上涨缓慢，很多教师都表示自己处于"饿不死也撑不着"的状态。根据华东师范大学国家教育宏观政策研究院的一项研究表明，在"教师职业的薪酬水平在社会上十分具有竞争性"这一问题上，25.7%的教师选择了"完全不符合"和"不符合"，即有超过四分之一的教师对薪酬水平并不满意。①《中国劳动统计年鉴-2021》的数据显示（见表4-1），2020年我国教育行业大学本科及以上学历劳动者占比49.8%，位居全行业第一，但平均工资在全社会19个行业中排第7，与信息传输、软件和信息技术服务业等前六个行业存在较大差距。社会心理学家利昂·费斯廷格（Leon Festinger）的社会比较理论认为，个体会通过将自身薪酬与同学历从业者进行对比，获得收入的公平感知②。在工资待遇方面，高职院校明显处于劣势，导致高职院校教师岗位吸引力不足，这是阻碍高职院校具有企业工作经历教师引进的一个重要原因。

表4-1　2020—2021年我国19个行业就业人员的平均工资

行业	就业人员平均工资	大学本科及以上学历劳动者占比
信息传输、软件和信息技术服务业	177544	42.8%
科学研究和技术服务业	139851	49.1%
金融业	133390	45%
电力、热力、燃气及水生产和供应业	116728	21.3%
卫生和社会工作	115449	37.3%
文化、体育和娱乐业	112081	23.9%
教育	106474	49.8%
交通运输、仓储和邮政业	100642	6.8%
公共管理、社会保障和社会组织	104487	36.7%
采矿业	96674	10.2%
批发和零售业	96521	6.6%
租赁和商务服务业	92924	23.8%
房地产业	83807	15.4%

①吴晶，金志峰，葛亮.为什么教师职业对于女性更具吸引力——基于社会比较理论的视角[J].教育发展研究，2020，40(02)：59-68.

②Ambrose M L，Harland L K，Kulik C T. Influence of social comparisons on perceptions of organizational fairness[J]. Journal of Applied Psychology，1991，76(2)：239-246.

行业	就业人员平均工资	大学本科及以上学历劳动者占比
制造业	82783	6.8%
建筑业	69986	4.2%
水利、环境和公共设施管理业	63914	10.5%
居民服务、修理和其他服务业	60722	3.3%
住宿和餐饮业	48833	2.4%
农、林、牧、渔业	48540	0.3%

数据来源:《中国劳动统计年鉴-2021》

3.入职门槛:相对较高

"2014 中国大学教师调查"发现,没有任何一个职业的入职门槛像大学教师这样高:求学年限长,会讲能写还能创造,既能出"惊天动地"的大成果还要能"耐得住寂寞"。[1] 虽然国家倡导高职院校原则上从具有 3 年以上企业工作经历并具有高职以上学历的人员中公开招聘相关专业教师,特殊高技能人才(含具有高级工以上职业资格人员)可适当放宽学历要求,但是很多高职院校依然将学历作为简历筛选时重要的隐性标准,在招聘过程中都以硕士研究生为门槛。学历门槛是高职院校引进具有企业工作经历教师的拦路虎,一些高职院校在招聘公告上明确注明"硕士研究生"的门槛限制,让许多非硕士学历的具有企业工作经历人员望而却步。近年来,随着本科层次职业教育的稳步发展,高职院校的入职门槛与竞争强度也在逐渐提高,一些专科高职院校和本科高职院校更是水涨船高,将入职门槛提高到博士,在拟聘用人员名单中经常看到海内外高校毕业的博士身影。高职院校的门槛越来越高,"好中选优、优中选强"的招聘机制,让大批具有企业工作经历人员难以企及。

4.工作场域:内卷激烈

"内卷"(involution)也被称为"内卷化",最初是由美国人类学家亚历山大·戈登威泽(Alexander Coldenweise)描述一类文化模式的概念,即当一种文化模式达到某种最终的形态以后,便停滞不前或无法转化为另一种高级模式,而是不断地在内部变得更加复杂化,呈现一种动态停滞的文化现象。[2] "内卷"本来是一个人类学和社会学的专业概念,随着"内卷"效应的"外溢"和"出圈",现已被广泛应用在各行各业。在当下国内,内卷是一种非理性的内部竞争、互相倾轧的现象,是竞争的白

---

① 沈红.中国大学教师发展状况——基于"2014 中国大学教师调查"的分析[J].高等教育研究,2016,37(02):37-46.

② Golden Weiser A. Loose Ends of a Theory on The Individual Pattern and Involution in Primitive Society[M]. Berkeley:University of California Press,1936.

热化状态,被用来表征一种"过度竞争"的问题①。在项目制下,高职院校同样存在内卷现象,特别是"双高"院校的教师面临着不小的内卷压力。一是职称评聘竞争激烈。由于职称评聘名额有限,有限的资源供给与强烈的需求形成巨大的矛盾,众多高职教师为了争夺名额"各显身手",逐渐形成了一种不当的竞争趋势,教书育人的职场变为争名夺利的名利场。二是项目获取竞争激烈。项目制重塑了高职院校场域的内部规则,高职院校内部教师为获取项目而产生激烈竞争。在这种内卷的场域下,高职院校教师忙于争取教学成果奖、教学技能大赛、职业技能大赛、精品在线开放课程、新形态教材等各类教学项目、科研项目、竞赛项目,竞争的激烈程度逐年增加。当高职院校整个场域内卷激烈时,教师的职业倦怠就会增加、同事关系会日渐冷漠、单位离心力会日益增大,职业吸引力会随之大幅度降低。

四、影响高职院校具有企业工作经历教师引进的中间阻碍因素

根据推拉理论,中间障碍因素主要包括距离远近、物质障碍、语言文化差异、社会网络重构等,以及移民本人对于这些因素的价值判断。② 在本书看来,中间障碍因素是一种调节性因素,主要包括政策的外源驱动、家庭的支持影响、个体的抉择等。我们不能将中间阻碍因素仅仅看作推拉力量的补充,其可能对高职院校具有企业工作经历教师引进产生决定性影响。

(一)政策的外源驱动

政策是指国家机关或执政党制定的旨在解决某一问题的具有权威性的行动准则,包括政治政策、经济政策、社会政策和科教文卫政策等。③ 整体而言,我国高职院校的改革和发展模式是行政推动型和政策导向式,高职院校引进具有企业工作经历教师在很大程度上也是行政力量主导和国家政策驱动的结果。正是在《国家职业教育改革实施方案》《深化新时代职业教育"双师型"教师队伍建设改革实施方案》《职业教育"双师型"教师基本标准(试行)》等政策的推动下,各地高职院校才积极探索引进具有企业工作经历教师,这充分体现了政策的导向功能。但政策的导向功能既有正向功能,也有负向功能。所谓正向功能是指政策对事物发展方向的正确引导,体现了政策与事物发展规律的协调性;所谓负向功能是指政策对事物发展方向的错误引导,体现了政策与事物发展规律的冲突和矛盾。并非只有错误的

①彭宗峰.内卷在何种意义上可用于理解当下中国社会? ——一种知识框架及其合法性反思的视角[J].宁夏社会科学,2022(04):136-146.

②吴晶,金志峰,葛亮.为什么教师职业对于女性更具吸引力——基于社会比较理论的视角[J].教育发展研究,2020,40(02):59-68.

③郑杭生.社会学概论新修[M].北京:中国人民大学出版社,2019.

政策才具有负向功能,一些正确的政策也可能产生负向功能。目前,国家出台的部分政策没有考虑高职院校的实际情况,比如《国家职业教育改革实施方案》提到的"特殊高技能人才(含具有高级工以上职业资格人员)可适当放宽学历要求,2020年起基本不再从应届毕业生中招聘",从现实情况来看,高职院校难以执行落实,导致高职院校在国家政策驱动下要么盲目引进,要么形式化引进。

(二)家庭的支持影响

家庭作为个人成长的重要环境,是影响个人职业选择的重要因素之一。个人在生活态度、生活方式、价值观和行为模式等方面都会受到家庭成员潜移默化的影响,形成区别于他人的重要特征,家庭也会对个人职业技能的获取及职业风格的形成产生重要影响。家庭因素是影响高职院校具有企业工作经历教师引进的重要因素,家庭经济状况、家人的期望和行为态度、工作与家庭平衡情况、家庭分工角色等都会影响他们是否选择离开企业成为一名高职院校教师。从家庭经济状况来看,家庭经济负担重的具有企业工作经历人员离开企业成为高职院校教师的可能性相对较小。从家人的期望和行为态度来看,获得家人支持的具有企业工作经历人员离开企业成为高职院校教师的可能性相对较大。家庭是中国传统社会最基本的关系单元,构建和谐的家庭关系、得到家庭成员的认可几乎是每个中国人努力工作和奋斗的动力源泉。[1] 从工作与家庭平衡情况来看,原有工作与家庭失衡的具有企业工作经历人员离开企业成为高职院校教师的可能性相对较大,因为这类人员大多已成家立业,他们一方面考虑父母的赡养问题,另一方面考虑子女的教育问题,肩负着照顾家庭的责任。从家庭分工角色来看,"男主外、女主内"是中国几千年的历史中形成的男女两性在家庭和社会中的角色分工模式,受比影响,女性需要承担更多的家庭负担,因此具有企业工作经历教师多以女性为主。

(三)个体的抉择

从企业到高职院校成为教师是一个职业抉择的过程,是理性选择的结果。[2] 影响具有企业工作经历人员职业抉择的因素很多,包括企业的推力与粘力、高职院校的拉力和斥力、政策的外源激励、家庭的支持期待等外在因素和个人因素。其中,个人因素是影响具有企业工作经历人员职业抉择的核心因素。个人因素主要包括个体客观因素和个体主观因素。个体客观因素主要包括性别、年龄、职称、行政职务、最高学历、工作年限、身体状况、能力专长等;个体主观因素主要包括职业兴趣、

---

①淦未宇,徐细雄.组织支持、工作生活质量与新生代农民工城市融合——基于海底捞的案例研究[J].管理评论,2019,31(05):291-304.

②Johnsrud L K, Rosser V J. Faculty members' morale and their intention to leave[J] The Journal of Higher Education,2002,73(4):518-542.

职业理想、职业价值观、就职意愿等。其中,就职意愿是主观性极强的个体决策因素,[1]对具有企业工作经历人员离企入校的行为会产生决定性作用。根据格特弗雷德森(Gottfredson)提出的职业选择限制与妥协理论,个人在进行职业选择时是一个限制与妥协的过程。[2] 限制是指择业者会因为一些因素的限制而影响职业的选择;妥协则是指个人在外部客观环境的影响下,舍弃自己期望的理想职业,转而采取妥协的做法。[3] 具有企业工作经历人员选择成为高职院校教师同样面临限制与妥协,需要进行权衡取舍。此外,影响具有企业工作经历人员职业抉择的因素具有个体差异性,并非所有此类人员都受到上述全部因素的影响,同一因素对不同个体的影响也有所不同。

第二节 高职院校具有企业工作经历教师职业发展的影响因素

具有企业工作经历教师虽然具有企业工作中积累起来的丰富的职业经验,但更需要获取适应高职院校教师工作的职业能力,职业适应和发展因而体现出典型的职业转型和不同领域职业经验融合的鲜明特征。这些特殊性决定了具有企业工作经历教师在职业发展的独特性。该独特性集中体现在具有企业工作经历教师进入高职院校后,即在职业适应和发展中占据独特优势,同时也面临着特殊挑战。这一情况对于所有具有企业工作经历教师普遍适用,该结论在访谈中得到多方验证,成为该类教师职业发展的共性特征和群体境遇。本节从组织与个体互动的视角出发,着重从职业感知与区域发展、组织支持与制度保障、个体禀赋与能力提升、工作经历与职业积累四个方面,剖析具有企业工作经历教师职业发展的影响因素(见图4-3),试图更好地理解和更深入地把握他们职业发展的环境和条件。

一、职业感知与区域发展:职业发展的宏观因素

高职院校发展与所在区域的经济发展状况、产业发展水平、人才需求层次等区域环境密切相关。与高职院校其他专业教师一样,具有企业工作经历教师的职业发展,既与他们对自身的社会地位感知有关,又与院校所在区域的产教融合深度有关。具体而言,对社会地位的感知状况决定着能否激发高职院校具有企业工作经

①何敏,于天祚.情感因素对海外优秀青年人才回流的影响研究[J].大学教育科学,2018(04):65-69.

②Gottfredson L S. Circumscription and compromise:A developmental theory of occupational aspirations[J]. Journal of Counseling Psychology,1981,32:152-159.

③郭方涛,孙宽宁.影响学前教育师范生教师职业选择的因素——基于FIT-Choice模型的实证分析[J].学前教育研究,2018(07):47-60.

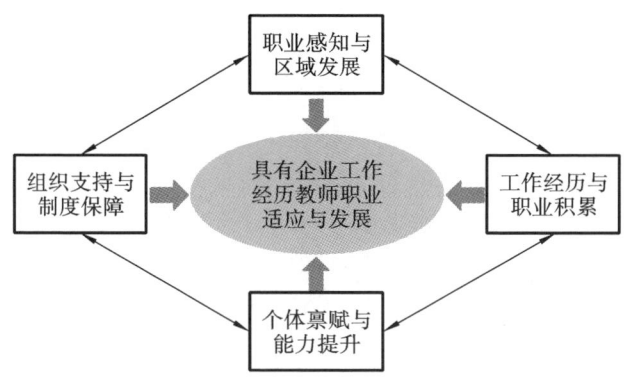

图 4-3　具有企业工作经历教师职业发展的影响因素

历教师的内生发展动力,而区域产教融合深度意味着能否为其职业发展提供必要支撑。

(一)对高职教师的职业身份感知

在社会分工高度发达和职业地位日渐凸显的现代社会,职业身份是个体最基础的身份,职业地位是个体最核心的社会地位。就实质而言,个体在获得具体职业的同时,也获得了与职业相匹配的社会地位。就此而言,职业身份与职业地位是密不可分的,而且这种身份和地位一经形成,便具有相对固定的位置,短期内通常难以发生明显变化。高职院校是我国高校的重要组成部分,其数量占高等学校总数一半以上。高职教师是大学教师的重要组成部分,是我国高等教育教师队伍中的重要力量。从社会认知角度看,高职教师具有大学教师的职业角色和定位,因而具有较高的职业身份和社会地位。不仅如此,作为类型教育的实践者,高职教师还是技术技能创新的引领者,因而具有特定的职业功能和社会价值;他们还是区域产教融合的促进者,承担着行业企业与职业院校的资源整合与协调功能。

1.具有企业工作经历教师对高职教师职业地位的感知

具有企业工作经历教师是高职教师的重要组成部分,拥有大学教师的身份,普遍受到社会的尊重与认可,因而具有较高的社会地位,这一状况在西部地区更为明显。这是具有企业工作经历教师跨界转行进入高职院校的重要原因。在受访教师中,不乏具有企业工作经历教师,他们放弃了企业的高收入、高职位、广阔发展空间等优厚待遇,主动选择高职院校,除了高职院校的工作稳定、规律、闲暇时间更长等比较优势外,他们表示,高职院校教师因属于大学教师而更令人向往、更易得到家人和朋友的支持、更能体会到社会的尊重与认可,这是具有企业工作经历人员进入高职院校的深层原因。

具有企业工作经历教师从企业进入高职院校后,尽管他们中的少数人从企业的技术专家或管理者转变为高职院校从事教育教学的普通教师,他们普遍感受到职业价值和社会地位的提升。很多具有企业工作经历教师受该积极体验的影响,大多以严格的标准和积极的心态投入新职业。正如部分受访教师所言,高职院校是高等教育的重要组成部分,身为大学教师,承担着为企业、国家和社会培养高级人才的重任,自己所教应对得起学生、对得起家长、对得起社会。相较而言,从企业转行进入高职院校的教师,对专任教师身份的认同感明显高于进入中职学校的教师,也明显高于从高校毕业后直接进入高职院校的教师。

在社会公众认知中,高职院校教师与普通大学教师一样,均承担着培养高层次人才的相关工作,职业发展路径相同,可以实现与普通大学教师一样的职业发展空间。具有企业工作经历教师大多较为看重这一身份,而且会以该身份所蕴含的职业地位和价值规范自身的职业行为,将其作为职业发展的基本准则。从实际访谈看,受访者对自己从企业转行进入高职院校、获得大学教师这一身份大多是积极认可。不仅如此,他们的这一选择大多还获得了家人和朋友的支持,一些受访者表示,他们转行到高职院校后同样得到同事的认可和支持。这表现在当他们再次返回企业开展研修或实践时,能获得原来同事的积极支持。

2.具有企业工作经历教师对高职教师职业地位感知差异的原因

以上从共性角度分析了具有企业工作经历教师进入高职院校后对职业身份的积极体验,即进入高职院校后其在职业和社会地位体验上有所上升。需要注意的是,由于具有企业工作经历教师在企业的发展状况各不相同,进入高职院校后,他们对自身作为高职专任教师的身份感知存在差异性。进一步分析发现,具有企业工作经历教师的职业地位感知差异主要有两个方面的原因:一是先前的企业职业成就与进入高职院校后的职业成就之间的主观对比。这一对比通常有以下三种情况:①原先在企业取得的职业成就较高,进入高职院校后取得的职业成就也较高。该种情况的典型代表是,企业中的中高层管理干部进入高职院校后,经过多年努力获得副高及以上职称,有的还担任专业主任、二级学院领导甚至是校级职能部门领导,由于职业转型后同样获得了较高的职业成就,甚至远超之前的职业预期,这些受访者对职业地位的感知普遍较好。②原先在企业取得的职业成就较高,但进入高职院校后主动追求安稳的生活。对于他们而言,现职业成就一般是预料之中的事,甚至是个人主动选择的结果,当然这意味着他们放弃了原先在企业时较高成就背后的超常付出,比如原先是企业技术专家,但进入高职院校后选择当一名普通教师,这些受访者对职业发展持顺其自然的态度,比较享受普通教师自由。③原先在企业取得的职业成就较高,进入高职院校后虽然经过努力但职业发展一般。比如企业技术骨干或管理干部进入高职院校后,在职称晋升或职务方面并未实现自身的预期目标,这些受访者对职业地位的感知则较为消极,甚至产生失落感或不公平感,然而这在受访者中仅为极少数。由此可以看出,具有企业工作经历教师的职业地位感知是有差异的,这些差异是他们对企业和高职院校的职业成就进行对比产生的。二是具有企业工作经历教师个体态度的差异。该差异主要表现为相同成就境遇下感知不同。

3.具有企业工作经历教师对高职教师职业地位感知差异的影响

认知决定行动,具有企业工作经历教师对自身高职教师地位的认知,往往会影响他们对职业发展的态度,以及相应的行动策略。整体而言,高职院校具有企业工作经历教师对职业地位的感知往往会影响他们对职业发展的预期和规划,甚至会间接影响他们在教育教学中独特功能与价值的发挥。值得注意的是,即便是职业发展有限的教师,他们对于高职院校教师的身份还是较为满意的,主要原因可能在于:与之前企业生产、服务和技术岗位相比,进入高职院校后他们可以获得更多的自主性、承受更少的职业压力以及拥有更为舒适的职业环境。这些差异对他们的职业发展预期、职业目标实现等均有影响。具体而言,这些影响主要分为两类:一是积极影响,即取得较高职业成就或内心有着明确职业定位的教师,在职业发展规划和行动上更为主动,职业目标达成度较高,成就感更强;二是消极影响,即未能达成发展目标且对个人所经历不满意的教师,其职业发展的动力相对不足,行动上也更为消极。

(二)区域产教融合的层次与水平

提升区域产教融合层次是区域职业教育办学活力的重要表征,也是高职院校提升办学质量、增强办学实力、彰显办学特色的根本渠道,更是高职院校具有企业工作经历教师重返企业研修、更新行业知识、提升实践能力、服务企业发展的必要保障。持续推动区域产教融合的关键在于,寻求行业企业、高职院校、政府部门等利益相关者的共同利益点,以此激发内在参与动机、形成强大合力,促进各类资源、各种平台、各方政策的有效整合;形成产业链引领人才链、人才链赋能产业链、政策链支撑产业链和人才链的良性运行机制;形成区域产教融合共同体。从长远分析,区域产教融合有利于创设区域内优质企业与高职院校深度互动和共同发展的利益共同体,从而建立具有企业工作经历教师与区域内优质企业深度互动和长期合作的长效机制。具体而言,主要表现在以下三个方面。

1.区域产教融合架起具有企业工作经历教师服务企业的桥梁

面向地方经济和区域企业,开展产品研发设计、实施技术难题攻关、提供技能培训服务等,既是高职院校的重要职能,又是企业强烈的现实诉求,更是建立产教联合体和命运共同体的关键举措。相较于校企之间应有的产教融合理想状态,当前的区域产教融合较少关注关键性人力资源的互派共享,产教融合更多停留于学生培养与输送的表层,企业较为深层的创新型、研发型需求较少得到满足,企业参与动力与热情自然不足。其中较为关键的因素之一是,高职院校缺乏既有深厚理论知识又有较强研发应用能力的教师。

随着大批企业的高技能、研发型和管理型人才进入高职院校,区域产教融合有了更为扎实的人才基础和能力支撑。区域产教融合较为活跃的地区,高职院校具有企业工作经历教师服务企业发展的能力更强、动力更足、效果更佳。然而,高职院校较少认识到这类教师对深化区域产教融合、培育"双师双能型"教师所具有的深远意义。具有企业工作经历教师在返回企业研修学习时面临学校支持不足、个人精力受限等因素制约。因为这些教师在校内同样承担着较为繁重的工作任务,过度涉入企业事务必然会影响学校的教学任务等。加之缺乏相应的激励机制,这些教师参与的积极性和主动性也会受到一定影响。这实际上涉及深层次人事及分配制度管理。

产教融合在区域间和校际间具有明显差别,区域产业发达、地理区位优越和办学理念先进的高职院校,往往将区域产教融合视为学校改革发展的优先战略。在这些院校中,具有企业工作经历教师拥有更多的发展机遇、更强的政策支持、更好的职业发展。而从长远分析,通过具有企业工作经历教师的引领和带动,区域产教融合必然辐射和惠及高职院校的更多专业教师。

2.区域产教融合助力具有企业工作经历教师行业知识的更新

技术发展对行业企业产生广泛影响,职业教育需要通过持续改革以适应行业企业发展的需要。这就需要在行业企业和职业院校之间建立包括信息共享、信息加工及教学转化的沟通交流机制,具体体现为行业企业需求信息向高职院校的人才培养目标层、课程内容选择层、工作岗位衔接层等多个层面的具体转化。具有企业工作经历教师则是深化融合深度、拓展融合广度的关键力量。区域产教融合提供了高职院校和行业企业间信息交互共享和教师行业知识更新的机制和平台。但两者之间常态化信息共享机制并不畅通,高职院校对行业企业发展动态和方向了解的滞后性则是最为突出的问题。

面对以上问题,具有企业工作经历教师具有自身特色和优势。主要体现在两个方面:一是这些教师具有一定的行业背景和企业经历,积累了一定的行业知识,对行业发展更为敏锐,更能捕捉行业发展动态、判断未来发展方向,因此他们更多地参与到高职院校的专业设置、市场调研和项目合作中;二是这些教师被赋予更多的拓展产教融合的任务,他们或直接参与企业技术服务、组织教师进入企业实践锻炼,或间接提供产教融合的信息资源、人脉资源和网络资源。

具有企业工作经历教师行业知识的更新,离不开区域产教融合制度强有力的支撑和保障。在现有产业与教育融合较为松散的现实条件下,立足区域、面向当地企业开展产教融合,对于具有企业工作经历教师更新行业知识具有以下优势:一是可依托地缘和空间优势、高职院校品牌效应,以及与当地企业联系密切等比较优势,促进校企合作深度发展;二是有利于就近进入企业实践锻炼,时间安排相对灵活、来往交通方便快捷,即能缓解教师的工学矛盾、及时响应企业需求,又能减少时间和经济投入;三是双方处于同一区域,彼此熟悉对方情况,沟通交流较为方便,可提升行业知识的针对性,进而实现精准服务和对接。

3.区域产教融合赋能具有企业工作经历教师专业能力的提升

无论是学生培养还是教师培训,高职院校均难以提供真实场景和具体项目,这也是职业教育需要推行产教融合的关键原因。专业能力尤其是专业实践能力的形成,是具有企业工作经历教师在长期的真实情景和真实项目中形成、积累和提升的。高职院校具有企业工作经历教师专业能力的持续提升,除了校内的理论教育培训外,更重要的是进入企业,参加企业的真实项目运作。如一些教师原先就有很强的研发和技改经验,再经过高职院校系统深入的理论学习,其反哺企业研发和技改的能力更强,通过参与企业最新研发和技改项目,可以保持这些教师在专业知识和专业能力上的前沿性,实现多方共赢。

区域产教融合汇聚本区域内部的行业企业、政府部门、高职院校等利益相关者力量,基于区域、立足区域、服务区域。区域产教融合具有共同利益基础、文化共识和共同价值追求。由于高职院校与区域内企业具有内在利益、价值和共识的一致性,具有企业工作经历教师可以通过真实项目进入企业实际工作场景,接触新技术、新工艺和新流程,既能够有效参与企业的生产过程,又能在实践中获得专业能力提升,既能够满足企业实践研修的目标,又可以反哺高职院校人才培养质量。这种循环构建起区域产教融合与具有企业工作经历教师专业能力提升互相促进的长效机制。

随着高职院校区域产教融合导向性的提升,其与区域内部融合的广度、深度和密度进一步增强。促进区域产教融合成为区域产业集群与高职院校专业集群融合发展的根本目标,在此背景下,高职院校具有企业工作经历教师的专业能力提升不仅拥有更加便利通畅的路径保障,而且获得了更加综合有效的政策支持。

综上所述,区域产教融合层次和水平存在区域间和院校间的差异,然而对于建立具有企业工作经历教师服务企业的机制、助力其行业知识和专业能力的提升均具有重要影响。鉴于此,高职院校秉持立足区域和服务区域的原则,积极开展区域产教融合行动,成为促进具有企业工作经历教师职业发展的重要因素。

二、组织支持与制度保障:职业发展的中观因素

就组织与个体的内在关联看,个体发展是在接受组织规约、满足组织需求、促

进组织发展的过程中实现的。高职院校具有企业工作经历教师的职业发展需通过高职院校结构化的组织制度的引导、激励和约束而展开。这些结构化的制度是具有企业工作经历教师职业发展的组织保障、制度保障和行动准则。结合访谈资料，从时间逻辑出发，着重从入职培训制度、能力建设制度与职称评审制度三个方面，分析影响具有企业工作经历教师职业发展的组织因素。

(一)入职培训制度

具有企业工作经历教师虽然具有多年的企业工作经历，不过作为高职院校刚入职的新人，入职培训在促进他们与学校建立联系的过程中，具有重要作用。入职培训作为高职院校面向新入职教师的组织制度安排，旨在传达组织战略与意图，促进新入职教师尽快了解组织架构、日常运行、相关工作要求，适应岗位工作等。现有关于高职院校的入职培训讨论，主要从其意义、内容、举措、经验、问题及对策，较少关注具有企业工作经历教师的入职培训。主要原因在于，很多高职院校实施的入职培训，并未区别具有企业工作经历教师与其他教师，往往是将新入职的所有教师安排在一起培训。接下来将基于受访教师的个体视角，分析入职培训制度影响具有企业工作经历教师职业发展的具体表现。

1.入职培训的制度设计

主要关注高职院校面向具有企业工作经历教师实施的入职培训是否成为一项固定的制度安排，这在一定程度上反映出学校层面对该类教师能力建设的重视程度，进而反映高职院校是否存在对具有企业工作经历教师"重使用轻培养"的倾向。对具有企业工作经历教师和高职院校人事部门负责人的访谈发现，受访高职院校均建立了新入职教师培训制度，但并未形成针对该类教师的培训内容。通常的情况是，具有企业工作经历教师上岗前培训与其他新入职教师一同实施，而入职后的培训则是分层分类开展。前一种培训通常由学校层面组织实施，制度化程度较高、较为固定，院校间差异并不大；后一种培训多由各二级学院、专业组、教研室实施，并无固定范式、较为灵活，院校间差异较大。说明学校层面的入职培训已成为正式的制度安排，入职后的培训多由基层教学组织实施且较为灵活。

2.入职培训的内容安排

主要关注高职院校面向具有企业工作经历教师实施的入职培训的具体内容。从内容看，高职院校组织实施的新进教职工入职培训主要涵盖学校发展情况、内部组织架构、主要管理制度、岗位工作管理等的简要介绍，这为新入职教师了解基本情况提供了正式的组织支持。相较而言，这种短期集中培训模式简便易行、受众面广，普遍被视为入职初期的普适性培训。然而，从具有企业工作经历教师的现实需求看，他们更为关注进入高职院校后教育教学及科研等方面的具体要求，以便他们可以将其直接应用于工作之中。对于具有企业工作经历教师而言,既往职业经历中很少承担类似的工作,进入高职院校后又没有相应的培训。高职院校组织的这种普适性培训对于他们亟需掌握的岗位工作任务、标准要求及相关能力的作用较为有限。

3. 入职培训的时间设定

主要关注高职院校面向具有企业工作经历教师实施的入职培训的层次、结构及时间上的延续性。由于入职前的培训较少涉及教师岗位所需的知识、专业能力及相关要求,各个二级学院普遍组织了与日常工作密切相关的专业性培训。可以将其视为入职培训的深化和延续,该类培训对于帮助具有企业工作经历教师快速掌握教育教学所需基本知识和能力作用显著。比如,有些学校的二级学院师生比例合理、专业教师数量充足,有条件为具有企业工作经历教师提供较长时间的培训(有三个月到一年不等),这些教师上岗后能够基本胜任教育教学工作。而有的二级学院因规模扩张较快、教师数量不足,很少能够为新入职教师留出足够的时间来开展专业性培训,对于他们而言,边教边学、在教中学则成为一种常态,同时他们也面临更多的职业发展挑战,需要更多的时间才能掌握履行岗位职责所需要的各项能力。就此而言,能否为具有企业工作经历教师提供持续有效的入职培训,对于他们的职业发展具有重要的影响。而这恰恰是具有企业工作经历教师进入高职院校后,因不同学院的重视程度和推进力度不同而普遍遭受的差异。

(二)能力建设制度

具有企业工作经历教师进入高职院校后,为适应和胜任新的教育教学要求,需要掌握相关的职业能力。由于他们未接受过教育教学的相关训练,针对这一情况,高职院校是否有相关的能力建设制度则显得尤其重要。从高职院校对具有企业工作经历教师队伍建设的现实需求看,能力建设制度是基础性、关键性和保障性的制度,它对具有企业工作经历教师职业发展的影响体现在以下方面。

1. 能力建设制度的实施状况

能力建设是针对具有企业工作经历教师承担的教育教学、专业建设、管理服务、产教融合等任务而展开的,是促进其专业能力提升的有效途径。高职院校的相关制度设计,反映出高职院校对该类教师专业发展的组织支持,关系到他们能否实现职能定位与期待。能力建设的制度安排不仅体现为有无,更体现为有效性和持续性。从实际调研情况看,具有企业工作经历教师的能力建设多由教学单位安排实施,在具体举措上,教学单位往往将校本培训和外部培训资源相整合,并从学校师资建设的整体需求加以设定,很少有专门针对该类教师的制度安排。值得注意的是,由教学单位主导的制度安排,会充分考虑具有企业工作经历教师的具体需求,有助于弥补他们教育教学工作能力的不足,使他们能够达到岗位的能力要求。

2.能力建设制度的路径设计

在实际工作中,高职专业教师并非只承担单一的工作,而是承担以教育教学为中心的多领域的工作,涉及教学能力、组织能力、沟通能力等。具有企业工作经历教师为适应多重工作职责,往往需要多方面的提升能力,以弥补原有能力结构与高职教师能力需求不匹配的问题。由此而言,面向具有企业工作经历教师的能力建设在内容上需要结合实际进行针对性规划和设计,即针对该类教师的实际需要,确定能力建设的具体内容及先后顺序。从高职院校现实情况看,随着"百万扩招"的实施,高职院校办学规模迅速扩大,二级教学单位为解决师资紧缺的难题,往往安排新入职的具有企业工作经历教师在经过较短时间的通识性培训后便开始承担教育教学任务,其能力的提升主要通过"边做边学""在做中学"实现。然而,繁杂的常规工作与培训之间存在着内在张力,致使结构化、系统化的能力培训并未真正形成,影响具有企业工作经历教师专业发展。虽然高职院校对具有企业工作经历教师的能力需求有比较清晰的认识,有的高职院校甚至制定了分层分类培训提升的实施方案,然而在具体实施中,容易受到工作的侵扰及教师时间和精力不足的制约。

3.能力建设制度的效果评价

从整体上看,对于具有企业工作经历教师的职业能力建设,并未形成专门的制度安排和内容设计,而是将其作为教师队伍的一个类别纳入高职院校教师队伍之中。加之高职院校师资队伍能力建设存在重外部培训轻内部培训、重任务安排轻动态跟进、重过程管理轻效果评价等操作性问题,导致相关制度落实度、培训内容科学性、培训效果达标率及持续支持机制等关键性问题较少受到关注。很多受访者坦言,他们的能力提升更多处于自发状态,主要受到教师个体能力危机意识、能力提升动机等内在因素影响。从教师专业能力建设和专业发展目标看,这一状况亟需改变。

(三)职称评审制度

职称评审制度是高职教师专业发展的核心制度,在促进教师专业发展中具有基础性、引领性和规约性。高职院校教师职业发展具有很强的政策导向性,这与高职院校教师职称评审的政策性强有关。教师职称评审标准是国家教育行政及管理部门按照国家教育政策和方针,依据不同层次或类型教育系统的教育目标和任务,针对特定教育系统中教师专业发展方向、特点和需求,根据教师教学、科研以及社会服务等情况,制定的对教师专业技术职务等级给予认定的职称评定条件。[1] 具有

---

[1]俞启定,王为民.审视与反思:我国高职教师职称评审标准的套用问题[J].教师教育研究,2013,25(01):17-21＋16.

企业工作经历教师先前积累的知识和能力与高职院校对该类教师的期待有密切关系,这些教师进入高职院校后,能否基于他们的岗位重点、能力特征和发展要求,为他们提供相应的职业发展制度,对他们的职业发展具有重要作用。

1.职称发展的通道设置

职业教育的跨界属性决定了人才培养过程的复杂性,即要求职业教育的师资建设应坚持"双师素质"教师队伍或"双师结构"教师队伍建设,在专业发展上应有多元化的发展通道。与较为单一的普通教育教师专业发展通道不同的是,高职院校专任教师的专业能力发展需要多元化的路径设置,尤其是具有企业工作经历教师,多元化的专业发展通道设置既能促进他们的专业发展,又能激发他们专业发展的内生动力,因为多样化的专业发展通道有利于发挥他们的专业特长,为其提供更加公正合理的专业发展条件。而实地访谈发现,目前仅为数不多的高职院校设置了多元化的专业发展通道,并将其纳入教师职称评审制度。比如,有的学校为专任教师设置了教学为主型教师、科研为主型教师、教学科研并重型教师、社会服务型教师、职业技能型教师等。其中职业技能型教师主要是为具有企业工作经历教师设置的,旨在发挥他们自身的专业优势,促进其专业发展,这已成为吸引企业相关人员进入高职院校从教的重要条件。

2.职称评审的条件设置

对于具有企业工作经历的教师而言,若按照高职院校传统的教师职称评审条件进行评审,要实现职称晋升无疑面临更大的挑战,尤其是在教育科研项目和学术论文发表方面。主要原因体现在以下两个方面:一方面是高职院校传统的教师职称评审制度主要参照普通高校教师职称制度建立,因而普遍存在重理论研究而轻应用研究、重学术论文发表而轻技术成果转化的倾向,既不符合高职教育对教师的要求,也难以体现职业教育教师的职业能力优势和特色;另一方面是具有企业工作经历教师虽然在应用技术研发、现场问题解决、实际操作指导方面更有优势,但在获取纵向项目、发表理论文章方面明显不足。他们所具有的优势在传统的教师职称发展通道下很难进入职称评审范围,他们的不足是职称晋升(尤其是高级职称晋升)中的关键因素。值得注意的是,东、西部受访高职院校已经充分认识到原有职称评审条件的不合理性,并将体现高职教育教学能力结构特征的能力元素纳入教师职称评审条件,形成了多元化的评审条件体系,有利于具有企业工作经历教师的职称发展。

3.职称评审的组织实施

职称评审的组织实施是教师专业发展的制度保障。高职院校面向具有企业工作经历教师设置的职称发展通道和职称评审条件能否真正得到实施,关键在于职称评审的分类实施,这是影响具有企业工作经历教师职业发展的关键因素。从调研情况看,部分已分类设置职称发展通道、考虑教师实际情况设置评审条件的高职院校,组织评审时通常采用合并评审,通过为每一类条件赋予相应的分值,最后通过综合得分高低确定入选名单。实际上,通过社会服务类和职业技能类来实现职称晋升的教师为数甚少。如分别对东部和西部各一所"双高计划"建设单位的调研发现,虽然两所学校的教职工均超过 1300 人,但通过社会服务类和职业技能类晋升高级职称的教师仅有 10 余人,说明这些新设的职称发展通道还没有发挥引导具有企业工作经历教师实现多样化发展的作用。

三、工作经历与职业积累:职业发展的背景因素

在具有企业工作经历教师眼里,企业工作经历不仅代表着一种职业经历,而且还带来与专业相关的知识和经验的积累。在从企业转行到高职院校的过程中,具有企业工作经历教师往往将在企业工作中形成的职业认知、专业知识、工作思维、方法能力等迁移到教育教学的具体实践中,将这些积累与具体教学工作联系起来,成为影响他们职业发展的因素之一。由于所积累的职业知识和经验与个体的职业经历密切相关,且具有较强的个性化特征,是影响具有企业工作经历教师职业发展的背景因素。职业经历对具有企业工作经历教师职业发展的影响主要体现在以下四个方面。

(一)先前职业与当前职业的重合度

对于具有企业工作经历教师而言,先前积累的职业能力与经验能否转化为高职教师职业发展的积极力量,关键在于先前职业与当前职业的匹配度,即先前职业中形成和积累的职业知识和经验与具体教育教学的专业知识和实践教学能力衔接越紧密,具有企业工作经历教师越能将其转化为教育教学的支撑力量,在职业适应上更为顺利,在职业发展上更为有利。比如,从医院引进的教师,因在医院时已承担过带教工作,进入高职院校后,无论是从事专业理论教学还是承担实训教学、指导技能大赛或带领学生顶岗实习,均能够较快地适应相关工作。其原因在于,无论专业知识还是专业技能,两者均有较大的相似性。

(二)企业经验在行业领域的代表度

高职院校主要为行业企业培养高素质技术技能人才,行业企业的要求实质上是高职院校办学的目标。行业领域的头部企业大多掌握较为先进的技术、工艺、设备、流程和管理,其对人才的需求往往能代表行业人才需求的方向。来自行业头部企业或企业高级技术主管的生产、技术和管理人才,其所掌握的技术技能具有比较优势,代表着行业发展的方向。这些教师在进入高职院校后往往能够提供相对前

沿的教育教学和相关服务,更能发挥引领性作用,因而也更容易在教育教学中取得良好效果。背后的原因在于,这些头部企业的工程技术和管理人员所掌握的知识和技能具有较强的引领示范作用,在开展教育教学或实习实训时表现出明显的优势,即较强的带动性。

(三)所在院校与行业企业的衔接度

对不同区域高职院校的比较分析发现,院校与行业企业联系的紧密度、互动的深度存在差异性。当高职院校与行业企业联系越紧密、互动度越深时,具有企业工作经历教师不仅能使院校因掌握更为丰富的企业人力资源信息而更容易引进企业技术人才,还能因具体人才培养中校企合作的深入,充分发挥自身在企业工作时积累的知识和经验优势,也有更多的机会参与产教融合和校企合作。概言之,具有企业工作经历教师所在院校与行业企业衔接度越高,越能够发挥该类教师的自身特色和优势,其职业发展也更为有利。

(四)行业企业自身技术环境的稳定度

行业企业面临的技术环境存在差异,技术较为稳定的行业企业,技术技能更新相对较慢,反之,技术更新较快的行业企业,工艺流程变化较快,技术技能的更新也相对较快。高职院校引进具有企业工作经历教师的职业发展,同样受此影响。通常而言,技术环境变化较快的行业企业的教师,需要通过持续自我学习或回企业实践研修,才能保持自身行业知识与能力的前沿性,以适应职业的发展。相反,技术环境较为稳定的行业企业的教师,通常可在相对较长的时间内保持优势。需要注意的是,随着技术变革的加快,企业技术环境的稳定性逐渐弱化,高职院校具有企业工作经历教师普遍认为,只有形成定期返回行业企业实践研修的制度环境,才能把握行业企业的最新发展动态,而这也是他们更好适应新职业环境的关键因素。

四、个体禀赋与能力提升:职业发展的主体因素

内因是决定事物发展的根本,教师个体的内在因素是其职业发展的根本原因。高职院校专任教师的日常实践具有多元性、变化性和复杂性,具有企业工作经历教师能否适应教育教学及相关工作、能否实现职业发展,与他们是否具备日常教育教学及相关工作所需要的知识、能力、技能和经验等密切相关。需要注意的是,具有企业工作经历教师大多具有相似的经历或具备相似的经验,进入高职院校后承担教育教学工作时又面临相似的困境。从受访者视角看,影响他们职业发展的个体因素既有作为高职教师所需能力的共性,也有与他们先前工作经历密切相关的群体特性,具体体现在以下方面。

（一）教育教学知识与能力

教学知识和能力之所以成为具有企业工作经历教师职业发展的关键因素,主要原因有以下几个方面:首先,从群体特征看,具有企业工作经历教师进入高职院校前,基本上不曾接受过教育教学的专业训练,普遍缺乏教育教学的理论知识和实践经验,对于他们而言,教育教学知识和能力是最大的挑战和短板。其次,从职业能力看,教育教学是具有企业工作经历教师进入高职院校后的基本和核心的工作,教育教学知识和能力既是他们承担工作、履行教育教学职责的基本要求,也是每个教师均应具备的能力,而这些能力的差异直接表征为他们在教育教学成效方面的差异,影响他们的职业发展。最后,从现实情况看,相较其他教师,具有企业工作经历教师在教育理念认知、职前职后培训、教学信息化能力、教学基本功等方面处于不利地位,这些情况在他们进入高职院校后并未得到特别的关注和支持,事实上他们所能获得的支持与普通教师相同。

教育教学知识和能力不仅影响具有企业工作经历教师职业发展,更影响高职院校人才培养目标的实现和人才培养质量的提升。就此而言,提升具有企业工作经历教师的教育教学知识和能力理应成为高职院校师资队伍建设、人才培养质量提升的关键事项,亟需设计相关制度和提供有力支持。然而,从现实来看,有能力大量引进具有企业工作经历教师的高职院校,通常是办理理念先进、办学质量较高、处于同类院校前列、资源获取能力强的优质院校。然而,这些院校在高职扩招、项目获取、改革发展等方面的投入往往较多,这在一定程度上分散了他们建设教师队伍的精力,致使具有企业工作经历教师的教育教学知识与能力建设尚未得到应有的重视,通常被纳入高职院校整体教师队伍能力建设之中,缺乏针对性,亟待引起相关方重视,并采取切实有效的方式加以解决,这才是高职院校长远发展的根本策略。

（二）教研科研知识与能力

教研科研知识与能力既是具有企业工作经历教师进入高职院校后适应教育教学工作的内在要求,也是他们在高职院校实现职业生涯发展的重要条件。一方面,高职院校是实施高等职业教育的重要主体,具有人才培养层次上的高等性和人才培养目标上的职业性,需承担培养高素质技术技能人才、开展应用导向教研科研、提供应用技术开发和职业培训服务等职能,要发挥这些功能,要求高职院校具有企业工作经历教师具备一定的教研科研知识和能力,以确保相关工作任务的完成。另一方面,从具有企业工作经历教师专业发展尤其是职称晋升条件看,现有职称评审体系的高等性导向尤为突出,表征为对教师教研科研的成果要求较高,可见教研科研知识和能力仍然是高职院校教师职业发展中极为重要的因素。从受访者视角看,教研科研知识与能力对职业发展的影响主要表现在两个方面:其一,申报职称的级别越高,对教研科研的成果要求也越高,具有企业工作经历教师职称晋升更多取决于能否获取或参与高级别的教研科研项目、能否产出高级别的教研科研成果,这需要他们具备较强的教研科研能力;其二,进入高职院校后,教研科研能力与具有企业工作经历教师的职业发展形成了联系紧密、彼此促进的良性发展机制,即教研科研能力提升较快的具有企业工作经历教师往往能获得较快的职业发展,而职业发展又需要其不断提升教研科研能力。

从具有企业工作经历教师的现实情况看,他们中有部分人曾承担过企业技改项目,然而这些项目的目标、逻辑和重点与高职院校的教研科研项目存在较大差距。对于他们而言,提升教研科研能力依然是一项新的任务。不过,从具有企业工作经历教师进入高职院校后的经历看,虽然他们已经认识到教研科研能力对于自身职业发展的重要性,然而要想提升教研科研能力仍面临不少挑战。这主要是因为个人缺乏教研科研的专业训练,而且进入高职院校后主要精力集中在日常的教育教学工作上,很少能兼顾教研科研。面对较高的教研科研要求,不少具有企业工作经历教师或选择其他替代性条件,或放弃追求高级职称发展。

(三)社会服务知识与能力

相较于其他教师,具有企业工作经历教师在社会服务方面具有一定优势,比如他们掌握更多的行业企业资源、更熟悉行业企业的需求、具有更多的行业企业知识和能力。随着这些能力被纳入高职教师职称晋升条件、部分高职院校增设职业发展通道,社会服务能力成为具有企业工作经历教师实现职业发展的重要条件。进入高职院校后,具有企业工作经历教师可以选择参与产教融合项目,如联合技术攻关、学生实习就业、教师企业研修、社会技能培训等,以此实现职业生涯发展。这些项目若由其他教师承担,他们需要花费更多的时间和精力去获取资源和信息。通过发挥具有企业工作经历教师已有经验和优势,可以优化高职院校专业教师队伍结构,更好地服务人才培养过程,提升人才培养质量。

一些受访教师也担忧,高职院校在企业互动的制度化程度不高、不同院校间存在不同程度的差异,产教融合、校企合作的重视程度和投入力度往往随领导变更而发生变化。部分受访者表示,他们在深化产教融合、沟通校企关系方面所具有的优势,在进入高职院校后并未得到充分发挥,主要原因在于所在院校和专业推动校企合作的力度不足,一些院校和专业很少真正将产教融合落实到具体的人才培养过程中。换言之,社会服务能力在具有企业工作教师职业发展中的重要性程度与所在高职院校对产教融合的重视程度和投入力度密切相关。

(四)自我发展意愿与动机

内因是决定事物发展的根本原因,具有企业工作经历教师职业发展的内源动力源于他们自身的动机和意愿。由于具有企业工作经历教师进入高职院校的目的和动机是有差别的,这种差别直接影响他们后期的职业发展。具有企业工作经历教师的自我发展动机与意愿对职业发展的影响主要表现在以下方面:一是自我发展意愿较强的教师更有可能克服职业适应中的困难,更愿意主动获取职业发展所需的条件和资质;二是从教动机较强的教师,在职业发展中往往会获得更多的发展机遇,实现能力提升。

访谈发现,与其他教师相似的是,具有企业工作经历教师的从教意愿越强,其后期职业适应越顺利,职业发展成就越高,在教育教学中获得的成就感、职业幸福感和认同感也越强烈。相反,少数离开学校的具有企业工作经历教师有一个共同的特征:在教育教学工作中很少能找到价值和意义。需要注意的是,从受访群体看,具有较强从教动机的具有企业工作经历教师并不多,他们之中有不少是考虑家庭照料、工作轻松、时间自由等因素选择高职院校。然而随着时间的推移,在与组织互动中,他们逐渐分化,即一些教师逐渐找到了动力和意愿,成为积极主动的发展者。另一些则成为被动的适应者。

第五章 高职院校具有企业工作经历教师 引进与发展的国际经验

虽然国外职业教育领域没有"具有企业工作经历教师"这一称谓，但很多国家在培养、招聘和录用教师时都极为重视教师的企业工作经历，普遍存在从行业企业聘请专家、管理人员、工程技术人员等担任高职院校专职教师的做法，这与本书提出的具有企业工作经历教师在内涵上是一致的。本章选择澳大利亚、德国、美国三个国家作为典型代表。通过梳理澳大利亚 TAFE 学院、德国双元制大学、美国社区学院具有企业工作经历教师的不同发展情况，从不同视角总结凝练各国的特色和经验，从"他者"镜像中审视自身、博采众长，为我国高职院校引进与发展具有企业工作经历教师提供参考借鉴和启迪。

第一节 澳大利亚：TAFE 学院具有企业工作经历 教师的引进与发展

一个国家或地区的经济、技术和社会创新能力与该国或地区教育机构的能力建设与人员素质紧密相连。[①] 澳大利亚职业教育长期居于世界领先地位，作为典范的 TAFE 学院已成为其教育体系中不可替代的组成部分，为澳大利亚的社会经济发展作出了积极贡献。TAFE 学院是澳大利亚实施职业教育的主要机构，而一流的师资队伍是 TAFE 学院发展最重要的基础和保障。因此，澳大利亚高度重视师资队伍建设，不断拓宽 TAFE 学院教师的来源渠道，从行业企业引进了大批从业人员担任兼职和专任教师，在建设具有企业工作经历教师队伍方面积累了丰富的经验。澳大利亚教育委员会（Australian Education Council）明确规定：职业教育教师必须同时满足以下条件：获得相应等级资历框架认证的专业资格证书，并具备副学士以上的学历水平；获得四级职业教育教师资格证书（The Certificate Ⅳ in Training and Assessment）；具备 3～5 年的行业企业工作经验。[②] 研究表明，目前澳大利亚职业教育教师主要来自行业企业从业人员，[③] 只有很少一部分来自应届毕

①刘彩琴. 职业教育工学结合课程开发与实施[M]. 北京：北京师范大学出版社,2014.

②徐芳,陶宇. 欧美职教"双师型"教师培养的成效、经验及启示[J]. 教育与职业,2021(09)：68-75.

③马延伟. 澳大利亚职业教育与培训师资队伍建设的挑战与应对[J]. 外国教育研究,2018,45(10)：117-128.

业生。然而,由于具有企业工作经历的教师群体的特殊性和新时代要求,澳大利亚仍在积极探索新机制、新举措以应对挑战。

一、澳大利亚 TAFE 学院具有企业工作经历教师的生成价值

具有企业工作经历教师是指在企业工作后转岗进入教师职业、从事教育教学工作的人,是澳大利亚 TAFE 学院师资队伍中的重要组成部分。澳大利亚 TAFE 学院具有企业工作经历教师的产生具有重要的价值,具体体现在替代价值、效能价值、纽带价值、反哺价值四个方面。

(一)替代价值:缓解职业教育教师短缺的重要力量

具有企业工作经历教师的出现,最显著的作用在于缓解了澳大利亚职业教育教师短缺的问题。澳大利亚职业教育教师短缺是多种因素交互作用的结果,其中教师的需求量大于供给量是教师短缺现象发生的直接原因。[1] 21 世纪以来,为了应对经济结构调整带来的技能人才短缺困境,澳大利亚联邦政府持续推进职业教育改革,强调通过职业教育提高获得 VET(Vocational Education and Training)资格证书的人口比例,提升劳动力的技能水平,以保证企业招聘到满足需求的技术工人。澳大利亚国家技能委员会也预测,VET 资格证书人数需保持持续增长方能满足产业需求。在政策的推动下,澳大利亚职业教育规模不断扩大,对教师的需求量也相应逐步增加。目前,TAFE 学院是澳大利亚最大的职业教育机构,均是政府资助的注册培训机构(RTO)。[2] 由于公众普遍认为澳大利亚职业教育教师是能力要求高、工作压力大、缺乏职业支持的职业,导致越来越多的人不愿意步入这个行业,且每年都有一定比例的教师离开这个行业。多项实证研究表明,TAFE 教师普遍反映工作量增加,高强度的工作压力导致许多的 TAFE 学院教师开始考虑离职。[3]为解决教师短缺问题,澳大利亚政府实施了一系列改革计划以加强政府—企业—职业教育机构之间的协作,鼓励并支持从行业企业招聘高技能人才转型为职业教育教师,充分发挥他们的替代补充作用,充实和优化职业教育教师队伍。

(二)效能价值:促进教育教学提质增效的重要支撑

具有企业工作经历教师最为直接与显著的群体特征是具有丰富的行业前沿知

---

①周娜,金星霖. 荷兰中小学教师短缺:现状、成因及应对策略[J]. 比较教育学报,2021(01): 151-165.

②Cateight. Higher Education in Australia - TAFE Colleges and Elite Universities[EB/OL]. (2019-07-17)[2024-12-20]. https://www. cateight. com/news/higher-education-in-australia-colleges-and-universities #!.

③IE. Australia:Attack on working conditions linked to teachers' stress[EB/OL]. (2018-01-08)[2024-12-20]. https://www. ei-ie. org/en/item/22284: australia-attack-on-working-conditions-linked-to-teachers-stress.

识技能、工作经验和良好的专业实践能力。专业实践能力是教师个体运用已有的知识、技能去解决相关行业、企业生产实际问题必需具备的能力,其外在表现为操作能力、指导学生实践的能力、联系行业的能力、技术开发与社会服务能力等。[①] 因此,具有企业工作经历教师与从"校门"到"校门"的应届毕业生不同,他们了解行业动态、职业标准、岗位要求以及本行业的新技术、新标准、新工艺等,可以提高教师教育教学的时效性和针对性。可以说,他们在培养学生的职业技能、岗位能力、职业素养等方面具有天然优势,对促进 TAFE 学院教育教学与产业、企业、岗位对接也具有独特优势。南澳州的相关调查显示,很多 TAFE 学院教师缺乏企业实践,在"产业素质"方面与具有企业工作经历的教师存在较大差距,特别是任期 10～15 年的教师缺乏与行业企业的联系。具有企业工作经历教师不仅可以弥补 TAFE 学院教师企业实践经验不足的缺陷,从整体上优化师资队伍结构,还可以激发其他教师重视提高自身的专业实践能力,从而有效提升教师的教育教学效能。研究表明,教师的教育教学效能直接关系到职业教育教学的质量和课程目标的达成度。[②] 具有企业工作经历教师的这些优势交织形成的效能价值,对提升澳大利亚职业教育教学质量具有积极作用。

(三)纽带价值:有效深化校企合作关系的重要桥梁

职业教育是一种横跨"职业域""技术域""教育域"与"社会域"的跨界教育,[③]与经济社会发展紧密相连、与企业密不可分是其典型特点。澳大利亚一直坚持以市场需求为导向的职业教育,鼓励加强职业教育与社会,尤其是与经济的联系,提出需要通过整合的、跨部门的方式来解决技能短缺问题。[④] 20 世纪 80 年代,澳大利亚开始引入市场机制,逐步形成了政府适度宏观调控下的市场引导、行业主导的校企合作机制。2004 年,澳大利亚昆士兰州政府提出并确立"校企合作战略"(Industry School Engagement Strategies),把与行业企业合作作为职业教育战略中的重要指导方针。澳大利亚青年基金会(The Foundation for Young Australians)指出,要弥合教育和产业企业之间的差距,必需建立起良好的校企合作伙伴关系。[⑤] 这种深层次紧密型的校企合作,正是 TAFE 学院办学成功的关键所在。具有企业工作经历

①王成福,邵建东,陈海荣,等.高职教师专业实践能力的内涵及培养对策[J].高等工程教育研究,2015(03):146-151.

②兰咏.职业教育教师效能研究[J].中南民族大学学报(人文社会科学版),2005(S1):350-351.

③朱成晨,闫广芬.精神与逻辑:职业教育的技术理性与跨界思维[J].教育研究,2020,41(07):109-122.

④Bureau of Infrastructure and Transport Research Economic. Skill Shortages in Australia's Regions[EB/OL].(2006-07-02)[2024-12-20]. https://www.bitre.gov.au/sites/default/files/wp_068.pdf.

⑤潘黎,曹鑫.澳大利亚生涯教育新动态——"为学生未来而准备"国家生涯教育战略实施[J].比较教育研究,2021,43(06):58-64.

教师是教育与企业的跨界者,熟悉相关行业企业的工作情况,与企业人员有多年的同事关系,从企业到学校工作后方便与企业沟通交流,在推动校企合作方面具有一定的优势。[1] 他们在校企合作中扮演"中间人"的角色,能够在 TAFE 学院与企业之间架构起沟通交流的桥梁,促进学校和企业之间的良性互动,充分展现出"纽带"的价值。

(四)反哺价值:肩负着培养行业下一代的重要责任

行业企业发展的关键靠人才支撑,行业企业的竞争本质上也是人才的竞争。在澳大利亚,具有企业工作经历教师从企业跨界到 TAFE 学院,肩负着培养行业下一代技术工人的重要责任,这也是他们成为职业教育从业者的关键动力。《吸引行业专家成为职业教育从业者:旅程,而不是目的地》(*Attracting industry experts to become VET practitioners: a journey, not a destination*)显示,澳大利亚很多行业专业人员成为具有企业工作经历教师的最初动机是培育下一代技术工人来回馈行业。[2] 该研究通过对 322 位具有企业工作经历教师的调查表明,大约三分之一的人认为培育下一代技术工人回馈行业"比较重要",几乎一半的人认为"非常重要",见表 5-1。面对澳大利亚长期存在的技术工人短缺危机,很多具有企业工作经历教师放弃了企业的优厚待遇进入 TAFE 学院教书育人,其动力源于将自己的技术技能教授给更多年轻人,培育下一代技术工人进入他所热爱的行业。此外,具有企业工作经历教师知道企业缺少什么样的人才,有助于打通 TAFE 学院人才培养与企业需求间的"最后一公里",通过培养出行业企业真正需要的高素质技术技能人才,为行业企业持续发展壮大提供"源头活水",从而实现对行业企业的反哺和更高的社会价值。

表 5-1　行业专业人员成为具有企业工作经历教师的目的

目的	比重/(%)				
	不重要	重要	一般重要	比较重要	非常重要
薪酬待遇	17.1	16.5	39.3	19.9	7.2
工作条件	15.1	9.4	31.8	29.2	14.5
逃离企业的工作压力和较少的身体性挑战	28.4	17.5	22.8	23.1	8.1
培育下一代回馈行业	5.9	3.4	13.7	32.3	44.7

---

①邵建东. 高职院校"企业引进教师":问题表征及破解策略[J]. 教育发展研究,2015,35(09):65-69+77.

②Tyler M, Dymock D. Attracting industry experts to become VET practitioners: a journey, not a destination[R]. Adelaide: NCVER, 2021:20.

二、澳大利亚 TAFE 学院具有企业工作经历教师引进与发展的最新挑战

经过多年的探索实践,澳大利亚在 TAFE 学院具有企业工作经历教师引进与发展方面积累了十分宝贵的经验。然而,具有企业工作经历教师这一职业群体有其自身的特殊性,至今依然面临诸多挑战。同时,随着经济增长缓慢、人口老龄化日益严重,澳大利亚经济社会面临的环境变化不断加快、不确定性日益增强。社会对"新技能和高技能"的需求对职业教育教师提出了新的要求,[①]这加剧了 TAFE 学院具有企业工作经历教师队伍建设面临的挑战。

(一)吸引留存:引进难与留不住双面难题凸显

具有企业工作经历教师如何"引得进"和"留得住",是近年来澳大利亚职业教育面临的热点和难点问题。澳大利亚国家职业教育中心(National Centre for Vocational Education Research,NCVER)2022 年发布的《提供高质量职业教育与培训:对于注册培训机构而言何为重点》(*Delivering high-quality VET:what matters to RTOs?*)显示,澳大利亚职业教育在招聘、发展和留用教师方面存在困难,特别是在吸引行业企业专业人士担任全职职业教育教师方面存在挑战。[②] 在澳大利亚,影响行业企业专业人士进入 TAFE 学院成为具有企业工作经历教师的因素有很多,比如澳大利亚的教师队伍老龄化且规模萎缩,2020 年的劳动力数据显示超过三分之一(38%)的 TAFE 学院注册教师年龄在 50 岁及以上,这意味着进入教师行业的人数越来越少;[③]职业教育教师薪水下降、缺乏职业支持、教师职业吸引力有限;[④]职业教育系统本身也因其官僚主义的复杂性而备受社会诟病;[⑤]Ⅳ TAE 证书对于行业企业专业人士来说堪比"攀登珠穆朗玛峰"。[⑥] 由于整个职业教育处于

①Andersson P,Köpsén S. Continuing professional development of vocational teachers:participation in a Swedish national initiative[J]. Empirical Research in Vocational Education and Training,2015,7.

②Hugh G,Melinda W. Delivering high-quality VET:what matters to RTOs? [R]. Adelaide:NCVER,2022:10-29.

③Henebery B. Australia's teacher workforce ageing and shrinking - major report[EB/OL]. (2022-09-02)[2024-12-20]. https://www. theeducatoronline. com/k12/news/australias-teacher-workforce-ageing-and-shrinking--major-report/281061.

④OECD. Teachers and leaders in vocational education and training[EB/OL]. (2021-04-02)[2024-12-20]. https://www. oecd. org/en/publications/teachers-and-leaders-in-vocational-education-and-training_59d4fbb1-en. html.

⑤Joyce S. Strengthening skills:expert review of Australias vocational education and training system[R]. Australia:Department of the Prime Minister and Cabinet, 2019:103.

⑥Tyler M,Dymock D. Attracting industry experts to become VET practitioners:a journey, not a destination[R]. Adelaide:NCVER,2021:15.

教师短缺的困境,导致具有企业工作经历教师的工作任务重、工作量大,从而加剧了这类教师的流失,形成了恶性循环。澳大利亚教育联盟在 2021 年 12 月的一项调查显示,澳大利亚全职教师每周平均工作 48.4 小时。联邦政府预测,2025 年公立学校教师缺口将达到 4100 人。

(二)身份转换:认同危机和多重角色冲突交织

企业和学校是两个不同的工作场所,从企业到学校不光代表着环境的转变,也体现着身份的转变。在这个过程中,TAFE 学院具有企业工作经历教师面临着身份认同危机,其原因主要在于宏观层面政府的重视支持和干预政策的有效性,中观层面学校与企业的组织文化冲突,微观层面教师个体的知识能力、情绪态度及其对职业教育价值的认可度等。正如古德森(I. F. Goodson)和寇勒(A. L. Cole)提出,教师身份认同受学校内外和教师内外各种因素影响。[①] 具有企业工作经历教师需要从企业员工角色转换为职业教育教师角色,而角色的转换往往伴随着角色冲突的发生。根据《吸引行业专家成为职业教育从业者:旅程,而不是目的地》研究报告,在现有具有企业工作经历教师的 232 份书面回复中,只有 22% 的人表示他们经历了平稳的角色转换。[②] 具有企业工作经历教师的角色冲突主要体现在以下几个方面:①因为教师角色的认知、期待与实际行为存在差距而产生的矛盾;②因为企业员工角色与教师角色存在差异而产生的新旧角色间冲突;③因为职业教育教师拥有教育者、研究者、社会服务者等多重角色而引起的角色间冲突。这些角色冲突不仅会阻碍具有企业工作经历教师的身心健康、个人成长和专业发展,还会影响教师的工作积极性和教师队伍的稳定性会,甚至影响教育教学质量。

(三)能力胜任:教育教学能力和经验相对不足

能力胜任指的是在特定的工作岗位、组织环境和文化氛围中将取得优异成绩者与表现平平者区分开来的个人特质和潜在的深层次特征。[③] 具有企业工作经历教师的能力胜任是指实施与完成教育教学活动、科研和社会服务等工作的能力,其胜任力水平的高低直接影响着教师教育教学工作的开展,并决定着教育教学活动的成效和质量。具有企业工作经历教师的能力胜任具有自身的特殊性,虽然他们具有企业从业经历和工作经验,但也存在教育教学能力不足、经验欠缺的显著弱

---

①Goodson I,Cole A L. Exploring the teacher's professional knowledge:Constructing identity and community[J]. Teacher Education Quarterly,1994,21(1):85-105.

②Tyler M,Dymock D. Attracting industry experts to become VET practitioners:a journey,not a destination[R]. Adelaide:NCVER,2021:25.

③Spencer S M,Spencer L M. Competence at work:Models for superior performance [M]. New York:Wiley,1993:9.

点,存在能力胜任不足的挑战。这不仅与个人专业知识、专业能力、从业经验等相关,还与澳大利亚的Ⅳ TAE证书培训忽视教学实践相关。Ⅳ TAE证书是澳大利亚最基本的职业教育教师资格证书,但很多具有企业工作经历教师反映该证书培训脱离教学实际,"充满了很多相对毫无意义的活动""希望他们有10年的行业经验,却指望为期6天的课程让他们成为一名好教师"。[①] 可以看出,Ⅳ TAE证书培训忽视了具有企业工作经历教师的能力特点,在其就业初期缺乏专项的教育教学能力提升培训和实践指导,导致具有企业工作经历教师缺乏教育教学实践的磨炼,存在教育教学能力不足、专业发展意识薄弱等问题。如何帮助具有企业工作经历教师脱下行业资格帽(industry qualification hat)戴上教学帽(teaching hat)[②],是摆在澳大利亚职业教育面前的重要课题。此外,澳大利亚国家、州和地区的持续专业进修计划制度存在不足,职业教育教师缺乏系统的、持续的专业进修,这也是对具有企业工作经历教师能力胜任和专业发展的重大挑战。

(四)组织适应:企业和学校的场域反差矛盾

组织适应是个体与工作场域相互作用的动态发展过程和平衡状态。企业和学校是不同的工作场域,在组织制度、管理模式、行为规范、组织文化等方面存在较大差异。从企业到学校,具有企业工作经历教师身处异质性场域之下,大部分难以真正融入其中,处于"身份脱域"状态。[③] 在这样的场域反差下,澳大利亚TAFE学院具有企业工作经历教师同样在组织适应上存在困难,具体表现为对工作环境的不满、人际关系紧张、情绪焦虑,甚至离职等。具有企业工作经历教师的组织适应离不开组织的大力支持。具有企业工作经历教师进入学校工作场域后,常面临着缺乏引导、缺少资源、支持不足、孤立无援等挑战,以致对教师自身的职业适应产生不良影响,同时也降低了教师对学校的融入感和组织认同感。此外,从企业员工到教师,具有企业工作经历教师的人际关系发生了巨大变化,不仅要和同事、领导打交道,还要和学生、家长等处理好关系。澳大利亚教育联盟主持的一次调查显示,教师们普遍感到的压力是工作负担过重、学生管理困难和师生关系不良。[④] 2019年,澳大利亚联邦政府颁布了《澳大利亚区域乡村及偏远地区高等教育战略》

①Tyler M, Dymock D. Attracting industry experts to become VET practitioners: a journey, not a destination[R]. Adelaide: NCVER, 2021:25.

②Tyler M, Dymock D. Attracting industry experts to become VET practitioners: a journey, not a destination[R]. Adelaide: NCVER, 2021:25.

③乔雪峰,杨佳露,卢乃桂.澳大利亚乡村教师支持路径转变:从"不足模式"到"拟合模式"[J].比较教育研究,2018,40(05):26-32.

④田国秀,李冬卉.提升新教师抗逆力:内容与策略——国外研究经验与借鉴[J].教师教育研究,2018,30(03):95-102.

（*National Regional，Rural and Remote Tertiary Education Strategy Final Report*），该政策使得澳大利亚 TAFE 学院的生源更加复杂多样，不仅包括 15—19 岁青少年，还包括低社会经济地位居民、土著居民、残疾人和偏远地区居民等，为具有企业工作经历教师的学生管理和师生关系增加了挑战。

三、澳大利亚 TAFE 学院具有企业工作经历教师引进与发展的策略

具有企业工作经历教师是澳大利亚 TAFE 学院教师队伍中的重要组成部分，是推动教育质量提升和教学效能提高的重要力量。近年来，澳大利亚的政府机构、研究机构等日益关注具有企业工作经历教师，并开展了相关调查研究，积极探索和寻找优化策略，以回应时代变革。

（一）改进教师招聘和留用战略，提高教师岗位吸引力

教师岗位吸引力是影响澳大利亚 TAFE 学院具有企业工作经历教师稳定性和质量的关键因素。只有不断地提高教师的岗位吸引力，才能为 TAFE 学院源源不断地输送优质师资。提高教师岗位吸引力是一项系统工程，具有艰巨性、长期性和复杂性。正如经济合作与发展组织（Organization for Economic Cooperation and Development，OECD）发布的《为 21 世纪培育教师提高学校领导力：来自世界的经验》（*Preparing Teachers and Developing School Leaders for the 21st Century*）研究报告指出，当某种职业的职业地位、工作环境、个人贡献感和经济回报等因素组合更具吸引力时，员工才会选择这种职业。[1] 2021 年，澳大利亚国家职业教育研究中心修订发布了《职业教育教学能力和质量建设：机遇与挑战》（*Building capability and quality in VET teaching：opportunities and challenges*），该报告采访的利益相关者提出，吸引行业专业人员成为具有企业工作经历教师的方法主要包括薪酬合理化、工作条件改善、工作与生活平衡以及提供持续专业发展机会等。[2]《提供高质量职业教育与培训：对于注册培训机构而言何为重点》报告建议通过开设短期的教师入职课程发展初始教学和培训能力，将其作为吸引行业专业人员进入职业教育领域的一种手段，然后再要求他们获得 Ⅳ TAE 证书[3]。留住具有企业工作经历教师、减少流失是 TAFE 学院建设稳定的教师队伍的一个关键。

---

① OECD. Preparing Teachers and Developing School Leaders for the 21st Century[R]. Paris：OECD，2012：56.

② Josie M，Hugh G，Melinda W. Building capability and quality in VET teaching：opportunities and challenges[R]. Adelaide：NCVER，2021：8-9.

③ Hugh G，Melinda W. Delivering high-quality VET：what matters to RTOs？[R]. Adelaide：NCVER，2022：29.

澳大利亚存在通过丰厚的待遇将具有企业工作经历教师吸引回行业企业的现象。为保证提供充足的高质量教师,除了薪酬水平和更好的工作条件之外,TAFE 学院还要提高组织吸引力,建立教师发展支持策略,帮助具有企业工作经历教师实现职业成就。

(二)强化教师角色认知和定位,提高教师职业认同感

从企业工作人员到成为 TAFE 学院具有企业工作经历教师,需要经历身份转变和角色适应的过渡过程,这是职业发展中的重要阶段。近年来,澳大利亚一些职业教育研究者开始关注如何帮助具有企业工作经历教师解决过渡问题。比如,马克·泰勒(Mark Tyler)和达里尔·戴莫克(Darryl Dymock)对政府和 TAFE 学院等机构提出建议:①开发"流程图",明确对职业教育教师的要求和期望;②开发角色宣传材料,通过社交媒体等可视化渠道真实地展示职业教育教师工作场景;③给予系统的支持,比如入职前后的教学实践机会,入职初期的同行指导。[1] 这些举措不仅有助于具有企业工作经历教师在成为教师之前做好充分的心理准备,正确认识教师这一职业角色,从而自愿认同、选择和接受 TAFE 学院教师的工作,还有助于缩小角色期望与现实的差距,帮助他们快速适应教师的角色。角色适应是职业认同的前提和基础。教师职业认同是一个复杂而多维的概念,是指教师对其职业及内化的职业角色的积极认知、体验和行为倾向的综合体,[2]是对"我是谁"(who I am)与"我在做什么"(what I do)等问题的回答。因此,除了吸引优秀的行业专业人员进入 TAFE 学院成为具有企业工作经历教师,更重要的是通过促进他们的角色适应使他们对教师职业产生高度的认同感,这样他们才能全身心地投入教育教学工作、实现职业发展并长期留任。

(三)注重教师专业发展和指导,提高教师工作胜任力

在澳大利亚,成为一名 TAFE 学院具有企业工作经历教师是一个涵盖职前准备、入职适应、职后实践和专业发展的动态过程。一直以来,澳大利亚高度重视职业教育教师的专业发展。早在 2014 年,澳大利亚就在《注册培训机构标准 2015》(*Standards for Registered Training Organisations*(*RTOs*)2015)中对"专业发展"(Professional development)进行了界定:"专业发展"是指提升或保持培训师或评估师的技能、知识和专长的活动,主要包括职业能力建设、行业技能提升、职业培训实施及评估实践等,并规定培训师或评估师应具备"与所实施的培训和评估直接相关

---

①Tyler M,Dymock D. Attracting industry experts to become VET practitioners:a journey,not a destination[R]. Adelaide:NCVER,2021:27.

②魏淑华. 教师职业认同研究[D].西南大学,2008.

的产业前沿技能""在职业教育和学习方面具有丰富的知识和技能"。① 澳大利亚职业教育利益相关者普遍认为有必要采取系统的方法以支持职业教育教师的专业发展，包括提供入职培训、专业指导和专业持续发展机会。② 这意味着在具有企业工作经历教师获得Ⅳ TAE证书后，TAFE学院要继续为其提供专业进修机会和指导支持，满足其对行业前沿技能和高质量教学技能提升的双重需求。目前，澳大利亚正在探寻重新建立教师持续专业发展计划，其中维多利亚州的职业教育与培训发展中心（VET Development Centre）在这方面的做法备受关注。为了使具有企业工作经历教师胜任工作岗位，TAFE学院推行同行观摩法（peer observation），并采用师徒制培养新教师，即学校给每位新教师配备一位经验丰富的指导教师（mentor）的同时，还有许多利益相关者一致认为，需要及时调整Ⅳ TAE证书，更注重关键教学理论、评估原则以及教学实践等，以此弥补具有企业工作经历教师教育教学经验不足、教育教学方法和能力欠缺的缺点。此外，近年来，专业协会（professional association）的概念经常在澳大利亚被提及，相关方面以各种形式尝试促进职业教育教师的专业发展，但对这样一个组织的形态和目的尚未达成共识。③

（四）缓解教师场域落差和疏离，提高教师组织适应性

行业人员进入TAFE学院成为具有企业工作经历教师，意味着他们进入了一个与以前的工作场所完全不同的场域。当具有企业工作经历教师与场域之间存在疏离时，就会游离于场域边缘，产生落差感和场域压力。仅仅通过Ⅳ TAE证书培训无法从根本上解决这一问题。组织支持能有效提高员工的工作满意度，促进员工正向行为，如工作投入、创新行为和组织公民行为等。④ 因此，只有通过组织支持形成符合TAFE学院这一场域特性的适应性发展，才能使具有企业工作经历教师更快、更好地适应组织生活，从而获得归属感。澳大利亚的一些TAFE学院等注册培训机构正在努力提高组织的支持力，建立一种支持性文化，主要聚焦在组织文化氛围的营造、参与性和支持性环境的塑造等方面，尊重具有企业工作经历教师的工作贡献，并让其感觉组织"像一个大家庭"，感到真正被包容、真正受欢迎和真正被

①Australian Government. Standards for Registered Training Organisations（RTOs）2015［EB/OL］.（2014-10-20）［2024-12-20］. https://www. legislation. gov. au/F2014/F2014L01377/Latest/text.

②Josie M，Hugh G，Melinda W. Building capability and quality in VET teaching：opportunities and challenges［R］. Adelaide：NCVER，2021：3.

③Tyler M，Dymock D. Continuing professional development for a diverse VET practitioner workforce［EB/OL］.（2017-05-24）［2024-12-20］. https://files. eric. ed. gov/fulltext/ED574491. pdf.

④顾远东，周文莉，彭纪生. 组织支持感对研发人员创新行为的影响机制研究［J］. 管理科学，2014，27（01）：109-119.

支持。[①] 虽然澳大利亚尚未专门出台 TAFE 学院具有企业工作经历教师的相关支持政策，但澳大利亚非常重视初任教师。澳大利亚教学与学校领导研究所（AITSL）副首席执行官埃德蒙·米申（Edmund Mission）表示，为初任教师提供嵌入式入职培训，以及在减轻行政负担的同时提供持续的高质量专业学习，是营造良好学校文化氛围的关键要素。2022 年，澳大利亚政府发布了《下一步：职前教师教育质量审查报告》（NEXT STEPS：Repeot of the Quality Initial Teacher Education），指出培养优质教师不仅需要优质的职前教师教育，还需要加强校内教师及学校领导对初任教师的支持。[②]

第二节　德国：双元制大学具有企业工作经历教师的引进与发展

德国双元制职业教育是世界公认的典范，既是保持和增强德国经济竞争力和创新力的支柱，也是维系社会稳定、团结与和谐的核心。"双元制"这一概念最早出现于德国教育委员会（der Deutsche Ausschuss für das Erziehungs — und Bildungswesen）在 1964 年发布的《关于职业培训与学校教育的专家意见》（Gutachten über das Berufliche Ausbildungs — und Schulwesen）。1969 年，德国联邦政府颁布了职业教育的基本法——《联邦职业教育法》（BBiG），从法律上正式确立了"双元制"在职业教育中的地位，该制度当时主要运用于中等职业教育领域。20 世纪 70 年代以来，"双元制"逐渐向高等职业教育领域纵向延伸，出现了采用"双元制"的职业学院（Berufsakademie），后演化为双元制大学（Duale Hochschule）。目前，德国具有代表性的双元制大学包括巴登-符腾堡州立双元制大学（Duale Hochschule Baden-Württemberg，DHBW）和格拉-爱森纳赫双元制大学（Duale Hochschule Gera-Eisenach，DHGE）。双元制大学是德国职业本科教育和培养高层次应用技术人才的主要机构，其建设起点与发展基石在于拥有一支强大的师资队伍。从教师组成看，德国双元制大学的教师主有三种：全职教授（Professor Innen）、合作大学和技术学院的教师，以及合作企业和社会机构的高水平专家。其中，全职教授与本书提出的具有企业工作经历教师在内涵上是一致的。本节在梳理德国双元制大学具有企业工作经历教师特征的基础上，深度剖析其形成的内在

---

①Tyler M，Dymock D. Attracting industry experts to become VET practitioners：a journey，not a destination[R]. Adelaide：NCVER，2021：29.

②Department of Education，Skills and Employment. NEXT STEPS：Repeot of the Quality Initial Teacher Education[EB/OL]. （2022-02-24）[2024-12-20]. https://www. education. gov. au/quality-initial-teacher-education-review/resources/next-steps-report-quality-initial-teacher-education-review.

逻辑,并以巴登-符腾堡州立双元制大学为例深入探讨德国双元制大学具有企业工作经历教师引进与发展的最新进展。

一、德国双元制大学具有企业工作经历教师的特征

教师是人类社会最古老的职业之一,已经形成了若干固定的职业特征,这些特征塑造了教师与其他职业相区别的关键属性。[1] 虽然同为教师,但是德国双元制大学具有企业工作经历教师与其他教师在关键属性上也存在一定差异,具有其自身的特点。

(一)职业胜任特征

德国双元制大学具有企业工作经历教师称为全职教授。德语"Professor(教授)"一词本身代表着个人的职业能力达到卓越水平。[2] 全职教授是一种专业性很强的职业,要求教师具备经过严格训练与持续研究才能获得并维持的专业知识和技能。要胜任全职教授这一职业,必须具备扎实的学科理论知识、良好的教学实践能力和丰富的企业实践经验,鲜明地体现了教师在专业性、职业性和教育性"三性融合"原则下的能力特征。这种能力的复合性不仅使全职教授在教学场域中获得了得天独厚的优势地位,还通过技术创新与转让为校企合作提供了独特的价值。

(二)群体经历特征

德国双元制大学全职教授最为直接且显著的群体特征是理论和实践的紧密融合。根据德国《高等教育总法》的规定,成为全职教授必须具备两个条件:一是必须拥有博士学位且通过高等学校教授资格考试;二是在本专业具有 5 年以上的实际工作经历,其中 3 年必须是在学校之外的企业或其他机构获得。[3] 全职教授不仅具有博士学历背景,还具有与企业和教学相关的实际工作经历,这种经历对他们的职业发展产生积极影响,避免了理论与实践脱节,有助于他们更好地适应双元制大学的教师角色。但也可看出,全职教授这一群体的培养周期长、培养要求高,导致双元制大学面临全职教授数量短缺的现实问题,尤其在技术类专业领域。

二、德国双元制大学具有企业工作经历教师的形成动因

具有企业工作经历教师是双元制大学师资队伍中的核心组成部分,其形成是各种因素相互作用的结果,既有学校寻求发展的内在驱动力,也有特定的经济、社

---

①庄西真.职业院校教师的专业发展:内涵特征、阶段划分与实现路径[J].中国高教研究,2022(04):97-102.
②张巾帼.德国应用科学大学教师教学信念的生成与启示[J].教育与职业,2022(03):96-102.
③刘传熙.德国应用科技大学教师职称顶层设计研究[J].中国职业技术教育,2018(18):73-76.

会文化背景及其影响,无法归因为单一的因素影响。

(一)内在动因:以高素质教师队伍支撑学校的发展

教师是兴教之源,是大学建设的起点与发展的基石,也是衡量大学办学水平最重要的指标。双元制大学是由职业学院演化而来,以前职业学院的专业、学术人员、其他教职员工以及学生都被转移到了双元制大学,在教师队伍建设上延续理论与实践相结合的理念。德国职业学院要求教师至少具备硕士学历并通过两次国家考试,并有一定的企业工作经历。以专业理论课教师为例,从业者须在硕士毕业后通过国家第一次考试,然后到企业工作实践3~5年,再经教育培训两年,并通过国家第二次考试后才能担任。① 因此,双元制大学对全职教授设有严格的准入要求,不仅要求教师具备很高的学术水平,还要有一定行业企业工作经历和实践经验。全职教授既是教师也是行业专家,他们为双元制大学的建设发展做出了积极贡献,不仅能够为学生提供专业知识,还能将行业前沿技术融入教学,是双元制大学教育教学质量的有效支撑。因此,双元制大学的毕业生在就业市场上很受欢迎。巴登-符腾堡州立双元制大学总校长盖尔斯德费尔(Reinhold Geilsdörfer)教授在接受访谈时提到,85%的学生毕业后会留在和他们签订培养合同的企业工作,并逐步进入中高管理层或技术层。② 同时,全职教授通过开展校企合作活动,有效加强了双元制大学的校企合作关系,这对双元制大学的发展具有重要意义。莱因哈德·卡琳(Reinhard Karin)、奥斯堡·托马斯(Osburg Thomas)和汤森·罗斯玛丽(Townsend Rosemary)通过研究得出,双元制大学的所有研究都是通过全职教授努力获得合作公司和研究机构的赞助而完成的。③ 随着全职教授研究活动的拓展,双元制大学得以与全球高校和企业进行合作,特别是建立了国际研究合作关系。④ 可以说,全职教授的形成既是德国双元制大学保持特色和优势的内在要求,也是其在高等教育场域保持生机与活力的重要保障。

(二)经济动因:"工业4.0"倒逼技能人才培养转向

"工业4.0"是一场工作形态的革命,⑤在德国被认为是第四次工业革命,已被德

①易淼清.从德国"双元制"职业教育模式看我国高职教育师资的建设与管理[J].教育与职业,2009(02):69-71.

②任晓霏,戴研,莱因霍尔德·盖尔斯德费尔.德国双元制大学创新驱动产学研合作之路——巴登-符腾堡州立双元制大学总校长盖尔斯德费尔教授访谈录[J].高校教育管理,2015,9(05):5-8.

③Reinhard K,Osburg T,Townsend R. The sponsoring by industry of universities of cooperative education:Case study in Germany[J]. Asia Pacific Journal of Cooperative Education,2008,9(1):1-13.

④Hardin K,Pogrzeba A,Toweend,R,POP,C. A Comparative Study of Cooperative Education and Work-Integrated Learning in Germany,South Africa,and Namibia[J]. Asia-Pacific Journal of Cooperative Education,2016(3):259.

⑤赵文平.德国应对"工业4.0"的职教发展动向[J].现代教育管理,2017(09):95-101.

国政府纳入《高技术战略2020》,上升为一项重要国家战略。"工业4.0"这一概念最早由德国联邦教育与研究部(BMBF)发起成立的"工业-科学研究联盟"于2011年提出,并于2013年在汉诺威工业博览会正式推出。"工业4.0"在带动德国制造业发展的同时,也使就业结构和劳动力市场需求出现新变化。"工业4.0"时代下,员工的关键能力包括:"对企业商业模式的深刻理解(趋势、竞争因素、企业战略);分析能力和创造能力;跨学科能力;IT技能;生产制造知识;各种制造业领域的实践经验。"①德国雇主联合会发布《展望教育2030》,强调强化校企合作,在传授专业知识和技能的同时,有目的地推进社会能力、创新精神、决策能力、企业经济管理能力及个人发展能力等的培养。② 教师是履行教育职责、培养人才最重要的践行者,是支撑双元制大学人才培养的关键因素。因此,德国双元制大学的全职教授除需要具有很高的学术水平外,还要有企业工作经历和实践经验。这对推动双元制大学特色打造、提升人才培养与产业需求的适配性具有十分重要的意义。

(三)文化动因:崇尚技能与实用主义思想的影响

文化是影响职业教育发展最深层次的因素。③ 德国双元制大学具有企业工作经历教师的形成与这个国家的文化是分不开的,其扎根于德国特殊的文化土壤之中,带有崇尚技能的文化印记。德国具有重视手工制造、崇尚技能、恪守工匠精神的文化传统。早在15—16世纪,崇拜技术权威的观念在德国就已经形成。④ 这种崇尚技能的文化传统作为一种历史惯性力量,深深地渗透德国广大民众的意识、心理、习惯、行为方式及其日常生活过程之中。崇尚技能的文化传统对德国职业教育产生了深远影响,不仅为其提供了强大的社会认同基础,也为德国双元制大学注重教师企业工作经历和实践技能提供了文化基因。德国在不同历史时期一直奉行实用主义原则,比如普鲁士历任统治者信奉实用主义,由此实现了自身的强大和国家的统一;联邦德国推行实用主义实现了第二次世界大战后经济的复兴和国家的重新统一。⑤ 实用主义作为德国民族精神的重要组成部分,使得德国社会历来特别注重产品的实用功能和质量。正是在实用主义思想的影响下,德国双元制大学注重教师的实用性,强调实用至上,这也是具有企业工作经历教师得以形成的重要因素之一。

①EASMAG. Der neue Mitarbeitertyp unter Industrie 4.0[EB/OL]. [2024-12-20]. https://de. eas-mag. digital/der-neue-mitarbeitertyp-unter-industrie-4-0/#elementor-action%3Aaction%3Dpopup%3Aopen%26settings %3DeyJpZCI6IjU3NTA1IiwidG9nZ2xlIjpmYWxzZX0%3D.

②刘立新,刘红,殷文. 工业4.0背景下德国职业教育发展战略[M]. 北京:教育科学出版社,2019.

③姜大源. 关于职业教育的几点哲学反思[J]. 教育与职业,2022(02):5-12.

④师慧丽,任臻,周春燕.组织社会学新制度主义视域下德国"双元制"校企合作制度研究[J].职业技术教育,2019,40(19):67-72.

⑤许璇.试论德意志民族的实用主义[J].巢湖学院学报,2005(04):82-85.

三、德国双元制大学具有企业工作经历教师的最新进展——以巴登-符腾堡州立双元制大学为例

巴登-符腾堡州立双元制大学是德国第一所双元制大学,其分校遍布在斯图加特、曼海姆、卡尔斯鲁厄等大城市,是巴登-符腾堡州规模最大的大学。德国高等教育发展研究中心(CHE)的研究数据表明,在 2004 年至 2019 年期间,德国约有 12 万名学生参加了大学双元制学习课程,其中大约有四分之一在巴登-符腾堡州立双元制大学学习。[①] 为了在巴登-符腾堡州差异化的高等教育体系中实现战略目标,在快速的技术和社会变革的条件下,保持发展的独特性,成为更有吸引力的大学,该校于 2021 年发布了《2021—2025 年结构和发展计划》(Struktur-und Entwicklungsplan 2021 – 2025),[②]在促进具有企业工作经历教师引进与发展方面采取了一些新举措。

(一)建立学术职业中心,吸引更多优秀人才从教

一所大学教育教学质量的好坏在很大程度上取决于是否有一支高水平的教师队伍。全职教授是巴登-符腾堡州立双元制大学教师队伍的核心组成部分,对提高教育教学质量、塑造学术氛围和提升外界形象起着重要的作用。因此,为了填补空缺的全职教授职位,提高全职教学人员的比例,巴登-符腾堡州立双元制大学提出建立一个跨区域的学术职业中心(Academic Career Center),以吸引更多优秀的人才从教。该中心是一个专为求职者或潜在求职者提供关于全职教授职位信息和咨询的服务平台,可以使申请流程更加统一、透明和快捷,降低求职者面临的各种障碍,吸引具有不同行业和教育背景的人申请教师职位,并支持他们成为教师。学术职业中心主要负责向求职者提供招聘信息,帮助符合条件的求职者了解教师职业和发展前景,并给出就职建议;对于不符合条件的给予提醒,并讨论解决办法。截至 2021 年,巴登-符腾堡州立双元制大学共有全职教授 764 名,其中男性教师 615 名,女性教师 151 名。[③] 为了提高女性教师比例,学术职业中心会向合格的潜在求职者特别是技术领域的女性群体发出主动邀请,变被动招聘为主动招聘。目前,巴登-符

---

①DHBW. CHE Studie zur Standortbestimmung des dualen Studiums in Deutschland[EB/OL]. (2022-04-28)[2024-12-20]. https://www.dhbw.de/die-dhbw/aktuelles/detail/2022/4/che-studie-zur-standortbestimmung-des-dualen-studiums-in-deutschland.

②DHBW. Struktur-und Entwicklungsplan2021-2025[EB/OL]. (2022-04-26)[2024-12-20]. https://www.dhbw.de/fileadmin/user_upload/Dokumente/Broschueren_Handbuch_Betriebe/DHBW_Struktur-undEntwicklungsplan_2021-2025.pdf.

③DHBW. Jahresbericht 2020/2021 der DHBW.[EB/OL]. (2021-12-16)[2024-12-20]. https://www.dhbw.de/fileadmin/user_upload/Dokumente/Broschueren_Handbuch_Betriebe/DHBW_Jahresbericht_2020_2021.pdf.

腾堡州立双元制大学已成功申请联邦-州计划"促进应用科学大学教授人员的招聘和发展"(Förderung der Gewinnung und Entwicklung von professoralem Personal an Fachhochschulen),将从联邦教育和研究部(BMBF)和联邦各州获得为期五年的资助,共4亿多欧元。其中,建立学术职业中心是该计划的核心目标。巴登-符腾堡州立双元制大学的兰德(Beate Land)教授指出,吸引高素质的教师既是保障大学及其毕业生竞争力的关键,也是当前面临的最大的挑战之一。有了这个资助项目,我们将能够吸引更多的人关注大学的从教机会,并支持他们成为教师。①

(二)营造良好留人环境,提高教师的组织支持感

教师保留率是衡量教师职业吸引力的重要指标,也是保障教师队伍稳定与教育质量提升的关键因素。② 如何留得住教师,是许多大学在发展中面临的难题,巴登-符腾堡州立双元制大学也存在部分教师离职现象。研究表明,组织支持感与离职倾向呈负相关关系,提高组织支持感可有效降低员工的离职倾向。因此,为了解决部分教师离职这问题,巴登-符腾堡州立双元制大学在《2021—2025年结构和发展计划》中制定了四条举措:一是完善新教师的入职和融入制度。巴登-符腾堡州立双元制大学将为包含全职教授在内的不同教职工群体制定结构化的入职方案,让他们深入了解巴登-符腾堡州立双元制大学并形成清晰的认识,增强他们对学校的归属感和认同感,从而成功入职和融入巴登-符腾堡州立双元制大学这个大家庭。二是定期进行教职工调查。为了解教职工的实际需求,为做好支持工作找准方向,巴登-符腾堡州立双元制大学将对教职工进行教职工调查。2020年12月9日至2021年1月19日,巴登-符腾堡州立双元制大学首次进行了教职工调查,大约有50%的教职工参加了此次调查。③ 三是改善教师的工作条件。基于调查结果制定改善教师工作条件的措施,比如实行职业健康管理、提供灵活的工作时间和工作地点以及为教职工提供公平的薪酬等,以此创造一个有吸引力的工作环境,从而留住优质教师。目前,巴登-符腾堡州立双元制大学已制定了两个框架服务协议(Rahmen-dienstvereinbarungen)以保证教师能够自主灵活开展工作和根据其工作需要自行决定流动工作的范围,并修订了薪酬指令,规定W级全职教授除固定基本工资外,还可以申请特别津贴薪酬。四是建立反馈机制。该项举措主要便于教职工

①DHBW. DHBW gewinnt Förderung – höhere Besetzungsquote von Professuren, mehr Frauen, mehr Vielfalt! [EB/OL]. (2022-07-13)[2024-12-20]. https://www.dhbw.de/die-dhbw/aktuelles/detail/2022/7/dhbw-gewinnt-foerderung-hoehere-besetzungsquote-von-professuren-mehr-frauen-mehr-vielfalt.

②韩悦,周正.美国乡村教师保留率及其社会支持路径研究[J].比较教育学报,2022(01):127-142.

③DHBW. Jahresbericht 2020/2021 der DHBW[EB/OL]. (2021-12-16)[2024-12-20]. https://www.dhbw.de/fileadmin/user_upload/Dokumente/Broschueren_Handbuch_Betriebe/DHBW_Jahresbericht_2020_2021.pdf.

将自己的需求和合理化建议及时地反馈给学校,为学校的下一步改革发展建言献策。

(三)创新专业支持方式,着力促进教师专业发展

巴登-符腾堡州立双元制大学把教师队伍建设作为学校发展的第一资源,一直致力于建设一支高素质的教师队伍,高度重视教师的专业发展。巴登-符腾堡州立双元制大学已成立了 CAS 教育支持中心(CAS Education Support Center)和大学教学和终身学习中心(Zentrum für Hochschuldidaktik und lebenslanges Lernen),为全职和兼职教师提供教学、培训、继续教育等系统支持。为了更好地促进教师专业发展,巴登-符腾堡州立双元制大学提出三项变革措施:一是促进教师培训虚拟化。巴登-符腾堡州立双元制大学将依托 CAS 教育支持中心和大学教学和终身学习中心进一步促进教师培训线上与线下深度融合,创新培训形式,比如在线研讨会、开发和制作数字自学单元等。二是优化高等继续教育体系。为了应对教学方法的多样性挑战,保持教学质量,巴登-符腾堡州立双元制大学为教师提供了广泛的高等教育继续教育,扩大了数字自学形式的范围,特别是大学教学和终身学习中心已经开设且受到教师强烈要求开设的课程将在未来几年得到进一步发展。此外,为了激励教师参与高等继续教育,巴登-符腾堡州立双元制大学正在审查引入大学教育证书(Zertifikats für Hochschuldidaktik)制度。三是重视发挥教师的领导力。巴登-符腾堡州立双元制大学具有企业工作经历教师除了完成教学和研究方面的任务外,还会承担不同的管理职能,这对他们的职业发展具有重要意义。巴登-符腾堡州立双元制大学提出,为了支持具有企业工作经历教师执行管理任务,除了开展标准化的、面向目标群体的培训,还将开展个人管理培训,特别是鼓励和授权女性具有企业工作经历教师承担领导责任,以便在大学的不同决策层实现男女平等的目标。

第三节　美国:社区学院具有企业工作经历教师的引进与发展

美国社区学院是一种以地方办学为中心的综合性、多样化的教育机构,其办学层次相当于我国的高职院校。美国社区学院自 1901 年创立以来,凭借其独有的办学特色、灵活多样的办学形式以及高质量的师资队伍,在美国教育体系中逐步确立了不可替代的地位,被誉为"美国教育体系中的无名英雄"[1]和"人民学院"。[2] 在社

---

①孙翠香,范国睿.美国社区学院:挑战与变革——兼论社区学院与美国梦[J].外国教育研究,2015,42(10):84-95.

②侯健,刘洪明.美国社区学院师资管理对我国职业教育的启示[J].沈阳师范大学学报(社会科学版),2010,34(06):104-106.

区学院任教 18 年的美国总统夫人吉尔·拜登(Jill Biden)曾指出,社区学院是美国独特的教育机构,任何一个人都可以通过这个机构更接近实现自己的美国梦。① 截至 2022 年 1 月,美国共有 1042 所社区学院,其中公立社区学院 935 所,私立社区学院 72 所,部族社区学院 35 所。② 美国社区学院历经百余年而长盛不衰,这与其高质量教师队伍的建设是分不开的。在美国,要成为社区学院的教师主要可以通过两种路径:一种是传统路径,接受学院或者大学教育并获得学位,通过考核后获得教师职业资格证书;另一种是替代路径,通过积累工作经验,在达到一定工作年限和技能水平后,经考核获得教师职业资格证书。③ 其中,通过替代路径成为社区学院教师的从业者与本书提出的具有企业工作经历教师具有相似性。

一、美国社区学院具有企业工作经历教师的产生背景

具有企业工作经历教师在美国社区学院中扮演着重要角色,这类教师是美国"再工业化"背景下多种因素综合作用的产物,也是美国教师教育多元化、社会化的具体表现。

(一)适应"再工业化"战略和弥合"技能鸿沟"的现实需要

2008 年金融危机后,欧美国家掀起"再工业化"的浪潮,其中尤以美国最为积极。美国奥巴马政府于 2009 年底启动"再工业化"战略,发布《重振美国制造业框架》(*A Framework for Revitalizing American Manufacturing*),通过积极的工业政策鼓励制造企业重返美国,旨在全面振兴国家制造业体系。同年,《美国复苏与再投资法案》修订了贸易调整援助(TAA)计划,推出了贸易调整援助社区学院和职业培训(Trade Adjustment Assistance Community College and Career Training,TAACCCT)计划,资助社区学院开展技能培训工作,并加强其与产业界的合作关系。2010 年,美国实行"美国未来技能"(Skill's for America's future)计划,并于 2011 年将其扩展到制造业,旨在推动全美 50 个州的社区学院和行业企业之间建立牢固的合作关系,促进劳动力培训和技能发展。④ 2011 年,美国宣布启动"先进制造伙伴关系"(Advanced Manufacturing Partnership)计划,呼吁企业、大学以及政府

①CRAWFORD C. Community Colleges Today[J]. Contemporary Issues in Education Research,2011(4):29-32.

②Statista. Number of community colleges in the United States in 2022,by type[EB/OL]. (2022-03-31)[2024-12-20]. https://www.statista.com/statistics/421266/community-colleges-in-the-us/.

③吴显嵘,郭庚麒. 美国社区学院"双师型"教师的培养经验、成长体系及启示[J]. 教育与职业,2019(17):78-85.

④Sylvie Ann Hart. Skills for America's future[EB/OL]. (2012-06-08)[2024-12-20]. https://oce.uqam.ca/skills-for-americas-future/.

加强合作,激活美国先进制造业潜力。2012 年,美国国家科学技术委员会发布《先进制造业国家战略计划》(*A National Strategic Plan for Advanced Manufacturing*),①从投资、劳动力和创新等方面提出了促进先进制造业发展的五大目标及相应的对策措施。该计划指出,随着先进制造业取代传统制造业,美国对制造业工作岗位的技能要求持续上升,存在着技能鸿沟,亟需通过教育和培训体系增加先进制造业所需技能人才的供给数量。其中特别指出,要加强社区学院与企业的合作关系,比如总统 2013 财政年度预算建议为教育部和劳工部提供 80 亿美元,支持州立大学、社区学院与企业合作培养制造业高素质技术人员。2015 年,美国国家经济委员会等发布《美国国家创新战略》(*A Strategy for American Innovation*),指出美国需要通过增加熟知产业发展动态和技术运作模式教师的数量,开展高质量的 STEM 教育,为先进制造业发展提供高技能人才储备。②

(二)顺应"高质量生涯与技术教育"发展的内在需要

在美国,"职业教育"被称为"生涯与技术教育"(Career and Technical Education,CTE)。实现"高质量生涯与技术教育"发展是美国"再工业化战略"背景下教育界和劳工组织一致追求的目标。2010 年,美国发布《反思、变革、引领:生涯与技术教育新愿景》(*Reflect,Transform & Lead:A New Vision for Career Technical Education*),提出高质量生涯与技术教育(High-quality CTE)项目,即要求生涯与技术教育积极与企业合作,共同设计和提供高质量、动态化的项目,促进学生在教育和职业上的成功,满足当前和未来美国经济的发展需求。③ 2012 年,美国发布《投资美国未来:生涯与技术教育改革蓝图》(*Investing in America's Future:A Blueprint for Transforming Career and Technical Education*),提出成功的生涯与技术教育离不开优秀的教师队伍,并鼓励各州加强对高质量的生涯与技术教育工作者的招聘、专业发展和评估,同时通过替代性教师认证政策来培养高素质的教师。④ 2013 年,美国发布《高质量的生涯与技术教育展望:提高对于学生、

---

①National Science and Technology Council. A National Strategic Plan for Advanced Manufacturing[R]. Washington D. C.:the Office of Science and Technology Policy,2012:14-15.

②杨成明.企业高技能人才向职业教育教师的转换:现实挑战与实现机制——基于美国经验的分析[J].教师教育研究,2018,30(03):114-120.

③National Association of State Directors of Career Technical Education Consortium (U. S.). Reflect, Transform, Lead:A New Vision for Career Technical Education[EB/OL].(2010-03-20)[2024-12-20]. https://web. archive. org/web/20130823212814/http://www. careertech. org/file_download/aaee3809-0e5a-4c83-9575-bf40ec5d016e.

④U. S. Department of Education. Investing in America's Future A Blueprint for Transforming Career and Technical Education[R]. Washington, D. C.:U. S. Department of Education,Office of Vocational and Adult Education,2012:7.

企业和经济的成效》(*The Promise of High-Quality Career and Technical Education:Improving Outcomes for Students,Firms,and the Economy*)指出,高质量的生涯与技术教育与传统职业教育的区别在于前者在提升学生教育成果、工人收入以及企业与经济效益方面具有巨大的潜力,主要具有以下特征:成为中学和中学后职业教育体系的一部分,且面向青年和成人;通过两年制和四年制大学打通学业晋升通道;开设严格的学术课程,重视基于项目或工作场所的技能训练;注重为教职工专业发展和学生成长提供支持服务;建立适当的评估工具和问责制等。[①]2015 年 7 月,美国生涯技术教育协会(Association for Career and Technical Education,ACTE)发布《定义高质量的生涯与技术教育:关于 CTE 质量的当代观点》(*Defining High-quality CTE:Contemporary Perspectives on CTE Quality*),基于对 21 个生涯与技术教育框架的研究,并结合现有观点,明确了对高质量生涯与技术教育的内涵。在此基础上,ACTE 分别于 2015 年、2016 年、2017 年、2018 年发布了《定义高质量的生涯与技术教育:高质量生涯与技术学习项目框架(草案版 1.0)》(*Defining High-quality CTE:Quality CTE Program of Study Framework,Draft Version* 1.0)、《定义高质量的生涯与技术学习项目框架(草案版 3.0)》(*Defining High-quality CTE:Quality CTE Program of Study Framework,Draft Version* 3.0)、《定义高质量的生涯与技术教育:高质量生涯与技术学习项目框架(测试版 4.0)》(*Defining High-quality CTE:Quality CTE Program of Study Framework,Beta Version* 4.0)、《ACTE 高质量生涯与技术学习项目框架 2018》(*2018 ACTE Quality CTE Program of Study Framework*)。其中,《ACTE 高质量生涯与技术学习项目框架 2018》明确指出生涯与技术教育教师应该符合教师资格认证要求,掌握行业前沿知识和技能、良好的教学知识和技能等。[②] 社区学院是美国实施生涯与技术教育的主要阵地,具有企业工作经历教师正是在"高质量生涯与技术教育"发展推动下产生的。

(三)因应教师严重短缺困境而产生的替代需要

由于教师职业待遇低、教师工作压力大、职业社会吸引力不强及教师退休等原因导致的自然减员,20 世纪 80 年代以来,美国几乎所有州都出现了教师短缺现象。美国国家教育统计中心 2010 年的一项问卷调查显示,2008—2009 学年退休教师占全部离职教师的 30%,对教师职业不满而转换行业的占 56%。为解决日益严重的

①Harry J H, Dane L, Wanda M. The Promise of High-Quality Career and Technical Education:Improving Outcomes for Students,Firms,and the Economy[R]. Washington, D. C. : The College Board and The Georgetown Law Center on Poverty, Inequality, and Public Policy,2013:1.

②ACTE. 2018 ACTE Quality CTE Program of Study Framework[R]. Alexandria:Association for Career and Technical Education (ACTE),2018:2-3.

教师短缺问题,美国推出了教师替代性认证(Alternative certification programs)。[①]该认证是指为非师范专业毕业生或社会人士开辟的一种快速培养和认证教师的非传统路径。2002 年,美国教育部在关于教师质量的第一份年度报告《迎接高质量教师的挑战》(*Meeting the High Qualified Teacher Challenge*)中明确指出,要改变"低标准、高门槛"的教师教育体制,大力发展教师替代性认证以吸引优秀的人才从教。[②] 乔恩·科宁(Jon Konen)指出,教师替代性认证计划专为有工作经验的人而设计。[③] 该认证凭借流程简便、快捷且成本低等特点,成为非师范专业人员快速获取教师资格的优选途径。根据美国国家教育统计中心(NCES)2015—2016 学年的一项调查,大约 67 万人通过教师替代性认证获得了教师资格,约占公立学校教师总数的 18%。[④] 随着教师教育体系的不断发展,教师替代性认证逐渐被各州广泛地应用于基础教育、高等教育,以及生涯与技术教育等各个领域,尤其在生涯与技术教育领域表现出了独特的优越性。教师替代性认证开辟了生涯与技术教育教师培养的新渠道,为已获得学士学位、具有一定企业工作经验、志愿从事教师工作的行业企业人员提供了从教机会,对于缓解教师短缺发挥了重要作用。由此可以看出,具有企业工作经历教师在美国的产生,最初是作为缓解教师短缺的一种替代选择,对原有教师培养数量不足形成了重要补充。

二、美国社区学院具有企业工作经历教师的引进与发展机制

教师是美国社区学院除学生之外非常重要的要素。具有企业工作经历教师是美国社区学院的一种重要教师类型。在社区学院建设和发展过程中,美国高度重视具有企业工作经历教师的引进与发展,形成了相对完善的教师引进与发展机制,积累了丰富的建设经验。

(一)美国社区学院具有企业工作经历教师的引进标准

教师引进标准是教师职业引进的门槛。在美国,社区学院具有企业工作经历教师属于生涯与技术教育后教育阶段的教师,因此要符合国家的生涯与技术教育教师标准,比如《国家专业教学标准委员会生涯与技术教育标准:面向 11～18 岁以

---

①Teachers of Tomorrow. Alternative Teacher Certification[EB/OL]. [2024-12-20]. https://www.teachersoftomorrow.org/alternate-teacher-certification/.

②沈伟,康姗.平衡教师质量与数量? 来自新自由主义的处方——以"德克萨斯明日教师"项目为例[J].苏州大学学报(教育科学版),2019,7(04):107-116.

③Education Degree. Alternative Teaching Certificates:How to Become a Teacher without a Teaching Degree[EB/OL]. https://www.educationdegree.com/programs/alternative-teacher-certification/.

④Teacher Certification Degrees. Alternative Teacher Certification Guide[EB/OL]. [2024-12-20]. https://www.teachercertificationdegrees.com/alternative/.

上学生的教师》(*Career and Technical Education Standards for Teachers of Students Ages* 11-18+)。[①] 该标准从学生知识、学科内容、学习环境和教学实践、评价、课程设计与管理、伙伴关系与合作、专业领导能力、实践反思等方面对合格生涯与技术教育教师专业素质的基本要求进行了明确规定,是社区学院教师培养、准入、培训、考核等工作的基本依据。同时,社区学院具有企业工作经历教师还要符合各州依据其生涯与技术教育发展的现状和特定专业需求规定的标准要求。虽然各州社区学院的教师引进标准有所差异,但也遵循一定的原则,即在社区学院任教通常要求具有硕士学位或至少在所教专业方面接受过研究生学习,有些社区学院在特定专业领域要求具有博士学位。[②] 一些社区学院对于特殊的专业也会适当降低要求,甚至不做学位要求,选择招聘具有相关工作经验的人员或相关职业资格证书的持有者。[③] 比如加利福尼亚州社区学院(California Community Colleges)2017年发布的《加利福尼亚社区学院教师和行政人员最低资格要求》(*Minimum Qualifications for Faculty and Administrators in California Community Colleges*)中,对学分课程的教师明确规定:"对于不需要或不要求硕士学位的学科,应拥有相关学科的学士学位或同等学历且具有两年工作经验;或拥有相关学科的副学士学位或同等学历且具有六年工作经验。"[④]

(二)美国社区学院具有企业工作经历教师的发展保障

美国重视教师发展有着悠久的历史传统,是较早重视大学教师发展的国家,相关的项目设计和组织活动始于 20 世纪 60 年代中后期。[⑤] 伴随着美国生涯与技术教育的发展和变革,社区学院对教师发展的支持保障体系也在不断完善。一是加强入职支持。根据伯顿(Burden)、纽曼(Newman)、皮特森(Peterson)等人提出的"教师发展阶段论",新教师入职后属于求生存阶段(Survival Stage)。[⑥] 这个阶段的教师处于职业适应期,通常缺乏教学经验,职业稳定性较差。根据美国教育部(Department of Education)的一项研究,高达 17% 的新教师可能会在入职后五年内

①National Board for Professional Teaching Standards. Career and Technical Education Standards for Teachers of Students Ages 11-18+[S/OL]. https://www. nbpts. org/wp-content/uploads/2021/09/EAYA-CTE. pdf.

②Study. com. Community College Professor:Requirements & Salary [EB/OL]. (2020-12-18)[2024-12-20]. https://study. com/articles/Community_College_Teacher_Certification_Requirements_and_Information. html.

③宣葵葵. 美国社区学院师资队伍建设的特色及启示[J]. 现代教育科学,2008(09):128-131.

④Oakley E O,Walker P D. Minimum Qualifications for Faculty and Administrators in California Community Colleges [EB/OL]. [2024-12-20]. https://www. vcccd. edu/sites/default/files/departments/human-resources/2017-minimum-qualifications-handbook-r1-ada. pdf.

⑤林杰,李玲. 美国大学教师发展的三种理论模型[J]. 现代大学教育,2007(01):62-66+111-112.

⑥杨秀玉. 教师发展阶段论综述[J]. 外国教育研究,1999(06):36-41.

离职。[①] 因此,美国社区学院重视为新任教师提供职业指导支持,帮助其适应工作环境与角色。比如,2013 年美国启动了社区学院"教师支持计划"(Faculty Support Program),为新教师在第一年提供教学支持[②]。二是重视在职发展。教师的在职发展是教师教育不可或缺的环节。美国历来重视教师在职发展,不同的社区学院针对教师在职发展采取了各式各样的举措,比如帕洛玛社区学院(Paloma Community College)设立教师专业发展工作坊,为教师提供丰富的在职培训;布里瓦德社区学院开展了"重返企业"教师培训项目等。[③] 三是提高工资待遇。虽然美国社区学院教师的薪酬根据区域、教师获得的学位和专业而有所不同,但整体呈现上涨的趋势。圣路易斯社区学院[④]为了确保工资水平公平且具有竞争力,对全职教师按职级和相关工作经验年限发放工资;对相关经验超过该职级最低要求的教师,每年在该职级最低工资的基础上增加 1.5％的工资,最高不超过 10％。2024 年,美国社区学院教授的平均工资为 79835 美元,副教授的平均工资为 69462 美元,讲师的平均工资为 62749 美元。[⑤] 除了基本工资以外,美国社区学院还为教师提供了完备的社会保险、医疗保障以及带薪休假制度等福利。

三、美国社区学院具有企业工作经历教师的最新进展

社区学院具有企业工作经历教师是为填补教师空缺的一种替代选择,其凭借丰富的行业经验在教学方面具有独特的优势,对社区学院的教学产生了显著的影响,但仍面临着一些挑战。

(一)教师替代性认证完成率下降

长期以来,教师替代性认证一直被认为是解决教师短缺问题的有效途径。发展到今天,教师替代性认证已成为美国教师培养和选拔的重要形式,被誉为"美国教师教育的第二条道路"。[⑥] 教师替代性认证虽然比基于学院和大学的传统教师培养计划时间短、灵活性大,但是质量控制仍然是一个突出问题。美国进步中心

①School of Education. Professional Development for Teachers: Understanding its Importance[EB/OL]. (2018-11-13)[2024-12-20]. https://soeonline.american.edu/blog/professional-development-for-teachers.

②Edwards A R, Sandoval C, McNamara H. Designing for Improvement in Professional Development for Community College Developmental Mathematics Faculty[J]. Journal of Teacher Education, 2015, 66(5): 1-16.

③Cunniff P A, Belkap M C. The Impact of a Grant-Funded Project on Selected Community College Teacher Education Programs[J]. Community College Review, 2017, 35(1): 30-46.

④St. Louis Community College. Administrative Procedures[EB/OL]. (2020-06-01)[2024-12-20]. https://stlcc.edu/docs/policies-and-procedures/admin-procedures.pdf.

⑤UNIVSTATS. 2024 Average Professor Salary by State[EB/OL]. [2025-05-06]. https://www.univstats.com/salary/average-professor-salary/.

⑥周钧.美国教师教育的第二条道路:争议中的选择性教师证书项目[J].外国教育研究,2013,40(04):3-10.

(Center for American Progress)和美国教师教育学院协会(American Association of Colleges for Teacher Education)的调查研究显示,从2010年到2019年,参加教师替代性认证的人数在不断增加。然而,与十年前相比,能够完成教师替代性认证的人数却有所下降(同期完成人数下降了10%)。2018年,美国国家教师质量委员会(NCTQ)对567个传统研究生课程、129个替代认证计划和18个驻留项目进行了调查,并以A到F的评分标准对这些计划进行评分。其中,36%的传统研究生课程和6%的替代教师准备课程获得了"A",2%的传统研究生课程和19%的替代教师准备课程获得了"B",而26%的传统研究生课程和61%的替代教师准备课程获得了"F"。①由此可以看出,与传统研究生课程相比,替代教师准备课程的质量普遍不高。

(二)教师短缺危机加剧

教师短缺是一个历史性、普遍性问题,已成为关乎美国社会和教育公平发展的重要议题。美国在吸引、招聘和留住合格教师方面一直面临挑战。目前,美国社区学院的教师队伍由专职教师和兼职教师组成,其中三分之二是兼职教师。虽然兼职教师多由社区内的企业家、专家、生产一线的技术人员、管理人员等熟悉行业现状与职业岗位技能的人担当,②但他们的工作通常稳定性较弱。美国教师教育学院协会(American Association of Colleges for Teacher Education)呼吁要增加投资以解决日益严重的教师短缺、教师教育入学率下降、教师候选人缺乏多样性等问题。2021年,美国总统拜登在国会联席会议上提出"美国家庭计划"(American Families Plan)。该计划是对从学前到高等教育的国家教育体系进行变革性投资,预计在教师教育和支持方面投资90亿美元,提出为新教师提供高质量的指导计划,以确保美国学生拥有他们需要和应得的合格教师。③ 2022年,拜登政府号召联邦政府、州和地方政府、教育组织合作采取行动,共同应对学校教师短缺问题,比如提高教师工资使其更具竞争力,支持多样化的教师培养渠道,扩大提高教师教学质量的培养和支持计划等。④

---

①NCTQ. Releases 2018 Teacher Prep Review[EB/OL]. [2018-05-03](2024-12-12). https://www.coreeducationllc.com/blog2/nctq-releases-2018-teacher-prep-review/.

②王凤玉,刘英俊.美国社区学院的办学特色[J].现代教育管理,2012(07):118-123.

③AACTE. AACTE Applauds President Biden's＄9 Billion Proposal to Address the Teacher Shortage[EB/OL].(2021-04-28)[2024-12-20]. https://aacte.org/2021/04/aacte-applauds-president-bidens-9-billion-proposal-to-address-the-teacher-shortage/.

④The White House. FACT SHEET：Biden-□Harris Administration Announces Public and Private Sector Actions to Strengthen Teaching Profession and Help Schools Fill Vacancies[EB/OL].(2022-08-31)[2024-12-20]. https://www. whitehouse. gov/briefing-room/statements-releases/2022/08/31/fact-sheet-biden-harris-administration-announces-public-and-private-sector-actions-to-strengthen-teaching-profession-and-help-schools-fill-vacancies/.

第四节 澳、德、美高职院校具有企业工作经历教师对中国的启示

随着我国高职教育从规模扩张转向高质量发展,教师作为高职教育第一资源的重要性日益凸显,但我国高职院校教师队伍建设仍存在一些"瓶颈"和"短板"。具有企业工作经历教师是伴随我国新时期教师队伍建设而产生的新的教师群体,对这一群体的建设和研究总体仍停留在"摸着石头过河"的阶段。正所谓,"他山之石,可以攻玉"。澳、德、美三国在高职院校具有企业工作经历教师方面的成功经验,对我国高职院校引进与发展具有企业工作经历的教师具有启发借鉴意义。

一、政府层面:加强具有企业工作经历教师的顶层设计

顶层设计以系统论为基础,通过自上而下的方式对各环节进行基础设计和要素规划,是一种基于宏观视角的现代管理理念。[①] 具有企业工作经历教师的引进与发展是一个系统工程,需要做好顶层设计,在制度建设上"立柱架梁"。

(一)建立完善的高职院校教师标准体系

国外的成功经验表明,科学规范的教师标准既是职前教师教育的指导纲领,也是师资认证和选聘的重要依据。具有企业工作经历教师是高职院校教师的重要组成部分,要加强这类教师的顶层设计,首先要建立完善的高职院校教师标准体系。我国早在 2012 年出台的《关于加强教师队伍建设的意见》中就提出:"完善教师专业发展标准体系。根据各级各类教育的特点,出台幼儿园、小学、中学、职业学校、高等学校、特殊教育教师专业标准"。[②] 但直到现在,我国目前只出台了《中等职业学校教师专业标准(试行)》《中等职业学校校长专业标准》,初步形成了中等职业学校教师标准框架。然而,在国家层面,一直未出台有关高职院校的教师标准,这导致高职院校教师开展教育教学活动缺乏基本规范,教师专业发展缺乏基本准则,教师培养、准入、培训、考核等工作缺乏基本依据,严重制约着高职院校教师队伍的建设。《国家职业教育改革实施方案》中提出,要"发挥标准在职业教育质量提升中的基础性作用"。[③] 因此,亟需把标准化建设作为统领高职教师队伍建设和提高教师队伍质量的突破口,加快研制高职院校教师专业标准,逐步建立层次分明,覆盖公共课、专业课、实习实践等各类课程的高职院校教师职业标准体系,充分发挥标准

---

①陈慧. 高职教育"双师型"教师队伍顶层设计的构建[J]. 教育与职业,2017(18):80-83.

②中共中央国务院. 国务院关于加强教师队伍建设的意见[Z]. 国发〔2012〕41 号.

③国务院. 关于印发国家职业教育改革实施方案的通知[Z]. 国发〔2019〕4 号.

的引领和导向作用。但标准本身是不可能自发地发挥作用,要充分发挥这些标准的功能和作用,实施是关键。正如约瑟夫·墨菲(Joseph Murphy)等人提出的,一套教师标准无论在纸上看起来如何具有前景,除非付诸专业实践,否则将毫无意义。[①] 因此,高职院校教师标准研制后,关键问题是这些标准如何被使用,在多大程度上能够得到实际应用。

(二)推进具有企业工作经历教师准入制度改革

澳大利亚、德国、美国作为教师准入制度比较完善的国家,都建立了完备的教师准入制度体系。教师准入制度是教师职业准入的门槛,以教师资格证书制度为核心。我国已形成了涵盖幼儿园教师、小学教师、初级中学教师、高级中学教师、中等职业学校教师、中等职业学校实习指导教师和高等学校教师的教师资格证书制度。然而现行制度中,高等学校教师资格没有细分高职院校教师资格,尚未体现高职院校教师资格的特殊性[②]。此外,我国对师范类和非师范类实行统一的教师资格考试,忽视了二者之间的差异。因此,建议充分考虑高职院校教师特别是具有企业工作经历教师的特殊性,进一步对教师职业资格进行细分,不断完善我国教师职业资格证书制度。此外,我国尚未建立完善的具有企业工作经历教师聘任(聘用)、退出等管理制度。目前,针对这类教师的聘任要求只是在《国家职业教育改革实施方案》《中华人民共和国职业教育法》等中有所提及。国家现有规定对具有企业工作经历教师的聘任要求过于笼统,过于强调企业工作的时间年限,但企业工作的时间年限并不等同于职业实践能力。因此,亟需建立合理的高职院校具有企业工作经历教师聘任(聘用)制度,建立公正、公平、公开的选拔机制,严把教师的入口关。同时,还要逐步建立"能进能出、能上能下"的激励竞争机制和约束机制,保障这类教师的合法权益,形成科学有效的教师队伍管理和督导机制;建立与具有企业工作经历教师特点相适应的教师职务(职称)制度,提高具有企业工作经历教师的职业吸引力和工作积极性。

(三)完善具有企业工作经历教师培养培训体系

从整个职业教育来看,现阶段我国对教师培养培训缺乏体系化的顶层设计,现有的培养培训措施与教师专业发展实际需求之间存在较大差距。高职院校的教师除了少部分由职业技术师范院校培养外,更多的教师来自其他高等学校和企业,这些教师的理论与实践存在割裂现象,要么侧重理论,要么侧重实践。目前,我国高

---

① Murphy J, Louis K S, Smylie M. Positive school leadership:How the professional standards for educational leaders can be brought to life[J]. Phi Delta Kappan,2017,99(1):21-24.

② 方华,陈科,胡方霞.对高职教师资格准入制度的调研——以重庆市高职院校为例[J].职教论坛,2012(26):89-92.

职院校对具有企业工作经历教师没有专门的培养培训制度,也未能形成提升教师专业水平、实现可持续专业发展的一体化制度安排。在具有企业工作经历教师的培养培训方面,德国政府通过主导地位和教师资格认证等积极干预的方式保障教师既具有博士的教育经历又具有企业和教学实际工作经历。我国政府可以借鉴德国的经验,遵循职教教师职业属性和具有企业工作经历教师专业发展特殊性,进行一体化设计,构建职前职后一体的、服务教师持续专业发展的体系化制度,保障具有企业工作经历教师的培养培训质量。一是坚持理论与实践相结合,创新职业技术师范教育制度。比如升级改造现有职业技术师范院校职教本科师范生培养模式,调整为 2 年在学校学习专业理论、职业教育理论和职业师范教育理论等,1 年在企业实习并取得与专业相关的职业技能等级证书,1 年在职业学校进行教学实习。二是探索职业技术师范院校三年制硕士教育模式,第一年在学校学习专业理论、职业教育相关理论和职业师范教育理论等,第二年在企业实习,第三年在职业学校实习。三是根据一般性与特殊性相结合,完善职后培训制度。国家要有效落实 5 年一轮的教师全员培训制度,针对不同类型、不同专业发展阶段的教师,对培训内容进行系统设计,在此基础上有针对性地面向具有企业工作经历教师开展培训。

二、院校层面:优化具有企业工作经历教师的引进与发展

从国外经验来看,具有企业工作经历教师的引进与发展既需要政策支持与引导,也需要院校层面的重视和落实。

(一)挖潜拓展岗位,吸引更多优秀企业人才从教

虽然《国家职业教育改革实施方案》中提出,从 2019 年起,职业院校、应用型本科高校相关专业教师原则上从具有 3 年以上企业工作经历并具有高职以上学历的人员中公开招聘,2020 年起基本不再从应届毕业生中招聘。但高职院校普遍难以落实该项政策,目前主要还是从应届毕业生中招聘。随着本科层次职业教育的稳步推进,部分头部高职院校面临升本的契机,在教师招聘上越来越倾向于招聘博士,存在招聘名额让步给博士和以丰厚待遇“抢”博士的现象,而具有企业工作经历的高技能人才可能会因为学历较低被排除在招聘范围之外。可以看出,我国高职院校对具有企业工作经历教师的重视程度与国外还是存在一定差距。高职院校应理性审视具有企业工作经历教师的重要意义,积极采取相应措施吸引更多优秀企业人才从教。首先,畅通企业人员到高职院校就职的信息渠道,搭建校企交流平台。可建立教师岗位宣传和体验机制,通过多种渠道全面系统地介绍教师的工作职责、职业发展、工作环境等,尽可能为企业人员提供职业体验机会,让他们真正了解教师职业的特点,吸引他们从教。其次,根据自身定位和专业发展方向开展招

聘。高职院校要充分挖潜拓展岗位,提供充足的具有企业工作经历教师岗位资源,畅通企业人员到高职院校任教的渠道,让教师招聘与岗位需求相协调,避免学历"高消费"问题。最后,提高提升教师的职业吸引力。最为关键的是提高高职院校教师的工资待遇。因为高职院校教师的工资待遇与大部分企业存在着一定的差距,这也是导致高职院校教师这一职业对企业人员吸引力低的一个重要因素。

(二)精准开展培训,有效提升教师的职业胜任力

教师职业胜任力是教师从事教育工作的基础条件,也是提高教育教学质量的指南针。[1] 国外教师胜任力的研究早于我国,澳、德、美三国对教师职业胜任力的重视值得我国借鉴。高职院校具有企业工作经历教师的职业胜任力具有自身的特殊性,虽然他们具有企业从业经历和工作经验,但也存在教育理论功底不足和教学能力、教研能力、科研能力不强等弱点,面临职业胜任力不足的挑战。因此,高职院校要高度重视这类教师的培训工作,建立需求导向、形式多样、训后跟踪的培训机制,不断提升他们的职业胜任力。首先,基于需求导向开展专题培训。高职院校要面向具有企业工作经历教师开展职业教育学和心理学基础理论培训、高职教育教学技能培训和教科研能力提升培训等系列专项培训,弥补其"先天不足"。其次,分阶段开展多样化培训。精准分析新手阶段、熟练新手阶段、胜任阶段、业务精干阶段、专家阶段等不同发展阶段具有企业工作经历教师的专业发展需求,综合采取线下集中培训、网络培训、结对学习、跟岗研修、顶岗研修、访学研修、返岗实践等灵活多样的培训方式,做到时间安排的全程化,形式方法的多样化,有效促进不同发展阶段教师的专业成长。最后,加强训后跟踪指导。这是检验教师培训效果的有力措施之一。高职院校要强化具有企业工作经历教师培训后的持续跟踪指导,引导他们树立自主筹划、主动发展、持续学习的职业发展理念,切实提升培训成效。

(三)强化发展支持,确保教师能留得住、有发展

从国外经验来看,为高职院校具有企业工作经历教师提供发展支持,对教师队伍的稳定性和教师专业发展具有重要意义。教师的专业发展既不是完全外控式的发展,也不是完全自主式的发展,而是外在专业支持与自主努力共同作用的结果。[2]因此,高职院校要认识到提升具有企业工作经历教师留任意愿、促进其充分发展的重要性,转变"重引进、轻留用、轻发展"的思维模式,建立有助于具有企业工作经历教师留得住、有发展的全方位支持体系。首先,加强教师团队的分工合作,充分挖

---

①赵忠君,郑晴,张伟伟.近十年国外教师胜任力研究动态与启示[J].内蒙古师范大学学报(教育科学版),2017,30(12):66-72.

②朱仲敏.论区域教师发展支持系统的建设——基于上海市浦东新区的改革实践[J].中国教育学刊,2014(03):18-21+62.

掘具有企业工作经历教师的优势专长。高职院校应建立一对一结对传帮带机制，充分发挥学校优秀老教师的示范、辐射和引领作用，促进具有企业工作经历教师快速成长与成熟，同时要充分发挥其优势，促进其与应届毕业生直接任教教师的优势互补，培养教师相互信任、相互支持的合作关系，形成分工合作、错位发展的教师团队。其次，发挥职称评聘的激励作用，拓宽具有企业工作经历教师的职业发展空间。高职院校要遵循职业教育特点和教师的职业发展规律，构建分类合理、科学规范的教师职称评聘制度，引导这类教师做好自身的专业发展规划，选择适合自己的职称评聘类型，让潜心在高职院校任教的具有企业工作经历教师获得充分且公平的职业发展。再次，积极改善学校的组织环境，营造温馨和谐的工作氛围。高职院校应实行民主化管理，推动具有企业工作经历教师参与学校发展的有关决策，增强其归属感；提升学校内部治理水平，合理安排各项工作，确保业绩考核、职称评聘的公正性，营造公平的氛围；关注具有企业工作经历教师的情感需求并给予关怀支持，及时了解并帮其解决工作和生活中的实际困难，减少非教学事务的干扰，缓解其职业倦怠。

第六章　高职院校具有企业工作经历教师引进与发展的对策建议

　　具有企业工作经历教师是高职院校"双师型"教师队伍的生力军,更是高职院校突显职业教育类型特色的核心要素和重要抓手。高职院校具有企业工作经历教师是一个特定的教师群体,虽然在国家政策的驱动下,近年来职业教育理论界与广大高职院校日渐关注这一群体,但从目前的理论研究与实践来看,虽然取得了一定成效,但在引进与发展方面仍然存在不同程度的问题和困境。"辩证研究范式主张研究问题须来源于客观实际,解决现实生活中存在的'真''急''难'问题,而不是来源于主观愿望或文献。"①因此,本书采用了实证研究的方法,对高职院校中具有企业工作经历教师的引进与发展实践进行了全面而深入的调研。通过综合分析、细致研判,揭示了其现状特征、面临的主要困境、关键影响因素,并借鉴了国际上的相关经验。在此基础上,本章尝试从高职院校具有企业工作经历教师引进与发展两个角度提出对策建议,并基于双摆耦合模型探究引进与发展的耦合优化机制。

第一节　高职院校具有企业工作经历教师引进的优化对策

　　教师引进是高职院校获取人力资源的重要途径。目前,高职院校具有企业工作经历教师的引进不仅是一个政策和理论问题,也是各职业院校现实中所面临的迫切需要解决的问题。依据"坚持问题导向"的原则,若在理论和实践中发现了问题,就需要立刻对问题的严重性和化解难度作出判断,勇敢地直面问题、分析问题、解决问题。②

一、转变理念:从功利主义到价值主义

　　引进理念是否正确,从根本上决定着高职院校具有企业工作经历教师的引进成效。功利主义理念是以短期利益为基点,以利益最大化为判断标准的一种结果导向的理念模式。而价值主义理念是以长期发展为宗旨,不仅是一种可持续发展

---

① 文秋芳.中国特色的辩证研究范式——以国家语言能力研究为例[J].语言文字应用,2022(04):49-60.
② 刘德铭.习近平问题导向重要论述的生成逻辑、核心要义与实践指向[J].学术探索,2023(05):15-21.

的态度,更是一种基于战略目标的认知和思维。高职院校要想引进更多优质的具有企业工作经历教师,必须从转变引进理念开始,从短期功利主义转变为长期价值主义。

(一)纠正"重数量""轻质量"的盲目引进倾向

当前,我国高职院校中的功利主义呈现出不同的表现形态。其中,高职院校引进具有企业工作经历教师过程中的"重数量""轻质量"的错误倾向即是一种功利主义的表现,这是高职院校盲目追求政绩和短期利益的结果。高职院校引进具有企业工作经历教师,不只关乎指标与数量的问题,更重要的是质量。教师质量直接影响人才培养质量,是高职教育的生命线,关系到高职院校的生存和发展。正如美国联邦教育部秘书长理查德·雷利(Richard W. Riley)指出:"美国必须使每个教室拥有最优秀的教师,以迎接世界教育面临的挑战。"[①]因此,高职院校要冲出"功利思维"的泥潭,摒弃"重数量""轻质量"的错误倾向,切实修正理念上的错误倾向,这样才能确保引进具有企业工作经历教师工作的顺利实施。

1.注重量质兼顾,按需制定好引进规划

高职院校引进具有企业工作经历教师,既要重"量",也要重"质"。只有双管齐下,才能人尽其才,才尽其用。高职院校应根据专业建设特点和需求,动态评估具有企业工作经历教师的数量和结构需求,科学合理地制订该类教师的引进规划,建立以品德和能力为导向、以岗位需求为目标的人才引进机制,确保其工作经历结构、职称结构、学历结构和年龄结构向更加合理化的方向发展,[②]避免急于求成、盲目用力、盲目引进等情况的出现。

2.坚持人岗相适,把握好引进原则与重点

高职院校引进具有企业工作经历教师,既要"引",更要"选"。在选人方面,美国通用电气公司前总裁杰克·韦尔奇(Jack Welch)曾有一句名言:"我们所能做的是把赌注押在我们所选择的人身上。因此,我们的全部工作就是选择适当的人。"[③]引进的具有企业工作经历教师犹如一颗种子,只有在适宜的土壤中种子才能茁壮成长;如果与"土壤"不适配,即使引进再多具有企业工作经历教师,也会"水土不服""南橘北枳"。因此,高职院校要将人岗相适作为引进具有企业工作经历教师的基本原则,建立有利于具有企业工作经历教师脱颖而出、充分施展才能的选人用人机制。

---

①谌启标.美国教师质量问题及其政策取向[J].外国教育研究,2002(03):52-55.

②于瑞杰,卢玉芳,张滢等.河北省应用型本科院校高层次人才引进路径[J].人才资源开发,2021(21):14-15.

③Jackson S E, Schuler R S. 人力资源管理:从战略合作的角度[M].范海滨,译.北京:清华大学出版社,2005.

（二）改变"有意愿""低行为"的意行背离现象

大部分高职院校具有引进具有企业工作经历教师的意愿，但现实中却出现了行动不足的反差表现。这种意行背离现象是在功利主义理念影响下，微观内部因素和宏观外部情境因素共同作用的结果。因而，为了减少此类现象，一方面要积极培育内驱动力，另一方面则要加强和调整外驱动力的干预机制，弥合高职院校引进行为与意愿的背离。

（1）增强高职院校的内驱动力，实现由消极应对到积极作为的转变。具有企业工作经历教师在实践教学、学生岗位能力培养、校企合作等方面具有天然的优势，是高职院校教师队伍中不可忽视的重要力量。高职院校要认识到具有企业工作经历教师的独特优势，扭转"唯名校""唯学历"的用人导向，积极引进理论水平高、实践能力强的专业人才，使其成为一种内源性倾向，切实增强引进的内驱动力。正所谓"意愿变则行为变"。高职院校要提高对引进具有企业工作经历教师重要性的认识，只有被动意识转变为主动意识，才能实现"被动等才"转为"主动引才"的行为变化。

（2）强化政府监督职能，助推高职院校意愿转化为实际行动。目前，政府在《国家职业教育改革实施方案》《深化新时代职业教育"双师型"教师队伍建设改革实施方案》等政策文件中多次提到高职院校"从2019年起，原则上从具有3年以上企业工作经历并具有高职以上学历的人员中公开招聘"，但是缺乏监督措施，因此对高职院校是否执行方案没有任何约束机制。高职院校之所以出现意行背离现象与政府监管缺位密切相关。因此，政府要加强相关政策执行监督，防止高职院校在政策实施过程中"走偏""走样""打折扣"，助推其将意愿转化为实际行动。

二、优化机制：从惯性束缚到制度引领

惯性束缚作为人才引进机制约定俗成、日趋稳固的框架性形态，通常显现为难以逾越和破除，并可以被贴上"行政化"的标签。从调研看，高职院校人才引进机制存在惯性束缚，旧有体制由于制度惯性形成的诸多壁垒，严重阻碍着具有企业工作经历教师的引进。而人才引进机制是高职院校引进具有企业工作经历教师的前提和保障。因此，高职院校需要突破惯性思维和行为习惯，用改革的理念、创新的思维破除僵化体制。

（一）畅通具有企业工作经历人员从教渠道

推进高职院校引进具有企业工作经历教师的进程，关键是要打破企业与高职院校间人才流动的壁垒，畅通具有企业工作经历人员从教渠道，这是解决高职院校具有企业工作经历教师引进难问题的必然途径。

1.多元化拓宽引进渠道,建立适应具有企业工作经历人员特点的引进机制

高职院校要立足发展实际,转变人才引进观念,拓宽具有企业工作经历教师引进渠道,创新引进机制。一是建立绿色通道。"绿色通道"是指为高职院校招聘行业企业技术能手、能工巧匠等具有企业工作经历人员提供的编制、招聘、岗位等优惠政策和快速服务通道。地方政府要出台相关政策,进一步简化引进程序,缩短引进周期,为高职院校引进具有企业工作经历人员建立"绿色通道"。二是创新人才引进机制。早在2019年,教育部等四部门印发的《深化新时代职业教育"双师型"教师队伍建设改革实施方案》提出:"建立高层次、高技能人才以直接考察方式公开招聘的机制"。[①] 高职院校要对符合高层次、高技能人才要求的具有企业工作经历人员,采取降低开考比例、免笔试、直接考察、专家评议等多种形式引进,最大限度提高引进质量和效益。三是拓展引进信息发布渠道。引进信息发布渠道指高职院校在引进过程中选择的信息发布途径。高职院校在选择信息发布渠道时,要充分考虑具有企业工作经历人员的特点,不要过于依赖学校网站发布信息这一单一渠道,探索多样化的信息发布渠道,比如依托"高校人才网"等在线招聘平台、内部推荐和教职工引荐、"圈子招聘(微信、QQ等发布招聘信息的方式)",以及行业协会举办的具有企业工作经历教师专场招聘等,同时要定期评估渠道效果。此外,高职院校还要降低引进"门槛",需要地方政府制定相应的人才引进政策,对企业中的特殊高技能人才(含具有高级工以上职业资格人员)可适当放宽学历要求和年龄限制,给予具有企业工作经历人员更多的从教机会。

2.打破职称转评壁垒,增强教师职业对具有企业工作经历人员的吸引力

教师职业吸引力是让广大具有企业工作经历人员安心从教、热心从教的关键。只有具有企业工作经历人员对教师职业产生认同和信任,才能对教师职业形成积极认知和正面评价,从而愿意长期从事教师职业并被成功引进。正如布迪厄提出的:"游戏开始前要预先建立一种对某些规则的共识,形成一定程度的信任,否则游戏就无法进行"。[②] 教师职业吸引力是指教师职业通过自身特质和提供的条件,满足潜在教师和在职教师个体价值与社会价值实现满足,以吸引潜在教师选择教师职业、促使在职教师热爱教师职业的力量。[③] 当前,高职院校的职称转评壁垒降低

①中华人民共和国中央人民政府.教育部 发展改革委 财政部 人力资源社会保障部 关于印发《深化新时代职业教育"双师型"教师队伍建设改革实施方案》的通知[EB/OL].(2019-08-30)[2024-12-20].https://www.gov.cn/gongbao/content/2020/content_5469720.htm.

②刘少杰.后现代西方社会学理论[M].2版.北京:北京大学出版社,2014.

③陈寒,王凤琴.教师职业吸引力及其影响因素的国际比较研究[J].上海教育科研,2023(07):27-34.

了教师职业对具有企业工作经历人员的吸引力,从而影响着他们的从教选择。因此,高职院校要打破职称转评壁垒,突破高职院校和企业的体制界限,消解不同职称系列的限制。一是实行同级转评。具有企业工作经历教师转岗满1年后可申报同级转评,转评后满1年以上可申报高一级职称,原工作年限连续计算。二是实行分类评聘。高职院校要促进岗位类型多样化,在教学为主型、教学科研型、科研型的基础上,增设社会服务型、职业技能型岗位,将为企业开展技术服务、指导学生参加技能竞赛获奖、参加教学大赛获奖等为职称评审条件,转变"唯项目""唯论文"的职称晋升导向,以吸引更多的具有企业工作经历人员加入高职院校的教师队伍中。

(二)深入推进校院两级人事管理体制改革

深化校院二级人事管理体制改革,实现管理重心下移,不仅是现代大学制度建设的重要理论命题,也是完善高职院校内部治理体系的重大实践问题。高职院校需突破原有制度和管理方式的惯性,进一步理顺校院两级关系,建立"学校宏观调控、学院自主运行"的校院两级人事管理体制。

1.学校层面:坚持管理重心下移和监督落地相结合

高职院校要逐渐从传统的事业单位科层制管理模式向内部管理模式转型,按照高职院校办学规律,推动管理重心下移,既要有序放权,又要有效监督,要在二者的辩证统一中实现有机结合和有效互动。一是优化校院两级人事管理体制,实现管理重心下移。管理重心下移的实质是高层决策者在组织内部分配和下放决策权,使决策权与相应层级实际可利用的知识及信息水平相匹配。[①] 高职院校要将原本属于学校的部分人事管理权限下放给二级学院,同时应明确二级学院的管理职责。高职院校校级权力下放是手段不是目的,根据权责利相统一的原则,更多的权力必须匹配更多的责任。[②] 高职院校要科学配置人事管理权力,明晰校院两级的人事管理权限和责任,使二级学院责、权、利趋于一致。二是有效完善人事监督约束机制,实现监督机制下沉落地。随着管理重心的下移,为了防止二级学院扩权后出现各自为政的情况,一方面要加强学校的宏观调控职能,另一方面要建立起相应的约束监督机制,对下放到二级学院的权力进行监督和约束。法国启蒙思想家孟德斯鸠认为:"如果想要防止权力滥用,必须用权力约束权力。"学校要建立学校工作监督机制,加强对二级学院的行政监察、财务监督和审计监督,通过对权力运行过程的监督与制约,维持权力运行处于一种稳定、持续、健康发展的状态。二级学院要建立健全监督工作制度,实行以院务公开为主要形式的自我监督和民主监督,保

①龚怡祖.大学管理重心定位的理论分析[J].北京大学教育评论,2009,7(04):136-146+191.
②杨志,李淑芬.高校内部权力下放现状及其改革路径分析[J].高教探索,2017(10):35-39.

障教职工监督权和学生评议监督权,保证各项政策的落实和二级学院权力的正确行使。

2.学院层面:坚持独立自主办学与服从组织相结合

校院两级人事管理体制下,二级学院被赋予相对独立的人事自主权与决定权,如何在自己的权力范围内进行稳妥且有效的管理,是一个艰难的适应过程。二级学院要坚决摒弃"等""靠""要"思想,舍得放下那些"舒服惯了"的习惯做法,牢固树立"自主办院"的基本理念,不断强化引进具有企业工作经历教师的主体责任,提升人事管理效能。一是立足学院发展需求,按需引进。二级学院是高职院校的基层办学主体,要敢于摆脱过去的思维定势,根据学院、专业发展的实际需求及人力资源管理的实际情况,建立人才引进、人才培养、考核奖惩、聘任晋升、评优评先、津贴分配等一系列人事管理配套制度,突破阻碍具有企业工作经历教师引进的条条框框,确保这类教师引进来、留得住。二是服务学校发展大局,择优引进。二级学院人事管理自主并不意味着可以盲目引进,要坚持人才引进与学校发展目标相一致的原则,根据学校核定的编制、岗位数量、聘用程序等,做好具有企业工作经历教师的引进工作。

三、改进举措:从路径依赖到路径革新

面对人才争夺日益激烈的态势,高职院校引进具有企业工作经历教师不能"追尾巴""照镜子",要破除路径依赖、突破锁定状态,开辟新路径,用新的思维视角、方法论和实践规范体系,努力探索多元化的引进举措。

(一)将"守株待兔"变为"主动出击"

"人材者,求之则愈出,置之则愈匮"。"主动出击"代表着一种积极的引才态度,体现出内部唤醒状态,意味着高职院校不再只是被动地等待具有企业工作经历教师上门,而是主动寻找机会,多举措吸引集聚这类教师。

1.发挥自觉能动性,打好引进的"主动仗"

"自觉能动性"属于哲学范畴,是指认识的能动性、实践的能动性和意志的能动性有机统一,[①]也是认识和利用规律的必要条件。发挥自觉能动性,是高职院校引进具有企业工作经历教师冲破旧传统、旧习惯、旧思路等路径依赖的重要前提。高职院校发挥"自觉能动性",将"被动等才"转为"主动引才",可从以下三个方面着手:一是积极探索"走出院子"引进模式。高职院校应积极实施"走出去"引进战略,把具有企业工作经历教师引进工作的范围扩展到行业协会和企业。通过加强与区

---

①金崇碧.论毛泽东发挥正确的自觉能动性[J].西南师范大学学报(哲学社会科学版),1998(02):19-21.

域行业协会、企业的联系,有效扩大学校影响力,可定期召开具有企业工作经历教师专场招聘会,积极宣传相关引进政策。二是积极推行举才荐才"伯乐"计划。高职院校要优化人才举荐的激励机制,充分调动教职工、兼职教师、行业知名专家、校友等资源,特别要发挥已引进具有企业工作经历教师的"朋友圈"力量,提前联系、挖掘潜在的引进对象,实现"以才引才"释放"链式效应"。三是积极推进"筑巢引凤"计划。"欲致鱼者先通水,欲致鸟者先树木。"高职院校要着力搭建平台筑巢引才,重点强化院士工作站、技能大师工作站、重点实验室、协同创新中心等发展平台建设,改变只是把提高待遇作为最大优势的做法,应突出平台和事业发展,用好的发展前景吸引具有企业工作经历教师。

2.增强引进靶向性,下好引进的"精准棋"

"靶向性引才"建立在精准定位理论基础之上,指的是高职院校根据学校发展和专业建设等综合情况,结合具有企业工作经历教师特征和需求,运用科学发展的观念,找到最适合学校发展需要的人才。正如鲁迅所言:"人才,适合之谓也"。高职院校要打破思维定式,开展"有重点、有侧重、不扎堆"的引才,避免"兔子未至松鼠至"的现象。一是科学建立"需求库"。只有需求"精准",具有企业工作经历教师引进才能有的放矢。高职院校要全面深入调研本校此类教师队伍现状,定期形成专项调研报告,准确分析其队伍特点,科学建立相应需求库,合理编制人才引进规划,明确自身需求。二是动态构建"供给库"。高职院校要结合调研形成的"需求库"信息,广泛发布具有企业工作经历教师需求,全方位、多渠道地收集这类教师信息,形成动态更新的"供给库"。三是着力创建"储备库"。高职院校应积极探索具有企业工作经历教师早期发现和选拔培养机制,针对学历层次存在差距的具有企业工作经历人员,通过学费代偿制度等方式开展定向培养,签订定向培养协议书,待其毕业后到高职院校入职,由此提前发现并储备潜在人才。

(二)将"按图索骥"变为"慧眼识珠"

慧眼识珠是高职院校在人才竞争中必须掌握的能力之一。正所谓"世有伯乐,然后有千里马,千里马常有,而伯乐不常有"。高职院校要从"按图索骥"的做法向成为"慧眼识珠"的伯乐转变,科学绘制和运用人才图,做到更加系统、科学、全面地识人。

1.科学绘制人才图,确保"画得像"

"人才图"是通过对特定人才背景、经验、能力、性格等方面的综合分析和描绘,形成的全面、客观、准确的人才形象图谱。高职院校在引进具有企业工作经历教师时要跳脱出传统人才标准,以岗位胜任力模型为基础科学绘制人才图。一是人才图绘制要有异质性。人才图的绘制不能千篇一律。高职院校要明确具有企业工作经历教师的岗位要求,根据不同专业、不同层次、不同岗位的要求,绘制相适应、多层次、有差异的人才图,防止"一刀切"和"大水漫灌"式引才。二是人才图绘制要全面精准。高职院校在绘制人才图时,既要涵盖学历、年龄、专业、职称、职业资格、岗位经历等显性特质,也要融入个性特质、职业价值观、知识结构与能力特征等隐性特质,通过多维度描绘具有企业工作经历教师进行,拓展人才的识别维度,为高职院校引进具有企业工作经历教师提供决策依据。三是人才图绘制要切合实际。人才图绘制要坚持不唯学历、不唯职称、不唯资历、不唯身份的原则。高职院校要结合发展实际情况,规避为升本盲目追求高学历、高职称人员的非理性行为,杜绝"门面风光""急功近利"倾向。

2.灵活运用人才图,确保"找对人"

虽然人才图将生硬的人才标准变成生动活泼的人物形象,使高职院校对具有企业工作经历教师的识别和评价更加简单易行,但若将其应用在招聘场景中,想要找到方方面面都完美契合的人才是一项不可能完成的任务,因此必须灵活运用,切忌按图索骥。一是将人才图作为辅助工具。人才图只是高职院校筛选具有企业工作经历教师的标尺,能够准确衡量出应聘者和岗位要求的素质差距,是筛选人才的明确标准,但引进不能完全依赖人才图。二是提高运用人才图的能力。要想"慧眼识珠",人是关键。高职院校要提高招聘人员使用人才图的能力,培养他们剖石为玉、淘沙见金的识才能力,避免按图索骥。高职院校引进具有企业工作经历教师时,既要看能力业绩,也要看品德修养;既要看过去成就,也要看未来潜力,需全面考察人才的思想品德、学识修养和实干能力。

四、提升效果:从弱势局面到强势逆袭

当前,高职院校在具有企业工作经历教师引进方面的效果不理想,这是多种原因造成的。高职院校要规避"生态位"过度重叠,打破"零和博弈"格局,扭转人才竞争"弱势"地位,打好"引、用、留"组合拳,营造"近悦远来"人才生态,全面改善具有企业工作经历教师引进效果。

(一)规避"生态位"过度重叠,打破"零和博弈"格局

生态位理论认为,"每一物种在生态体系中都有其确定的位置,在此位置上,该物种具有明显的比较优势和竞争力。"[①]高职院校要想打破具有企业工作经历教师引进的"零和博弈"格局,就要寻求适合自身的生态位,巩固和扩大比较优势,实现错位发展。

---

①曹福亮.生态位理念下行业高校人才培养和知识创新之路[J].中国高等教育,2012(18):17-19.

1.扩大比较优势,增强引进吸引力

比较优势理论指出,所有经济体只有从事特定领域的优势产业,才能够获得最大的收益,并为产业结构升级打下良好的基础。[①] 高职院校要想引进并留住更多具有企业工作经历教师,就需要在不同类型高校共同发展的差异化格局中积淀更大的比较优势。一是依托地域优势,培育办学特色。办学特色是指在一定的办学思想指导下,经过长期的办学实践逐步形成的比较持久稳定的发展方式和被社会公认的、独特的、优良的办学特征,是一所高校区别于其他高校的特性。[②] 高职院校在管理归属、人才培养、社会服务等方面与所在地的经济建设、文化和社会发展等联系紧密,因此,高职院校要充分利用好地域比较优势,瞄准地方经济建设、文化和社会发展需求,在人才培养和社会服务方面形成办学特色,以此在竞争激烈的人才市场中取得主动。二是优化类型定位,深化校企合作。2017 年《教育部关于"十三五"时期高等学校设置工作的意见》明确提出,依据学校人才培养定位的不同,将我国高校分为研究型、应用型、职业技能型三大类型。高职院校与应用型高校、普通高校是不同的学校类型,具有同等重要地位。高职院校要优化类型定位,不断深化产教融合、校企合作,坚持"优势互补、互利共赢"的原则,发挥产教融合、校企合作的优势与作用,不断拓宽引进视野和渠道。三是强化内涵建设,提高社会声誉。高职院校办学质量和社会认可度相互促进。高职院校要不断提高自身办学水平、培养质量和服务能力,切实增强高职院校的综合实力,优化人才引进政策,从而提高社会认可度,吸引更多高素质具有企业工作经历人员选择到高职院校从教。

2.坚持错位引才,形成差异化竞争

在高等教育场域中,不可避免地出现人才引进的"非理性竞争"现象。根据生态位错位发展逻辑,不同生态要素形成差异错位竞争,才能实现对环境和资源的最大利用,避免生态系统内部的不良竞争。[③] "错位引才"是基于差异竞争思维形成的人才引进指导思想,是在摒弃"非名校不要""非海归不要"等错误的人才引进观念基础上,通过精确分析发展需求引进适配人才的方式。高职院校引进具有企业工作经历教师不能照抄照搬其他高校的模式,要坚持差异竞争,错位引才。一是层次错位。高职院校在与应用型高校、普通高校抑或高职院校内部竞争中,绝不能盲目追求"高大上",造成人才高消费,更不能为了完成考核指标而把具有企业工作经历

---

①白正府,范先佐.比较优势理论在创建高校办学特色中的应用[J].江苏高教,2013(06):12-14.

②罗秋兰,陈有禄.地方高校比较优势的利用、创造和提升策略研究[J].黑龙江高教研究,2012,30(04):63-65.

③植林,王永周,米银俊.生态位理论视阈下高校新型研发机构人才培养路径研究[J].科技管理研究,2021,41(11):102-107.

教师当成摆设的花瓶引进,应通过层次差异实现错位引才。二是政策错位。寸有所长,尺有所短。不同的高职院校要根据发展定位、岗位需求及自身优势,实施不同的引进政策、避免同质化的竞争,但也要避免政策上互相攀高、待遇加码的情况。三是时间错位。在时间节点上,高职院校既要重视秋招、春招等黄金招聘时期,又要在其他的时间点发布招聘信息,突破时间限制。

(二)打好"引、留、用"组合拳,营造"近悦远来"人才生态

具有企业工作经历教师的引进绝非"一锤子买卖",而是一项系统工程。引是"前半篇文章",留是"后半篇文章",二者是相辅相成的。高职院校引进具有企业工作经历教师,并留住他们为学校服务才算是真正的引进成功。

1. 秉持"求贤若渴"的姿态,不拘一格"引"

一提到"求贤若渴",人们马上就会联想到刘备"三顾茅庐",高职院校在引进具有企业工作经历教师时,需要的正是这种求贤若渴的精神。高职院校能否真正做到求贤若渴,使不拘一格引进人才的举措收到实效,关键是要从以下三个方面进行突破:一是迭代优化引进政策,释放求贤若渴的信号。高职院校在制定人才引进政策时要结合具有企业工作经历教师的特点,发掘他们的实际需求,出台有针对性的政策。同时强化政策研究与灵活运用。比如,通过与相关政府部门协调,将现有的编制、岗位政策在合理范围内转化利用,化解体制机制局限性的问题。二是突破引进条件限制,形成不拘一格的良好氛围。清朝诗人龚自珍曾言"我劝天公重抖擞,不拘一格降人才"。高职院校应打破学历、职称、资历、身份等限制,树立重品德、重能力、重业绩的引进导向,坚持实用原则,避免盲目追求"高大上"。三是精简政府审批流程,提高引进效率。政府相关部门要精简具有企业工作经历教师引进政策执行过程中的政府审批流程,可以采取相关协同部门领导网签等方式加快审批速度,针对高职院校建立服务专窗,以闭环式的流转服务形式,提高具有企业工作经历教师的引进效率。

2. 厚植"海纳百川"的诚心,竭尽所能"留"

"引得来"是高职院校具有企业工作经历教师建设的前提,"留得住"才是关键。正如宾夕法尼亚大学在其战略规划中指出的那样:"一所主要的国际性研究型大学必须把最大的重点放在建立、加强和留住世界一流的师资上。"基于师资建设规律:一是提高薪酬待遇水平,吸引优秀教师留校任教。薪酬过低是目前具有企业工作经历教师离职的重要原因之一。高职院校应加大对优秀的具有企业工作经历教师的引进力度,一方面要以丰厚的经济待遇吸引具有企业工作经历教师加入高职院校行列,另一方面要优化人才配套福利,比如安家费、人才津贴、租房补贴以及解决配偶工作、子女入学等隐性配套福利。二是建立转换过渡机制,激发教师的职业认

同感。物质保障只是吸引教师留校任教的必要条件,教师自身的职业认同才是核心。鉴于学校和企业在发展目标、职业要求和文化氛围等方面存在较大差异,企业工作人员和教师在职业发展中的角色和定位也不同,高职院校要建立转换过渡机制,加强职前职后培训,提升企业高技能人才的教育教学能力、教育情怀、文化认同和心理适应水平,帮助他们顺利向职业教育教师的过渡。三是转变教师评价标准,消减教师的职业倦怠感。高职院校要坚持分类评价,根据不同学科专业、不同岗位特点,明确具有企业工作经历教师的责任边界,摒弃"走过场""干虚活"的形式主义,避免管理者人为干预和各种不公现象发生,从而增强这类教师的满意度,减少职业倦怠感的产生,让他们安心从教、热心从教、舒心从教。

第二节　高职院校具有企业工作经历教师职业发展的优化对策

职业发展的实质是高职院校与具有企业工作经历教师双向互动的过程,是具有企业工作经历教师个人能力与高职院校发展所需的匹配与融合。其根本目标在于,促进具有企业工作经历教师的个体职业经历、实践经验与高职院校人才培养、教育教学的有机融合。在此基础上,实现具有企业工作经历教师职业生涯发展与高职院校办学质量提升的协同发展。

一、厘清功能定位与明确角色边界

具有企业工作经历教师具有人才培养所需的行业企业背景、专业实践经验和职业岗位知识,是提升高职院校人才培养质量和就业竞争力的重要因素。有效发挥这类教师的独特价值,需要将其安排到能够发挥他们优势与特长的工作岗位上。这就需要精准明确具有企业工作经历教师的功能定位和角色边界,以此确立其职业生涯发展方向。

(一)明确具有企业工作经历教师的主要功能

面对国家和高职院校的明确要求,具有企业工作经历教师在强化实践教学能力和提升人才培养质量方面的作用并未得到充分发挥。这与这类教师进入高职院校后出现的三种现象有关:一是工作安排"应急取向"引发功能"泛化",难以发挥其能力优势。二是长期局限于某一具体工作(比如技能竞赛)引发功能"窄化",缺少必要的拓展和轮换,不利于其长远发展。三是一些具有企业工作经历教师转岗到行政或教辅岗位引发功能"虚化",难以实现引进目标。这些问题的出现,既有高职院校内部管理的因素,也有具有企业工作经历教师的个体原因。为此,应从以下方面加以解决：一是精准定位。具有企业工作经历教师进入高职院校后，原则上应安排在专业教学岗位上，优先承担专业实践教学工作，同时应参与专业建设、校企合作、社会服务等相关工作。二是明确边界。具有企业工作经历教师的优势在于熟悉行业企业的生产环境和学生将来就业岗位，应将他们的优势与教育教学统筹起来，通过人事管理、岗位设置、职称评审等系统化设计，确定他们的功能边界，引导他们发挥优势，朝着特色化发展迈进。三是动态调整。应结合具有企业工作经历教师专业成长、工作领域和职责权限的变化情况，在专业领域范围内动态调整他们的功能定位，帮助他们实现专业工作经验和技能的长期积累和有效提升。

（二）明确具有企业工作经历教师的角色边界

具有企业工作经历教师的发展优势在于专业领域，其发展方向也需要沿着专业领域向前推进。这既是满足高职院校教育教学工作的需要，也是促进这类教师个人特色发展的需要。现实中，一些高职院校更多将其视为与普通高校毕业生一样的"新人"，加之部分院校师资力量不足，具有企业工作经历教师大多承担多重角色而没有侧重点。同时，学校与企业在环境和条件方面的差别，使得他们本身具有的优势缺少应用的条件，难以发挥优势，更容易引发角色交叉和泛化问题。应在"人岗相适""扬长避短"的基本原则下，明确具有企业工作经历教师在专业领域的角色边界，促进其成为专业领域的引领者。具体路径包括：一是将专业教育教学作为具有企业工作经历教师最主要的角色，围绕承担教学任务—参与专业资源开发—参与专业发展规划的逻辑主线，促进其向专业领域行家里手转变。二是将产教融合与社会服务确定为具有企业工作经历教师职业发展的方向，随着工作经验的增加，应围绕专业领域拓展其工作深度和广度，将工作从校内拓展到校外，以更好地服务学校发展。

（三）明确具有企业工作经历教师的发展方向

能够在高职院校改革发展中脱颖而出的具有企业工作经历教师，要么是专业教学的引领者，要么是专业建设的引领者，要么是行业企业服务的引领者。值得注意的是，他们的成长始终没有离开专业领域。相反，他们的发展均是扎根专业、立足专业、深耕专业的递进过程。高职院校实现高质量发展的前提是建设结构合理且特色鲜明的教师教学团队，而具有企业工作经历教师在其中具有独特作用。发挥这一作用的关键是确立具有企业工作经历教师基于专业、深耕专业的发展方向：一是多元化的价值取向，即具有企业工作经历教师在专业领域活动中，应结合自身能力特长和经验优势，在教育教学、专业建设、社会服务等领域形成"教育教学＋"的发展路径，既有基本的育人职能，也有适合自身实际的专业方向。二是高水平的目标取向，即具有企业工作经历教师应将自身所具有的专业理论、实践经验、管理技能等优势转化为高职教育教学中的能力基础,通过长期积累,成为跨越教育与企业、精通理论与实践的专业领域的行家里手。三是特色化的个体取向,即精准识别个人优势,并将其与学校需求精准对接,实现基于自身优势的特色化发展。

二、明确能力结构与强化能力支撑

具有企业工作经历教师的职业发展,关键在于其能否形成适应教育教学需求的职业能力。高职院校和具有企业工作经历教师,均应围绕教育教学工作要求,以教育教学需求为导向,对照已有能力,着力做好加法、转化、优化三篇文章。具体到实施层面,需要提升基于专业的教育教学与教研科研能力、提升基于专业的资源转化与整合能力、提升融入行业企业以引领生涯发展的能力。

(一)提升专业教育教学与教研科研能力

教育教学和教研科研是高职院校教师的本职工作和基本职能,为了更好地培养人才和服务社会,需要持续深入地开展专业领域的教育教学和教研科研工作。这些功能和作用的发挥,均离不开教师专业教育教学和教研科研能力的支撑。尤其需要注意的是,具有企业工作经历教师在专业教学理论、教学方法、教学实践、教研科研等领域较少接受过训练,需要高职院校开展系统深入的赋能行动。一方面,面向不同专业的具有企业工作经历教师,由高职院校教师发展中心或教学管理部门实施教育教学基本理论培训及考核,这类培训以高校教师资格考试、岗前培训等为基础,强化对具有企业工作经历教师的教育教学通用理论的培养。这类培训注重教师教育教学基本功,以共性理论和知识为主,可跨专业规模化实施以提升效率。另一方面,面向同一专业或学科的具有企业工作经历教师,由二级院系、教学团队等基层教学组织实施专业教学法及教学基本功培训,该类培训应由专业教学方法和经验丰富的教师承担,可将其与专业教学能力竞赛、说课大赛、技能竞赛等活动结合起来,主要依托师徒制、"做中学"等形式展开,提升培训的针对性和实效性。此外,通过参与教改项目、社会服务等项目,切实提升具有企业工作经历教师的专业领域教研科研能力,从而为其生涯发展奠定坚实的基础。

(二)提升专业教育资源转换与整合能力

相较于已有研究,本书不仅深入挖掘具有企业工作经历教师在专业理论知识、专业实践能力、项目研发能力等方面的独特优势,而且主张将这些优势与专业相结合,并转化为特色教育教学资源。这一目标的实现,需要提升具有企业工作经历教师的专业自觉性,充分运用自身在企业长期实践中积累形成的专业理论知识、工作经验、实践能力等优势,将其转化为教育教学的理论素养和特色素材,形成独特的教育教学魅力,从而在教育教学、人才培养和社会服务中发挥独特作用。一是明确具有企业工作经历教师专业教育资源储备的清单。通过专业教师典型岗位任务分析,梳理出胜任该工作所需要的知识、能力、素材等要求,对照自身积累的各方面的能力进行匹配,由此可以形成在专业教学案例、真实任务案例、产品设计、生产加工、运维服务等方面的优势。明确这些优势,既可以激发他们的专业自信和发展动力,也可以帮助他们更加清晰地定位自身在资源建设中的重点和方向。二是促进具有企业工作经历教师将原有资源转化为教育教学的素材。可从以下方面展开转换:第一,将企业发展经历、个人成长经历转化为专业精神和职业道德教育的案例;第二,将个人参与的生产过程中的经典案例和生产过程转化为教学中的案例;第三,将自己的专业价值观转化为学生专业精神教育的素材。三是强化具有企业工作经历教师的资源整合能力。结合具有企业工作经历教师在企业和高职院校间跨界工作的独特优势,将产业界资源和教育界资源有效整合,更好地服务于人才培养。

(三)提升服务相关行业企业发展的能力

面对政治、经济、技术等环境变化,行业企业需要持续变革以适应发展环境。这便意味着,具有企业工作经历教师进入高职院校后,需要通过各种方式重新融入行业企业活动,以跟踪行业发展动向、回到企业更新生产工艺知识。受访教师较多地谈及,自己为了保持与行业的联系所采取的行动,以及希望得到学校层面的制度性支持。从具有企业工作经历教师发展的角度看,教师个体和学校应发挥自身优势,着力提升服务行业企业的能力。一是具有企业工作经历教师应保持与行业企业的密切互动,运用自身在技术研发、管理咨询、产线改造等方面的经验优势,在服务行业企业的同时,促进自身专业能力成长,并为其他高职院校专业教师企业实践研修提供资源支持。二是高职院校应强化对具有企业工作经历教师参与行业企业服务活动的支持,将他们参与行业标准研制、企业技术攻关、生产线改造等纳入专业能力考核体系,并作为职称评审时的科研指标,形成对具有企业工作经历教师的正面引导和激励。三是社会层面应着力构建校企协同研发平台,将具有企业工作经历教师视为建设的骨干力量,破解当前产教融合、校企合作中动力不足、平台缺失、实体薄弱等难题,构建社会化服务平台支持其融入行业企业。

三、营造发展环境与构建制度生态

借鉴人-职匹配理论思想和方法,构建能将具有企业工作经历教师的职业经历、职业经验、能力优势转化为高职院校实践教学、校企合作、产教融合、社会服务优势的环境与制度。这便意味着,需要基于具有企业工作经历教师的个体优势确立新的职业发展方向,并确保该方向与高职院校教育教学的实际需要相吻合。

(一)夯实促进职业适应与生涯发展的制度基础

从高职院校和具有企业工作经历教师的两端发力,依托高职院校教学岗位设置与教师管理制度,引导具有企业工作经历教师明确自身职业在高职院校发展中的比较优势,并以此确立职业发展的具体方向。从高职院校和具有企业工作经历教师的共同需要出发,需要将高职院校教师岗位的职责与要求、具有企业工作经历教师的个人禀赋,以及两者间的匹配度等非常关键因素考虑在内,作为具有企业工作经历教师确立职业生涯发展方向的基本依据。

一是发挥教学岗位设置和教师岗位管理的引导作用。对具有企业工作经历教师的功能定位和角色期待,集中体现在高职院校设定的职业技能型、社会服务型教师岗位管理制度和职称申报制度之中,通过这种方式形成外在约束,以确保高职院校的功能和目标得以实现。从个人的成长发展看,围绕高职院校发展确立自身职业发展方向的具有企业工作经历教师,能更深入地融入高职院校发展之中,获得更多的机会和资源,从而实现职业成长和生涯发展。高职院校应进一步完善分类设置教师岗位、分类评审专业职称、分类考核评价绩效的岗位管理制度。以此为突破口,发挥岗位设置与管理在平衡具有企业工作经历教师发展诉求与高职院校发展之间的关系、促进高职院校与这类教师共同发展中的作用。

二是引导教师基于个体优势选择和确立职业发展方向。职称评审权下放高职院校后,一些高职院校结合教育教学实际,已经为具有企业工作经历教师提供了多元的岗位和职称通道。比如,具有企业工作经历教师除可以选择传统的发展方向(教学为主型、科研为主型、教学科研并重型)外,还可以选择更有针对性的职业技能型、社会服务型等发展方向,以更好地发挥自身所积累的职业经验与专业优势能力。对于具有企业工作经历教师而言,应以自身优势能力为依据,选择教师岗位类别,确定职称发展方向,扬长避短,实现特色化发展。

三是强化职称分类评审对教师生涯发展的正向激励功能。在高职院校教师岗位分类设置、分类考核、职称分类评审工作逐渐深入的背景下,应持续完善高职院校内部职称评审管理制度。针对目前分类设置较多但分类评审较少、政策制度较多但持续改进实施较少等实际情况,围绕高职院校高素质技术技能人才培养、应用科研及技术应用转化、区域社会服务等主要办学功能需求,进一步优化岗位设置,适当扩大职业技能型和社会服务型教师职称占比。专业技术职务申报评审中,应按比例分配评审指标,评审标准应与具有企业工作经历教师所承担的日常专业工作重点相吻合,形成对这类教师的正向激励和积极引导。

(二)创设促进职业适应与生涯发展的环境氛围

高职院校层面、基层教学组织层面的支持和教师个体的认知、态度及行动,对于促进具有企业工作经历教师的职业适应具有重要作用。促进这类教师的职业适应,需要围绕他们的具体职业环境,创设促进职业适应的支持条件和发展氛围。一是高职院校应积极构建包容性和激励性环境。应将具有企业工作经历教师视为"双师能力"教师队伍中重要而独特的组成部分,建立涵盖入职—适应—发展各个阶段的支持机制,通过学校教师发展部门和基层教学组织协同实施,为教师职业适应提供多维度的组织支撑。二是基层教学组织应提供个性化的指导支持。应以专业群、教研室、教师团队等基层教学组织为主,为具有企业工作经历教师提供专业教学能力、应用科研、专业教学方法、职业发展规划等各个方面的指导。三是具有企业工作经历教师应主动明确目标积极行动。入职初期,应充分把握高职院校教学管理及教师管理制度,以定位自身的专业发展方向;积极应用高职院校教师发展中心、院系和教研组等基层教学组织的资源,以获得相关支持。通过确保过渡期顺利转向适应期,缩短适应期,加速向职业发展阶段转变。

(三)构建促进职业适应与生涯发展的制度生态

为促进具有企业工作经历教师较快适应新的环境,实现在新赛道上的生涯发展,高职院校应以教学岗位设置和教师管理制度为根本,构建和完善与之相适应的、旨在促进这类教师生涯发展的系列制度。部分高职院校通过建设教师发展中心为各类型、各阶段教师职业发展提供专业化的业务培训、项目咨询、经验交流等做法,具有借鉴意义。具有企业工作经历教师的生涯发展具有独特性、长期性和多样性,决定了促进其生涯发展的制度构建需兼具专门性和系统性,需要高职院校内部开展多部门协调行动并长期坚持。一是高职院校应完善具有企业工作经历教师专项支持制度。比如在具有企业工作经历教师上岗前,应设有过渡期,其间应有专业教学理论、方法及实践的培训。二是基层教学组织应将具有企业工作经历教师发展纳入师资队伍建设规划,不仅要提供入职初期专业教学法等基本培训,还应面向其职业发展需求提供专业建设、课程开发、教学资源开发、科研项目参与等发展性培训。三是构建面向这类教师的师徒传帮带制度。一方面应为具有企业工作经历教师指定具备扎实专业理论知识和丰富教学经验的指导教师,实施个性化、全程化指导。另一方面应根据具有企业工作经历教师实际,遴选具有丰富行业职业实践的教师,作为青年教师的指导教师,以促进青年教师专业实践能力的发展。

第三节　高职院校具有企业工作经历教师引进 与发展的耦合优化机制

师资队伍建设是涵盖高职教师职前培养、入职和职后培训,以及教师教学生涯中聘用、发展、管理的动态系统过程。① 高职院校具有企业工作经历教师队伍建设作为一个复杂的研究对象,其内涵和外延丰富,其本身就构成了一个完整的自运行系统。引进与发展是高职院校具有企业工作经历教师队伍建设这一系统的两个重要子系统,二者相互关联与相互作用。高职院校具有企业工作经历教师队伍建设系统优化目标的实现,离不开引进与发展这两大子系统之间的关联耦合效应。系统论认为,一个系统的整体功能大于其各部分的简单总和。② 因此,高职院校要想建设一支优质的具有企业工作经历教师队伍,就需要建立具有企业工作经历教师引进与发展的耦合优化机制。

一、构建高职院校具有企业工作经历教师引进与发展的双摆耦合模型

(一)双摆耦合的内涵

"耦合"是物理学术语,是指两个或两个以上的系统或运动方式之间通过各种相互作用而彼此影响以至联合起来的现象,是在各子系统间的良性互动下形成的相互依赖、相互协调、相互促进的动态关联关系。③ "双摆耦合"是指当两个物理系统相互作用时,它们的运动互相影响,并且相互作用是双向的关联模式。比如,当两个摆长相同的单摆通过耦合方式连接时(见图6-1),若将单摆1沿其摆动平面初始位移至位置A释放,单摆1的振幅逐渐减小,同时单摆2振幅增大。一定时间后,单摆1的能量完全转移至单摆2,此时单摆1瞬时静止。此后能量反向转移,形成谐振状态。

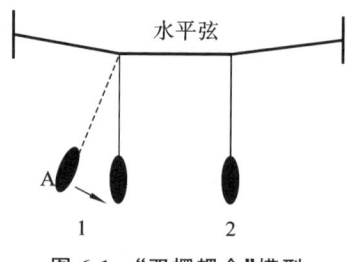

图6-1 "双摆耦合"模型

①邵建东,徐珍珍.现代职教体系下高职师资队伍建设的诉求、问题与路径[J].中国高教研究,2016(03):100-103.

②邸峰.浅谈系统思维方法在高校人才引进工作中的应用[J].系统科学学报,2012,20(01):94-96.

③武文仁.基于耦合机理分析的企业知识产权管理对策研究[J].经济研究导刊,2011(01):205-207.

（二）高职院校具有企业工作经历教师引进与发展的双摆耦合机理

高职院校具有企业工作经历教师引进与发展的耦合互动关系,与物理学的双摆耦合具有同构性。高职院校具有企业工作经历教师引进与发展的耦合虽不具有物理学所强调的精确动态传导机制的特征,但二者的耦合互动与两个通过一根弹簧连在一起的双摆类似:若其中一个摆发生摆动,另一摆会受其影响而产生振动。高职院校具有企业工作经历教师引进与发展双摆耦合模型打破了传统引进与发展的静态、割裂思维,强调以系统、动态的视角来看待。

二、探究高职院校具有企业工作经历教师引进与发展的耦合优化机制

高职院校具有企业工作经历教师引进与发展类似于一根水平弦上连接的两个单摆系统,虽然它们自身具有独立运行的自洽性,但在外力的作用下,通过能量传导,实现彼此协调、彼此依赖的动态耦合关系。要想实现这种耦合关系,就需要从以下两个方面构建耦合优化机制。

（一）构建引进与发展的并重机制

具有企业工作经历教师的引进与发展是一个有机整体,引进是基础,发展是支撑,二者同等重要。然而,高职院校还不同程度存在"重引进、轻发展"的现象。比如,一些高职院校引进具有企业工作经历教师后,将其与其他教师同等看待,未建立与之相适应的发展支持体系,形成"甩手掌柜"式管理模式,导致这类教师存在职业不适应、进取精神被挫伤等问题,最终选择"躺平"或者逃离。因此,高职院校要切实转变"重引进、轻发展"的观念,紧扣引进与发展两个环节系统谋划,构建引进与发展的并重机制,营造引进、重用、成就的浓厚氛围。

一是打造具有企业工作经历教师的引进"磁场效应"。高职院校要结合学校发展规划,根据院系发展定位和专业发展需求,从部门、岗位等实际出发,建立常态化的具有企业工作经历教师需求清单,将"择天下英才而用之"作为具有企业工作经历教师引进的思想指引和行动指南,不断完善引进机制、拓宽引进渠道、创新引进方式,确保人才引得进,形成引进的"磁场效应"。

二是建立具有企业工作经历教师的发展支持体系。教师发展支持体系是指通过提供必要的资源、机制等,为教师的成长发展提供持续、有针对性的支持,以此促进其教学和职业发展的一种组织形式。建立具有企业工作经历教师的发展支持体系需重点从以下三个方面着手:第一,加强角色适应支持。高职院校要通过在职培训、传帮带等方式,引导具有企业工作经历教师正确认识职业角色转变,努力克服

角色转换障碍,消解从企业转入高校带来的焦虑,重塑自我认同和职业认同。第二,加强能力提升支持。高职院校要开展具有企业工作经历教师专题专项培训,注重培训后的跟踪指导,帮助这类教师尽快适应高职教育教学工作,成为高等职业院校教师队伍中的中坚力量。第三,加强专业发展支持。高职院校要健全具有企业工作经历教师的评价、职称评定、激励等制度,不断优化专业发展环境,营造良好的职业发展氛围,进而更好地促进其专业成长与发展。

(二)构建引进与发展的传导发展机制

在"双摆耦合"模型中,要想实现双摆运动的最佳状态,离不开通过作用力而产生的能量传导以保持两个单摆运动的相对平衡,从而达到谐振状态。高职院校具有企业工作经历教师引进与发展的耦合关联是一种双向互动、能量传导、相互促进的关系,二者不能割裂。因此,高职院校要充分利用这种传导机制,促进整个具有企业工作经历教师队伍的不断优化。

一是充分发挥"引进"的能量传导作用。高职院校具有企业工作经历教师的引进不仅可以改变现有师资队伍结构,还可以促进高职院校教师发展支持体系的健全与完善。高职院校不能割裂具有企业工作经历教师引进与发展的内在联系,要注重发挥引进的能量传导作用,将引进作为推动具有企业工作经历教师发展的牵引力,提高整个教师队伍的发展力。

二是充分发挥"发展"的能量传导作用。具有企业工作经历教师留得住、发展好是检验引进成效的重要标准。高职院校要支持这类教师的发展,促进其引进后潜力的进一步发挥和队伍的整体提升,从而产生品牌辐射效应,吸引更多的具有企业经历工作人员从教,从而形成引进与发展的良性循环。

附　　录

高职院校具有企业工作经历教师引进与发展的访谈提纲

高职院校具有企业工作经历教师引进与发展的访谈提纲(校领导)

尊敬的××：

您好！非常感谢您参与本次访谈调查！此次调查旨在了解贵校"具有企业工作经历教师"的引进与发展情况。访谈所得资料仅供学术研究之用,所有信息将进行匿名处理。再次感谢您的参与支持！

浙江省现代职业教育研究中心

1.受访者的职务：

2.受访者所在学校名称：

3.受访者所在学校性质：□国家级重点高职(双高、示范、骨干院校建设单位)

　　　　　　　　　　　　□省级重点高职

　　　　　　　　　　　　□一般高职

4.受访者所在学校类型：□综合类高职　　　□行业类高职　　　□其他

5.受访者所在学校"具有企业工作经历教师"基本情况：高级职称_____人,副高职称_____人,中级职称_____人,初级职称_____人

第一部分：高职院校"具有企业工作经历教师"的引进现状

1.贵校在引进"具有企业工作经历教师"方面的意愿强吗？引进"具有企业工作经历教师"的初衷是什么呢？

2.贵校在引进"具有企业工作经历教师"方面有没有制定相关政策？

3.贵校在引进"具有企业工作经历教师"方面采取了哪些有效举措？引进的效果好吗？

4.贵校在引进"具有企业工作经历教师"的过程中是否存在困难？具体表现在哪些方面？是否存在流失的情况？产生流失的主要原因是什么？

5. 您认为贵校引进"具有企业工作经历教师"受到了哪些因素的影响？

6. 您对贵校"具有企业工作经历教师"引进工作效果满意吗？您认为还应改进哪些方面？

第二部分：高职院校"具有企业工作经历教师"职业发展现状

1. 贵校"具有企业工作经历教师"的职业发展整体如何？学校对他们的工作表现和贡献是否满意？是否符合学校的发展期待？

2. 您觉得"具有企业工作经历教师"与"应届毕业生"二者之间存在哪些差别？在职业发展方面各有什么优势和劣势？

3. 贵校在促进"具有企业工作经历教师"的职业发展方面采取了哪些举措？出台了哪些政策制度？效果怎么样？有什么经验？

4. 贵校是否存在"重引进、轻发展"的现象，在促进"具有企业工作经历教师"职业发展方面主要面临哪些困境？

5. 您认为贵校"具有企业工作经历教师"的职业发展主要受到哪些因素的影响？

6. 您认为"具有企业工作经历教师"留得住、发展好的关键是什么？

7. 贵校在促进"具有企业工作经历教师"职业发展方面有没有下一步的工作设想？您在这方面有什么建议？

高职院校具有企业工作经历教师引进与发展的访谈提纲(人事处)

尊敬的××:

您好!非常感谢您参与本次访谈调查!此次调查旨在了解贵校"具有企业工作经历教师"的引进与发展情况。访谈所得资料仅供学术研究之用,所有信息将进行匿名处理。再次感谢您的参与支持!

浙江省现代职业教育研究中心

1.受访者的职务:

2.受访者所在学校名称:

3.受访者所在学校性质:□国家级重点高职(双高、示范、骨干院校建设单位)

　　　　　　　　　　　□省级重点高职

　　　　　　　　　　　□一般高职

4.受访者所在学校类型:□综合类高职　　　□行业类高职　　　□其他

5.受访者所在学校"具有企业工作经历教师"基本情况:高级职称_____人,副高职称_____人,中级职称_____人,初级职称_____人

第一部分:高职院校"具有企业工作经历教师"的引进现状

1.请您简单介绍下贵校"具有企业工作经历教师"引进方面的总体情况,比如总体规划、年度进人计划、引进方式、引进流程等。

2.贵校在引进"具有企业工作经历教师"方面的意愿强吗?引进"具有企业工作经历教师"的初衷是什么呢?

3.贵校在引进"具有企业工作经历教师"方面有没有制定相关政策?是否设置了"具有企业工作经历教师"的引进标准?是怎样设置的?

4.贵校在引进"具有企业工作经历教师"方面采取了哪些有效举措?引进的效果好吗?

5.贵校在引进"具有企业工作经历教师"的过程中是否存在困难?具体表现在哪些方面?是否存在流失的情况?流失的主要原因是什么?

6.您认为贵校引进"具有企业工作经历教师"受到了哪些因素的影响?

7.您对贵校"具有企业工作经历教师"引进工作效果满意吗?您认为还应改进哪些方面?

第二部分:高职院校"具有企业工作经历教师"职业发展现状

1.贵校"具有企业工作经历教师"的职业发展整体如何?学校对他们的工作表现和贡献是否满意?是否符合学校的发展期待?

2.您觉得"具有企业工作经历教师"与"应届毕业生"二者之间存在哪些差别？在职业发展方面各有什么优势和劣势？

3.贵校在促进"具有企业工作经历教师"的职业发展方面采取了哪些举措？出台了哪些政策制度？效果怎么样？有什么经验？

4.贵校是否存在"重引进、轻发展"的现象，在促进"具有企业工作经历教师"职业发展方面主要面临哪些困境？

5.您认为贵校"具有企业工作经历教师"的职业发展主要受到哪些因素的影响？

6.您认为"具有企业工作经历教师"留得住、发展好的关键是什么？

7.贵校在促进"具有企业工作经历教师"职业发展方面有没有下一步的工作设想？您在这方面有什么建议？

高职院校具有企业工作经历教师引进与发展的访谈提纲(二级学院领导)

尊敬的××:

您好!非常感谢您参与本次访谈调查!此次调查旨在了解贵校"具有企业工作经历教师"的引进与发展情况。访谈所得资料仅供学术研究之用,所有信息将进行匿名处理。再次感谢您的参与支持!

浙江省现代职业教育研究中心

1.受访者的职务:

2.受访者所在学院:

3.受访者所在学校名称:

4.受访者所在学校性质:□国家级重点高职(双高、示范、骨干院校建设单位)

□省级重点高职

□一般高职

5.受访者所在学校类型:□综合类高职　　□行业类高职　　□其他

6.受访者所在学院"具有企业工作经历教师"基本情况:高级职称_____人,副高职称_____人,中级职称_____人,初级职称_____人

第一部分:高职院校"具有企业工作经历教师"的引进现状

1.请您简单介绍下贵院"具有企业工作经历教师"引进方面的总体情况,比如进人计划、引进条件设置、各专业的引进情况等。

2.贵院在引进"具有企业工作经历教师"方面的意愿强吗?引进"具有企业工作经历教师"的初衷是什么?

3.贵院在引进"具有企业工作经历教师"方面相较于其他学院有什么优势、特色举措?取得了怎样的成效?

4.贵院在引进"具有企业工作经历教师"方面是否存在短板?如有,针对短板有什么改进措施或者建议?

5."具有企业工作经历教师"是否已经覆盖了贵院的各个专业?不同专业在引进"具有企业工作经历教师"是否存在差异?诱发这些差异的主要因素是什么?

6.您认为贵院引进"具有企业工作经历教师"受到了哪些因素的影响?您认为贵市的人才政策环境、贵校或贵院的平台对"具有企业工作经历教师"有哪些帮助?存在哪些不足?

第二部分:高职院校"具有企业工作经历教师"职业发展现状

1.贵院的"具有企业工作经历教师"的职业发展整体如何?学院对他们的工作

表现和贡献是否满意？是否符合学院的发展期待？

2.您觉得"具有企业工作经历教师"与"应届毕业生"二者之间存在哪些差别？在职业发展方面各有什么优势和劣势？

3.您认为通过哪些方式可以快速地促进"具有企业工作经历教师"的职业适应？他们在角色转换、能力胜任、人际关系、环境适应、专业发展方面是否存在困难？贵院有采取哪些措施吗？

4.贵院重视和支持"具有企业工作经历教师"的职业发展吗？采取过哪些有力的措施？

5.从学院的角度来看,您认为贵院"具有企业工作经历教师"在职业发展方面会受到哪些因素的影响？

6.作为一名管理者,针对"具有企业工作经历教师"的管理中存在的最大困难是什么？

7.请问贵院在促进"具有企业工作经历教师职业发展方面有没有下一步的工作设想？您在这方面有什么建议？对学校有什么建议吗？

高职院校具有企业工作经历教师引进与发展的访谈提纲（二级学院专业主任）

尊敬的××：

您好！非常感谢您参与本次访谈调查！此次调查旨在了解贵校"具有企业工作经历教师"的引进与发展情况。访谈所得资料仅供学术研究之用，所有信息将进行匿名处理。再次感谢您的参与支持！

浙江省现代职业教育研究中心

1. 受访者的职务：
2. 受访者所在学院及专业：
3. 受访者所在学校名称：
4. 受访者所在学校性质：□国家级重点高职（双高、示范、骨干院校建设单位）
   　　　　　　　　　　□省级重点高职
   　　　　　　　　　　□一般高职
5. 受访者所在学校类型：□综合类高职　　□行业类高职　　□其他
6. 受访者所在专业的教师基本情况：教师总数＿＿＿＿，"具有企业工作经历教师"人数＿＿＿＿

第一部分：高职院校"具有企业工作经历教师"的引进现状

1. 请问贵专业在引进"具有企业工作经历教师"方面的意愿强吗？引进"具有企业工作经历教师"的初衷有哪些？

2. 请问贵专业在"具有企业工作经历教师"的引进数量、层次、结构方面是怎样进行规划的？在引进条件方面有什么具体要求？最看重的是什么因素？

3. 请问贵专业与学校、学院在"具有企业工作经历教师"的引进流程、引进条件、引进措施等方面是否会存在分歧？是如何解决的？

4. 请问贵专业"具有企业工作经历教师"引进方面有哪些优势？哪些优势是贵专业特有的？

5. 请问贵专业在引进"具有企业工作经历教师"的过程中是否存在困难？具体表现在哪些方面？引进后是否存在流失的情况？您认为流失的主要原因是什么？

6. 您认为贵专业引进"具有企业工作经历教师"受到了哪些因素的影响？比如政府、学校、学院、个人等。

7. 您对贵专业"具有企业工作经历教师"引进工作的效果满意吗？有什么建议？

第二部分:高职院校"具有企业工作经历教师"职业发展现状

1.您认为"具有企业工作经历教师"具有哪些优势和劣势？在专业教师团队中发挥了怎样的功效？

2.您认为从企业员工到高职教师的角色转换过程中,有没有必要采取帮助措施？贵专业采取了哪些措施？

3.您认为"具有企业工作经历教师"能否胜任贵专业的教学、教研工作？存在哪些不足？贵专业采取了哪些措施？

4.您认为贵专业"具有企业工作经历教师"的人际关系怎么样？在处理师生关系、同事关系等方面有没有困难？采取了哪些措施？

5.您认为企业文化和校园文化有什么差异？贵专业有采取哪些措施帮助"具有企业工作经历教师"适应工作环境？

6.贵专业"具有企业工作经历教师"的专业发展积极性高吗？您认为如何提升他们的专业发展积极性？是否有为引进的教师提供区别于普通教师的职业生涯规划？效果怎样？有什么需要改进的地方？

7.您认为贵专业"具有企业工作经历教师"的职业发展整体怎么样？主要受到哪些因素的影响？

8.您认为从学校、学院、专业三个层面应该如何促进"具有企业工作经历教师"职业发展？有什么建议？

高职院校具有企业工作经历教师引进与发展的访谈提纲
（具有企业工作经历的专任教师）

尊敬的××：

您好！非常感谢您参与本次访谈调查！此次调查旨在了解贵校"具有企业工作经历教师"的引进与发展情况。访谈所得资料仅供学术研究之用，所有信息将进行匿名处理。再次感谢您的参与支持！

浙江省现代职业教育研究中心

1. 受访者的性别：□男　　　□女
2. 受访者的身份：□专业负责人　　□骨干教师　　□初任教师
3. 受访者的职称：□正高　　□副高　　□中级　　□初级　　□无
4. 受访者的学历：□专科及以下　　□本科　　□研究生及以上
5. 受访者所在学院及专业：
6. 受访者所在学校名称：
7. 受访者所在学校性质：□国家级重点高职（双高、示范、骨干院校建设单位）
　　　　　　　　　　　□省级重点高职
　　　　　　　　　　　□一般高职
8. 受访者所在学校类型：□综合类高职　　□行业类高职　　□其他
9. 受访者所在学校区域：□东部地区　　□中部地区　　□西部地区
10. 受访者的行业职业技能等级证书：□高级　　□中级　　□初级　　□无
11. 受访者的企业工作经历（单位名称）：
12. 受访者参加工作时间：　　　来校时间：

第一部分：高职院校"具有企业工作经历教师"的引进现状

1. 您为何离开企业到高职院校就职，主要考虑哪些因素？

2. 与应届毕业生相比，您觉得贵校引进您的主要原因是什么？自身有哪些优势？

3. 您是通过什么渠道获取贵校的招聘信息？通过哪种途径就职贵校的？是人才引进，自主招聘，还是统一招聘？

4. 您认为贵校的哪些人才引进措施具有吸引力？哪些方面还可以进一步完善？

5. 您从企业进入学校后，贵校怎样评定您的职称职级、工作经历等？是否合理？您认为哪些方面需要调整和完善？

6.您身边是否有已经离开贵校的"具有企业工作经历教师"？您觉得离开的原因是什么？您是否有长期在贵校工作的想法？

7.从您自身经历来看，您认为高职院校引进"具有企业工作经历教师"会受到哪些因素的影响？

8.您有享受哪些人才引进优惠政策吗？您对贵市、贵校的人才引进政策有什么看法？有没有需要改进的地方？

第二部分：高职院校"具有企业工作经历教师"职业发展现状

1.您进入高职院校后的主要工作包括哪些？与入职前的工作预期是否存在偏差？是如何调整适应的？多久后适应？

2.您认为从企业员工到高职教师的角色转换过程中，最大的困难是什么？您是如何克服的？学校或学院有没有采取措施帮助实现角色转换？具体有哪些措施？

3.您在教学、科研、教研方面有没有遇到过什么困难？学校或学院有没有开展针对"具有企业工作经历教师"能力提升的专项培训？您到高职院校后与行业企业的联系多吗？您对此有什么建议？

4.您认为企业与学校之间在人际关系方面有什么不同？学校或学院有没有采取措施促进人际关系适应？

5.您认为企业与学校之间在工作环境方面是否存在差异？您对学校的工作氛围感到满意吗？

6.与应届毕业生相比，您觉得自己在专业发展方面有哪些优势和不足？

7.您认为贵校重视和支持"具有企业工作经历教师"的职业发展吗？采取过哪些有力的措施？

8.您对目前的职业发展状况感到满意吗？是否与您的入职初衷相匹配？在职业发展方面有哪些经验和心得？

9.从您自身经历来看，您认为教师职业发展会受到哪些因素的影响？

10.您对贵校的教师职称评聘制度、考核管理机制、发展支持服务体系等满意吗？您还有什么其他建议？

后　记

　　具有企业工作经历教师是高职院校"双师型"教师队伍的重要组成部分,更是助推高职院校深化产教融合、实现高质量发展的生力军。长期以来,高职院校教师队伍中普遍存在着理论与实践脱节、企业经验不足的问题,这些问题严重制约了高职教育与产业发展的深度融合。为了破解这一难题,随着"自 2019 年起,原则上应从拥有 3 年以上企业工作经历且具备高职及以上学历的人员中公开招聘"等一系列政策的出台,高职院校开始积极引进具有企业工作经历教师,这一举措为高职教师队伍注入了新鲜血液,也为高职院校深化产教融合、实现高质量发展提供了新的支撑。研究高职院校具有企业工作经历教师的引进与发展问题具有重要的现实意义。如何确保具有企业工作经历教师"引得进、留得住、发展好",并在高职院校中充分发挥作用,不仅关乎富有类型特色的高质量"双师型"教师队伍的打造,更关乎高职院校的高质量发展。

　　本书聚焦高职院校具有企业工作经历教师这一特定群体,从引进与发展两大问题域展开了全面而系统的研究。借助政策文本分析法,从国家、省级、院校三个层面对高职院校具有企业工作经历教师引进与发展的相关政策进行了深入剖析;基于深度访谈,客观呈现了当前具有企业工作经历教师引进与发展的现状,揭示了其面临的主要困境及背后的影响因素;梳理了澳大利亚 TAFE 学院、德国双元制大学、美国社区学院具有企业工作经历教师的引进与发展情况,归纳总结了值得借鉴的国际经验;从高职院校具有企业工作经历教师引进与发展两个角度提出了对策建议,并基于"双摆耦合"模型探究了引进与发展的耦合优化机制,旨在为高职院校更有效地引进并发展这一教师群体提供理论支撑与实践指导。

　　本书作为全国高等职业教育教师发展研究系列成果,被纳入浙江省现代职业教育研究中心"现代职业教育研究前沿论丛",得到了所在单位的大力支持。本书由浙江省现代职业教育研究中心专职研究人员孙凤敏主要负责,全国高等职业教育教师发展研究项目组共同完成。全书内容严谨,结构清晰,各章节分工明确,具体如下:第一章,瞿连贵;第二章,王斌、孙凤敏;第三章,孙凤敏、瞿连贵;第四章,孙凤敏、瞿连贵;第五章,孙凤敏;第六章,孙凤敏、瞿连贵。全国高等职业教育教师发展研究编委会项目组组长邵建东、韦清与副组长王亚南对书稿框架和各章节的撰写进行了指导,审阅并提出了具体修改意见。本书得以顺利完成,也要感谢金华职业技术大学的领导及同事们的大力支持,他们或参与学术研讨,或帮助联系调研院校、访谈对象,或提供数据资料。本书在撰写过程中也得到了各兄弟院校的许多帮助,华中科技大学出版社的编辑同志对本书的出版也给予了大力支持,在此一并表示感谢。

由于作者研究水平有限,书中难免有疏漏和不足之处,敬请各位专家和读者批评指正。再次表示诚挚的感谢!

高职院校具有企业工作经历教师引进与发展研究项目组

2025 年 3 月